项目化学习教学指导手册

实践篇

顾　问：张民生
　　　　薄全锋　肖玉敏
主　编：潘裕翼
副主编：张麦克

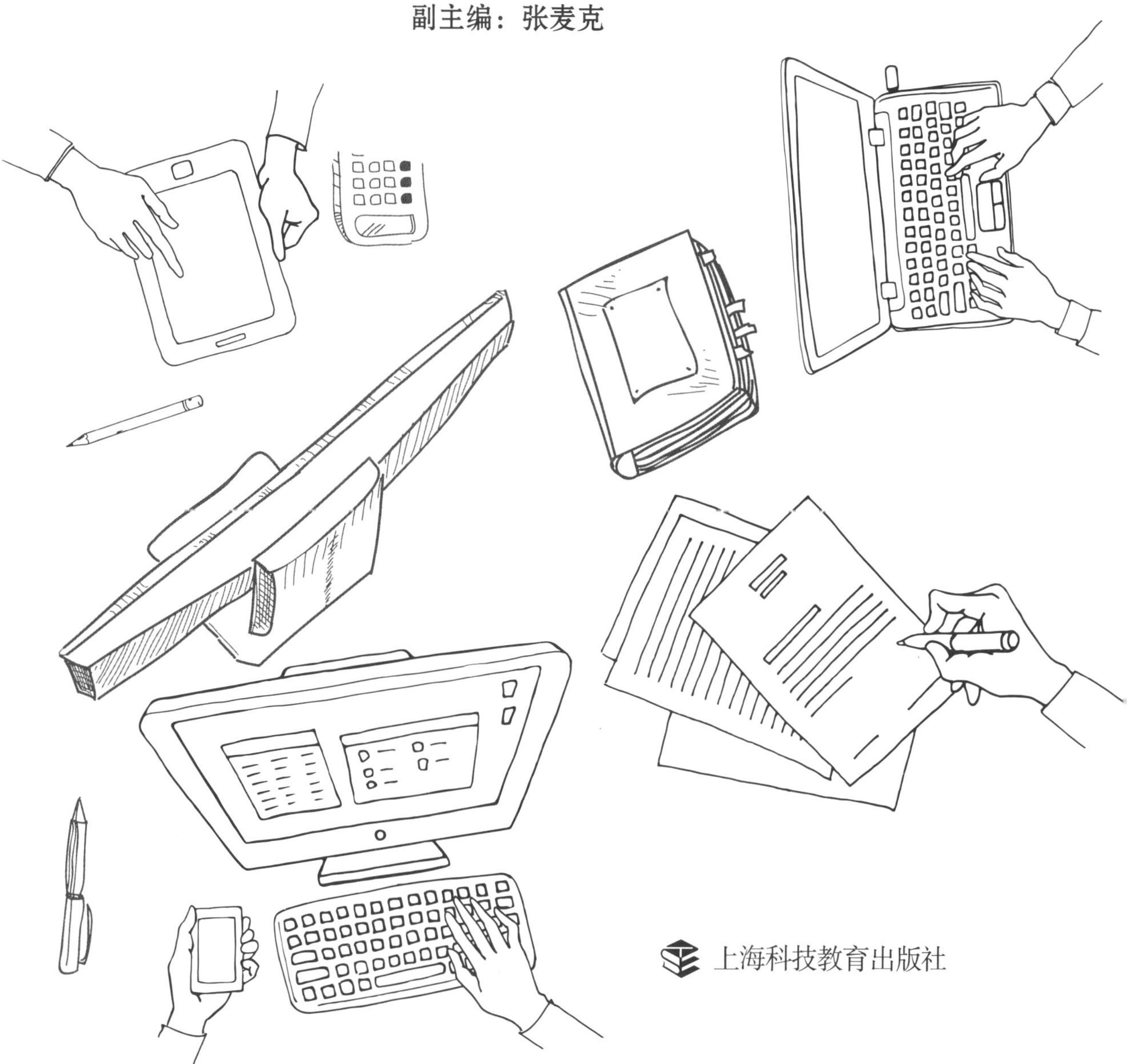

上海科技教育出版社

图书在版编目（CIP）数据

项目化学习教学指导手册．实践篇／潘裕翼主编．—上海：上海科技教育出版社，2024.9（2024.12重印）

ISBN 978-7-5428-8129-8

Ⅰ．①项… Ⅱ．①潘… Ⅲ．①课程设计—教学研究—中小学 Ⅳ．①G632.3

中国国家版本馆CIP数据核字（2024）第042405号

策划编辑　唐　璐　张心凯　曹　一
责任编辑　张心凯
封面设计　符　劼

项目化学习教学指导手册·实践篇

顾　　问　张民生
　　　　　薄全锋　肖玉敏
主　　编　潘裕翼
副 主 编　张麦克

出版发行　上海科技教育出版社有限公司
　　　　　（上海市闵行区号景路159弄A座8楼　邮政编码201101）
网　　址　www.sste.com　www.ewen.co
经　　销　各地新华书店
印　　刷　上海华顿书刊印刷有限公司
开　　本　787×1092　1/16
印　　张　17.5
版　　次　2024年9月第1版
印　　次　2024年12月第2次印刷
书　　号　ISBN 978-7-5428-8129-8/G·4725
定　　价　65.00元

编 委 会

顾　　问　张民生

　　　　　　薄全锋　肖玉敏

主　　编　潘裕翼

副 主 编　张麦克

编写组成员（按姓氏笔画排序）

　　　　　　王　巍　牟海飞　刘爱武　刘惠琴　张匀韵

　　　　　　张麦克　周　虹　姚雨琛　曹娟娟　潘裕翼

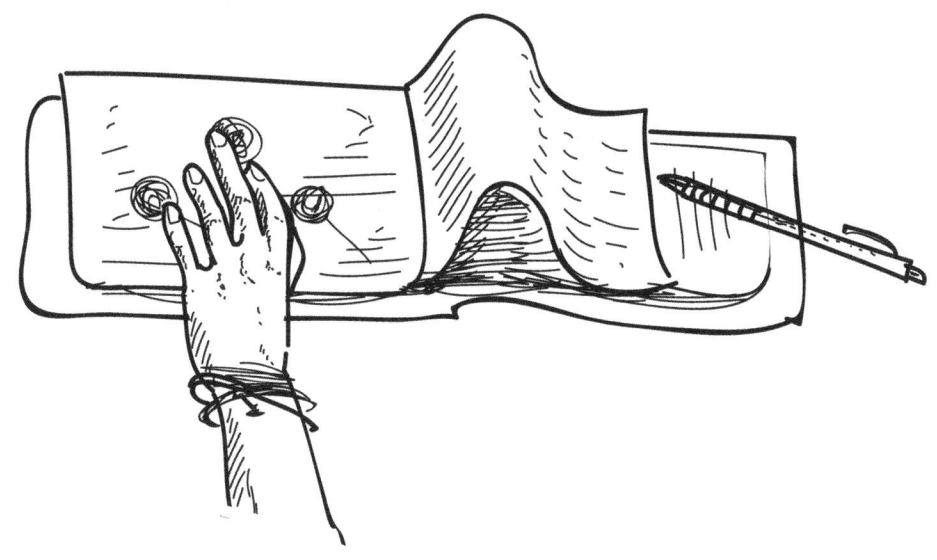

序

这是 JT 团队关于"项目化学习"教师培训的第二本专著。其第一本著作《项目化学习教学指导手册·设计篇》是2021年出版的。这本书一进入读者视野,就受到了一线教师的欢迎,曾经有校长问我如何购买等问题。一本书受到欢迎,我想无非是两个原因,一是有需求,二是有价值,即经常所说的"有用,好用"。

在第一本书的序言中,我提到了需求的问题,即从面对不确定的复杂的世界和国家确定的教育发展目标出发,反思当前的教育。教育领域的改革已是时不我待,而相关改革的关键就是要解决好培养怎样的人,以及怎样培养这两个核心问题。近年来中央颁布的以立德树人为根本任务,以核心素养为导向,以育人内容重构、育人方式转变和深化评价改革为具体内涵的课程改革("双新"——新课程、新教材)系列文件,回应了上述问题。而项目化学习在育人方式转变中占有重要地位,受到了各方面的重视,也相应产生了强烈的教师培训需求。

2000年,上海引进了一个全球教师培训项目——"英特尔® 未来教育"项目,在随后的项目实施过程中,其培训内容从最早的信息技能培训发展到以学生为中心的教师教学设计能力培训,这中间就包括了项目化学习、合作学习、混合学习等的设计,以及贯穿教学过程的多元评价的设计。在这一项目开展过程中,也同时培养出一支国内培训专家团队。

2017年项目结束后，部分培训专家在上海嘉通互动网络技术有限公司（"英特尔®未来教育"项目合作者）的支持下，成立了JT团队，深入学校开展项目化学习培训课程的开发和实践。在之后的时间里，他们深入第一线，按课改要求与教师一起开发项目化学习设计的案例，同时在听课、交流等教研活动中，不断地改进和完善，第一本著作《项目化学习教学指导手册·设计篇》就是他们这段时间培训工作的结晶。

2022年，教育部印发义务教育课程方案和语文等16个课程标准（2022年版）。上海也已颁布了有关推进项目化学习的文件。根据高涨的培训需求，JT团队在前面工作的基础上，对培训内容、方式等又进行了优化和实践，特别是在培训中，与第一线教师的互动与合作更加深入，这第二本书就是以上合作的新成果。

阅读本书，深有感触。

第一，这项教师培训工作从"设计"到"实践"，与时俱进，不断深化，在这个过程中JT团队的成员也在成长，同时也建立了自己的培训资源库和实践基地——这是一个为基础教育服务的专业组织成长的典型案例，具有一定的借鉴意义。

第二，在培训的过程中可以发现，一线的校长和教师具有很强的改革积极性，但是这个积极性是潜在的，是需要激发出来的——要开展教师培训或者推进学校的改革等，首先要做的就是把这个积极性调动起来，以形成"我要学"的良好开端。

第三，教师培训要加强实践环节，在做中学，在学中做——传统的听专家报告式教师培训，也可以拓宽视野，学习一些新的知识，但如果没有实践环节的话，那就是通常所说的"课堂风景依旧"。

JT培训项目的成功，就在于紧紧围绕"做案例"这个实实在在的任务进行设计和实践。这中间包含项目团队对于学习、研究、讨论、行动、反思、改进等的体验和认识，由此又可进一步积累对教师专业成长非常重要的实践性智慧，并将其提供给教师，这些是教师在单一听报告式培训中无法获得的。推进课改必须加强教师培训，而如何培训？JT培训项目的做法值得借鉴和推广。

基于以上体会，特推荐本书。

张民生

2024年6月1日

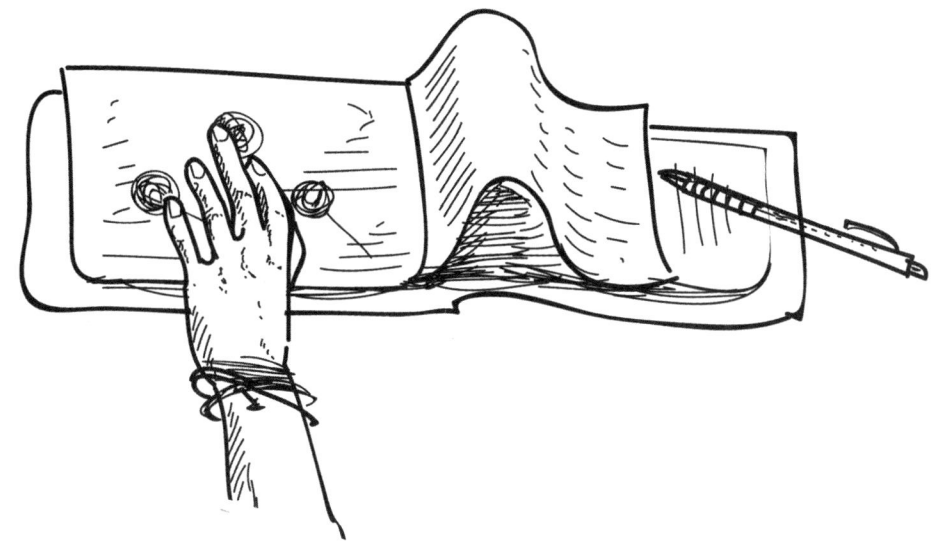

编者的话

三年前，我们（JT项目团队，下同）完成了《项目化学习教学指导手册·设计篇》，今天，我们把《项目化学习教学指导手册·实践篇》献给大家。正如"设计篇"以通俗易懂、平易近人的方式提供了项目化学习教学设计中的理念、策略和单元案例，"实践篇"也同样汇聚了专家与一线教师关于实施项目化学习教学的共同经验与真知灼见。鉴于项目化学习的独特性，本书更加突出教学实践中的创新做法及不确定性事件的应对经验和策略。

一、项目化学习实践：开启一次"不确定大海"中的航行

项目化学习的过程是由一连串主动学习事件推动的，这些事件并非都可以按图索骥地依照设计实现。相对而言，项目化学习教学设计阶段更多的是有序的学习和撰写，是按照选题、框架问题、评价、活动设想一步一步过来的。然而，即使是看来相当完整、完美的教学设计，也会在实践中遇到无法预测到的问题，引发多端连锁反应。

即便如此，我们还是要说，项目化学习及其教学实践的艰难与价值，同源于其不确定性和复杂性的存在。

广义的不确定性不可避免地出现在人类社会的历史和现实中。人类实践的本质就是实践者遭遇不确定性、征服、驾驭不确定性的过程。接受过项目化学习教学培训的教师回忆称，培训时，在设计教学计划过程中——这也是一种实践——会遭遇某种不确定性，如因为选题的反复、某个项目元素构件的变动而发生一系列设计调整，有时甚至会因此将单元计划推倒重来。不过，以上与成型的单元计划进入实施环节后所遇到的不确定性相比，犹如小巫见大巫，不可同日而语。

不确定性和复杂性是项目化学习实践活动固有的属性。好奇心是孩子的天性，从某种意义上来说，项目化学习的实践是孩子的天性与客观环境中包含的不确定性、复杂性问题碰撞、调和，进而解决问题的过程。这也是项目化学习中那些"跳起来能摘到"的复杂问题的答案，比课本中的单一问题答案更有吸引力的原因。项目化学习实践给知识与能力有差异的孩子提供了多途径创新应用和表现的机会，比起常态课堂中教师比较容易掌控的学生活动，如当众复述、背诵等，前者必然会遭遇更多不可预测的不确定性和复杂性问题——它们既带来认知上的困惑，又是体验式学习的台阶，在教师的正确引导下，学生的理解能力和思维能力将沿着一路上的不确定性和复杂性问题攀升。

著名思想家埃德加·莫兰在其著作《复杂性理论与教育问题》中表达了自己对人类认知的看法："认识是在一片不确定性的海洋里穿越一些确定性的群岛的航行。"[*]而项目化学习就是在真实情境中解决问题，就是让师生在"不确定性海洋"里经历一次航行。我们陪伴一线教师经历了无数次围绕项目化学习开展的教学设计和应用实践培训的航行之后，深切感受到项目化学习实践中的艰难与价值，都与实践中的不确定性和复杂性紧密相关。

正因为如此，在项目化学习及其教学的实践中，虽然有人望而生畏，有人半途而废，但仍有不少教师喊出"拥抱不确定性""拥抱问题"。他们从不确定中找到了确定的路径，完成了自己的航行；他们不仅和学生一起"闯关"成功，而且收获良多。他们表示，项目化学习让师生更接近真实的生活，面对复杂多变的世界，教师要珍惜这一机会，与学生一起主动探究问题的复杂性，享受深入未知世界和促其变化的过程。

实践让师生体验知识应用中遭遇复杂性和不确定性问题的必然性；实践让教师在解决问题中认识自己，认识学生，认识"学以致用"和"用以致学"的关联性；实践让师生感知项目实施中探究、协同和反思的重要性，找到项目化学习的真正价值。

总之，项目化学习实践是释放学生主动性、创造性的过程，同时，该过程伴随着不确定性——也可称之为"不可预见性""波动"，甚至"混乱"。

物理学家赫尔曼·哈肯在其著作《协同学——大自然构成的奥秘》中指出："就是受控的反应也可能以混沌的方式进行……事实上我们应预期到，忽视一个系统特性的管制措施可能会导致典型的混沌过程。"[**]根据哈肯的观点，我们把项目化学习实践中出现的"不确定性"分为两类。

---

[*]《复杂性理论与教育问题》，[法]埃德加·莫兰著，陈一壮译，北京大学出版社，第68页，2004年9月1日。
[**]《协同学——大自然构成的奥秘》，[德]赫尔曼·哈肯著，凌复华译，上海译文出版社，第127页，2013年4月1日。

一类是"控制下的波动"："波动"是"有意而为之"，但"波动"的程度和变化又在意料之外。好的项目能释放学生的创新能量，给学生以好的问题和评价作方向性引导，激活学生良好的学习动力和学习热情，为学生开辟自由发挥的空间。学生在主动学习的进程中常常会获得出乎意外的"回报"，这往往发生在问题引发的激烈辩论中、学生按照计划开展的各类自选自创活动中——学生获得了突破性领悟和奇思妙想。尽管教师有预想，实践过程中仍会发生不同程度的不可预测性事件，它们"惊喜迭加"，突破想象。这时，教师需要进行一定的干预（鼓励、引导、纠正），使项目回归有序，并推动学生创造力的发展。本书中，我们选用的有创意的案例和经验分享就归于这一类。

第二类是"控制外的波动"：教师以为"全盘掌控"时，偏偏"节外生枝"，发生非教师主观引导的、教师未曾预测会生成的意外事件。由于此类事件具有突发性，会给教师带来一种"失控感"。究其原因，多是由于设计中的疏漏、项目外环境的变化、学生情绪的波动以及教师思想准备方面的不足等。面对波折，还是有很多教师能沉着应对、因势利导，通过逆转"危局"提升学生的知识及素养水平。这些转"危"为"机"的代表性案例也列入了本书。

两类不确定性，无论是受控的还是控制外的，都是项目化学习在学生自主实践活动中的常见现象。"控制下的波动"最后可能给学生带来创意成功落地的成就感，而"控制外的波动"会使学生不安、焦躁，但也并非毫无希望。因此，正确看待和处理项目实践中的不确定性，对项目化学习的顺利展开有极大的价值和意义。

项目化学习参与者行进在一条陌生而真实的路上。当前，项目化学习在中国的课堂上远没有达到常态化的程度，大部分参与实施的教师和学生属于项目化学习新军。许多初试项目实践的教师缺乏经验，虽然他们大多完成了设计模板填写，但对于项目化学习中的元素及元素之间的关系远未了解透彻。可以说，项目设计是处在"形似"阶段，而实施却需要"神似"——理解本质，懂得变通。于是，"形似"的认知与"神似"的实践需求之间所产生的尴尬，将出现在项目实施的过程中。

现在，那些经历了"波动"并从"波动"中发现项目创新奥秘的教师告诉我们：项目实践中的"波动"并不是一道跨不过去的"坎"。本书中，众多案例提供者叙说了自己的体验，他们的共同认知是：发生"波动"的时候，也很可能是新机会来到之时。

所以，不确定性和复杂性赋予实践更多的创新机会。

实践应用是完善知识理解和知识吸收的重要过程。项目实施时，知识在解决问题、创建成果的过程中外化，外化的过程刺激学习者对知识主动吸收和深入理解。这种以"输出"拉动"输入"的"刺激"的本源，正是真实问题本身所包含的复杂性和不确定性。

项目实践又往往吸引学生进入有激情、有冲劲的学习状态。这是因为项目的开放性赋予了学生从不同角度作出多样化选择的机会。因此，遭遇复杂性、不确定性是学生探究实践时很难绕过的。在项目化学习实践的大部分时间里，学生真正为主体、学生能动性的爆发将让学生小组的交互进入持久的热烈状态，并大概率将面对某种状态的无序和不可预测性。

换一个角度来看，体验不确定性是师生难得的历练。学生和教师一样，也要学会在不确定性的大海中游泳。学会有效应对不确定性对于个人和团队的成长都有极大的意义，毕竟真实世界的复杂性远大于书本。对于将来会面对更大更多不确定性的学生来说，现在经受不确定性的历练，犹如从江河游入大海前积累经验储备。

很多东西只有在真实生活的波动中才能获得。学生在实践的不确定性中，不仅学习知识的创造性应用，还学习与他人共处、共享，以及进行社会情感方面的修炼，从而发展领导力和同理心，培养坚毅、勇敢等品格，学会对自我的认知和自省。

对教师来说，经受不确定性的锻炼，首先意味着可全方位地了解学生在实践中所表现出的个性差异，进而在"懂得"学生的基础上，有针对性地开展各类教学活动；其次是更了解自己的学科教学路径，明白怎样优化学生的学科学习实践才有利于学科核心素养的达成；再次是更清楚自己的学科理论和专业实践之间是否存在"失衡"，能够准确评估自己应对不确定事件的能力和个人的心理素养，进而正确把握自我综合发展的导向。

总而言之，项目化学习之所以有利于人的成长，是因为师生能够在驾驭多形式的不确定性和复杂性的实践中，获得各种创新发展的能量。

二、以可确定的航向驾驭不确定的波动——项目化学习实践的三大关注点

纵观世界上理论的实践、知识的应用、方案的实施，都是从一个相对确定的形态向不确定的情境行进，然后从不确定中找到一个能确定挑战新的不确定性的落脚处。

师生去哪里找项目化学习实践的"落脚处"？

回顾《项目化学习教学指导手册·设计篇》，项目化学习有八大要素：真实情境、素养目标、框架问题、过程评价、角色成果、学习技术、合作探究、高阶思维。我们用八大要素和要素之间复杂的关联性建起一幅确定的设计蓝图。

当师生在实践的海洋里航行时，有没有几座"确定性的岛屿"能使他们不至于因为实践大海中的不可预测因素而深陷困境、迷失方向？教育专家钟启泉老师在《解码教育》中提出："建构主义教学设计突出探究性、协同性、反思性的教学活动。"* 我们赞同钟老师的以上

---

* 《解码教育》，钟启泉著，华东师范大学出版社，第100页，2021年1月。

观点，并且发现，在项目化学习实践过程中，"探究""协同""反思"正是快速指示项目航向的标杆，也是教师评估项目化学习实践进程的"守门人"，我们将其称为项目化学习实践过程中三个最重要的"关注点"。三者是项目实践不确定性大海中的三座确定性"岛屿"，是可以检测项目实践健康发展的"航标"。

第一座航标：探究——师生探究行动应该贯串于项目实践，探究的能动性使学生获得从"已知"走向"未知"的宝贵体验。学生的能动性是项目发生真实探究的前因，在项目化学习中，教师要以问题驱动、评价引导及成果导向来点燃并持续推动这种能动性。然而，项目实践中放弃让学生主动探究，使学生回归被动接受状态的情况并非个案。当某些教师习惯性地采取传统一言堂的讲授方式时（习以为常），或者当教师预设的项目计划无法激起学生探究的欲望时（启而不发），抑或当学生由于外部条件的变化而失去主动探究的兴趣和解决问题的快乐时（兴味索然），项目过程也就迅速失去了生命力。能动性与探究行为的缺失意味着项目从未启航或就地停泊。因此，教师可以从学生是否表现出主动的态度，是否有发现问题、查找资料、调查、假设、做实验、讨论与展示交流等的主动行为，来判定该项目化学习是否存在探究。

第二座航标：协同——学生们从分工合作起步，最后生成自适应、自发展的组织机制的过程。对于学生而言，在教师引导下，实现集体行为的自觉优化和集体创造能量的最大化，以及在个体融入集体的协同发展中发挥潜在能量，正是他们值得拥有的一段"社会化"的宝贵经历。协同不仅助推了项目任务的最后完成，更培养了学生的同理心及友善、坚毅等品质。与协同相悖的是，有的项目开始实践后各小组内部没有分工，组员们扎堆干同一件事，或者各干各的，互不相干；全班各小组之间更如几条孤独的平行线，"老死不相往来"。

事实上，如果某个项目的内部人际关系一直处在各自为政、单打独斗状态的话，就暴露了项目设计者和实施者对项目目标理解的狭隘性，他们把项目看成仅仅是"任务完成"，放弃了集体智慧开发与个体情感凝聚。对于缺少对协同起码追求的项目，我们足以判定它偏离了项目化学习培养合作素养的目标。

第三座航标：反思。反思是项目过程中和完成后，学生从自己实践亲历中提取经验，实现个人成长和发展的关键渠道。项目化学习固然为知识的深度学习创造了条件，为学生素养发展提供了机会，但是若没有学生的主动反思总结，则该项目往往功亏一篑，无法真正落实基于素养成长的预期目标。因为即便项目的集体合作探究行动完成了学习成果"物化"的任务，但这仍然不是一个教育项目的完美句号。教师还要让学生回顾项目，复盘知识和能力的掌握，实践策略的成败，个人与集体关系的融合度，自我形象和个人内在变化的认可度。假如教师忽视引导学生进行总结反思和发展元认知，忽视把学生的成长转化作为项目化学习的重要目标和归宿，那么这个项目化学习的实践结果是不圆满的。

上述三座航标是项目实践成功的最好保障，也是优化项目实践水平的标尺。确定上述航标，目的是通过项目过程中的自我诊断和自我修复，让项目化学习实践在不确定性大海中顺利航行，取得尽可能完美的收获。

三个"关注点"不仅是指引项目实践大方向的航标，还是评价项目实践的"守门人"。

如果把项目化学习实践理解为项目化学习设计的照搬，那肯定要碰壁。如果因为项目化学习实践的不确定性就让项目管理放任自流，必然会导致"翻车"。

项目化学习实践考验着管理者的平衡艺术，他们既要释放学生个体与团队的学习主动性，又要处理好因学生能动性的释放所带来的波动。

心理学专家艾尔·赛伯特在《复原与超越：如何从不确定的事件中恢复并获得力量》一书中，把自信、自尊和自我认同比作"三个守门人"，他这样写道："如果你的三个守门人都很强壮，那么他们将帮助你增长才干、提升能力和发挥优势……如果你的三个守门人都很软弱，或者你没有很好地培养他们，那么他们很可能对你的韧性的发展起到负面作用。"* 如果将"探究""协同""反思"作为评价项目实践的三个守门人，那么如何确认每个守门人的强弱呢？

我们找到了三者共同的外在特征："对话"——"对话"的质量透露了"守门人"的强弱。成功的项目化学习实践总是建立在"三大对话"交互作用的基础上，这"三大对话"即是探究、协同和反思的外在形态：与"外物"对话（探究），与同伴、相关人员对话（协同），与自我对话（反思）。事实上，各类活动和过程评价工具（方法）——那些代表确定性的评价量规、学习单、反思日志等——都有"对话"的表现。教师可以从中了解三者（探究、协同、反思）是否存在及存在的强弱程度，以便与学生一起合理处置。如此一来，在项目化学习实践中，"探究""协同""反思"也成为三个可评价的"守门人"，通过评价他们"强壮"或"软弱"就能清晰了解以下内容：项目化学习实践中的运作是否正常？是否有些"部件"需要调试和矫正？项目的进程是否在朝着素养目标的方向行进？

最后，为了和项目实践者取得共识，还要进一步厘清三个项目实践关注点互相的联系、三者与项目设计中八大要素的关系，以及提出三个关注点对学生成长的意义。

三个关注点在项目化学习实践中并不独立，而是互相依托，互为因果，相辅相成。协同在探究的背景下才能生成有意义的凝聚力量，探究在协同作用下才能增效，而反思应该

---

* 《复原与超越：如何从不确定的事件中恢复并获得力量》（电子版），［美］艾尔·塞伯特著，职场心理研究组译，电子工业出版社，第六章第8页，2020年7月23日。

贯穿整个项目。反思的触发往往是在探究、协同发生突变时，另外也常发生在对探究成果进行集体评价之后。反思，还常常以集体回顾开始，以个人成长转化结束。教师应在实践中综合评估学生在三个关注点方面的表现，发现问题后要及时调整，让学生在项目中有更多收获。

项目化学习实践中的三个关注点与项目化学习设计中的八大要素是什么关系？我们认为，两者本质上是"功能"与"结构"的关系。八大要素是搭建项目化学习构架的基本"部件"，就像门、窗、屋顶、墙一样，是房屋设计图纸中不可或缺的要素，但在房屋建造中和建成之后，人们不但检测门、窗等物件的质量，更关心房屋的整体功能，人们会检测这座房屋的通风、采光、保温等性能，以此判断其是否宜居。总之，人们会从最重要的功能实际效果去推断房屋在设计或施工中是否有缺憾，这就是"探究""协同""反思"的作用！

三、让本书成为您项目实践航行中的伙伴

在项目化学习中，教师常说他们看到了意想不到的学生表现：一些不太爱说话的学生忽然转变成外向型性格并能侃侃而谈，有些平时较少关心班级事务的学生忽然挑起了小组的大梁，原来成绩平平的学生突然灵光四射，提出了创新点子，等等。以上的"不寻常"和"突变"让许多教师认为，一定是项目化学习中的某些实践环节推动了学生心理的转变。他们也奇怪，为什么学生的转变会发生在持续时间并不算长的项目化学习实践中呢？

从人发展成长的教育规律来看，教育既能以累加方式帮助学生积淀知识、养成良好行为习惯，也能刺激学生直接生成"顿悟"式突变。所以，量变积累引发的质变与特定情境下的突变是学生不同的成长方式。

项目化学习由于给了学生发挥能动性的空间，学生获得了与探究对象对话、与项目中伙伴对话、与自我对话的大量机会——前两种对话的大量发生触发了学生的自我对话，而自我对话是成长转化发生的最重要环节。在本书中，读者将听到教师、学生及其他参与者的各种对话声。

紧扣新课程标准是我们团队编写本书的主要准则。本书提供了凝聚一线教师智慧的大量案例及实践经验，团队还对它们进行了适当的提炼。我们希望读者可以把本书选用的案例及案例片段看作项目化学习实践中形成的"模块化"经验加以参考，但本书并非完美无缺，项目化学习的实践探索才刚刚开始，相信更多教师将成为更完善、更有新意的教育教学"模块化"经验的创造者。

如果说经历项目化学习设计培训是接受了一次现代教育理念的洗礼，那么将设计付诸实践的教师将面临更加严峻的挑战。一名前联合国教科文组织官员曾表示："教师要接受的

最困难挑战之一是改变自己的思维方式，使之能够面对世界的复杂性、变化的迅速性和不可预见性。所有身负教育之责的人们应该走向迎击我们时代的不确定性的最前哨。"

本书希望与一线有实践经验的教师继续共同探索基于新课程标准的项目化学习实践之路——既要有随时准备解决偶发、纷呈的矛盾和波动的态度，也要有发挥学生的能动性，创造性地将设计转化为学生协同探究的实践能力，使态度和实践能力两者统一，从中提取转化为新机遇的有效策略。

在本书中读者会读到：项目化学习的实践活动是如何使项目设计中许多潜藏的创新意图化茧为蝶、释放真实魅力的；设计中那些无法预测的因素在实践中造成"尴尬"或"僵局"时，在实施者执着、灵活的智慧应对下，是如何转"危"为"机"的。可以相信，无论发生什么，教师只要坦然面对、找到症结、善于驾驭，就一定能优化项目过程和取得满意的结果。

根据基于案例的学习理论，我们向读者建议：

第一，进入实践时你不必过于紧张，可以把项目的实施看成是自己与不确定性、复杂性周旋，最后赢得项目成果的过程。本书将帮助项目实践者勇于面对自己可能遭遇的失败并洞察其原因，从而提升你的项目实践取得成功的概率，同时增加你未来案例的价值。

第二，在解决实践中的具体问题时，你要多角度地学习和运用案例。你可以比较书中同一阶段可采取的多种方式，结合自己项目的实际情况择优或综合运用，无须"照单全收"。相信你运用本书中案例的机会越多，自己在实践中修正、解释的能力和知识运用的能力就越强。

我们欢迎项目化学习的实践者、设计者，以及对项目化学习有兴趣的人士学习本书。本书中介绍的创意实施及实践中处理"不可预测的波动"，很可能帮助项目设计者增强预见性，从而设计出更丰满和更周全的活动，并成为未来新一批接棒的项目实践创新者。

我们要特别感谢本书总顾问张民生老师（国家教育咨询委员会委员、上海市教育委员会原副主任）一直以来对JT项目团队的引领！感谢支持我们实践的上海市静安区教育局、上海市浦东新区教育发展研究院、上海市闵行区教育学院！感谢与我们共同努力并提供了实践案例的学校和教师们！感谢上海科技教育出版社！感谢初心不改、协同创新的JT团队的同伴们！让我们继续携手，推动具有中国本土特点的项目化学习在课堂中实践、落地。

本书编写组
2024年6月20日

目录

第一部分　启动：打开好奇和想象的大门…………………… 1

 第一章　知道学生的"最近发展区"………………………… 4
  第一节　以开放心态了解学生需求……………………… 5
  第二节　做"事前诸葛亮"………………………………… 12
  第三节　搭建本项目的"朋友圈"………………………… 17

 第二章　让最终的"产品"为探究定向……………………… 22
  第一节　以"产品"激活好奇心和探究欲………………… 23
  第二节　用"问题"与"评价"指引通往终点的路……… 30

 第三章　迈出携手前行的第一步……………………………… 37
  第一节　合作从分组开始…………………………………… 39
  第二节　打造小组"行军地图"…………………………… 45

 附：项目"准备与启动"阶段教师工作自查表……………… 47

第二部分　实施：行进在"创中学"的路上………………… 51

 第一章　创造来自学生的主动建构…………………………… 54
  第一节　学生的活力就是项目的活力……………………… 55
  第二节　生成性问题可能是个机会………………………… 65

 第二章　从合作走向协同创新………………………………… 77
  第一节　最稳固的是情感基础上的共识…………………… 78
  第二节　欢迎团队自主发展………………………………… 86

 第三章　拥抱每一名学生的成长转化………………………… 98
  第一节　巧用过程评价……………………………………… 98

　　第二节　反思是一路留下的脚印 ················· 107
　　第三节　发展俯瞰世界的创造性思维 ··············· 116
　附：项目"协同探究"阶段教师工作自查表 ············· 128

第三部分　展示：留下创新成长的印记 ················ 131
第一章　赋予学生更多自由发挥的空间 ··············· 133
　　第一节　更多自主、更多交互、更多创新 ············· 133
　　第二节　观摩：项目展示的新挑战 ················ 139
第二章　用好终结性评价是展示的重头戏 ············· 144
　　第一节　让评价聚焦素养目标 ·················· 145
　　第二节　从评价中找到获得感 ·················· 152
第三章　趁热打铁地反思：终结和新生 ··············· 158
　　第一节　反思支架，让过程和成长看得见 ············· 160
　　第二节　把握新的成长点 ···················· 167
　　第三节　教师多视角的实践性反思 ················ 178
　附：项目"成果展示与反思"阶段教师工作自查表 ········· 190

附录　教学实践案例 ························ 193
　我是民立主播 ·························· 194
　谁可能是唐僧的第五个徒弟？ ·················· 201
　是谁杀死了武元衡？ ······················ 220
　探秘造纸"黑液" ······················· 239
　数学好玩　玩好数学 ······················ 249

第一部分

启动：
打开好奇和想象的大门

心中有目标，脚下就有力量；行动有方向，前行就不迷茫。项目化学习的"入项"是项目实践的第一步，但入项并不是社会上的剪彩典礼或舞台上大幕的开启。对于以学生为主体的项目化学习来说，入项后的每一阶段，不管是项目准备、启动、正式实施、展示与反思，都应伴随学生能动性的张扬、思维情感的发展。

俗话说："良好的开端是成功的一半。"在教育教学场景中，把学生主观能动性调动起来，让学习在课堂里真正发生，教师就实现了"成功的一半"。

那么怎样才能有"良好的开端"呢？有经验的教师愿意尽早让学生对即将参与的项目产生浓厚的兴趣，为项目顺利实施开启好奇和想象的大门。经典的做法就是"以终为始"，让学生一开始就知道项目目标达成的标志——项目成果，以及清楚成果做成什么样子才能证明学习目标达成——成果评价。以上是启动课成败的关键。

《义务教育课程方案（2022版）》强调变革育人方式，突出实践，倡导"做中学""用中学""创中学"。"入项实践"将让学生体验"做中学""用中学""创中学"是怎样开始的。先行者的努力让教师现在可以欣赏本书中每一个项目启动的独特和精妙，而这足于回答以下的问题：如何让学生对项目化学习感兴趣？如何培养学生以终为始的自审态度，让学生在项目化学习的道路上有章可循，有能力可施展，在合作探究的体验中保持积极向上？如何让学生学以致用或用以致学，使项目化学习真正成为知识迁移解决实际问题的深度学习？所以，"入项"的实践即用项目结果来开启整个项目过程，把学习目标融入自觉的学习行动，力争达到最佳结果。

项目启动的核心目的是将项目真正交到学生手上。不同项目的启动都不可避免地要完成同样的"规定动作"，即帮助学生先掌握以下启动要点：

- 以终为始：了解项目目标、成果及展示的评价要求、各阶段主要任务。
- 初试合作：根据项目任务与评价制订工作计划，以小组为单位分配角色，明确分工，签订合作契约。
- 认识支架：为学生提供相应的学习支架及范例，并让学生学会独立使用。

但是，"规定动作"的存在并不意味着"教师下达强迫式命令"。确实，某些教师仍会延续自己"讲台上的主宰者"身份，课堂上也充斥着"我宣布""你们必须""绝不容许"等高压口吻。那些聪明的教师则会以"伙伴身份"回应前期准备中学生提出的问题和初步调研结果，或者亮出先期活动的初级成果来鼓舞大家。

事实证明，学生能动性在项目启动阶段被激发的时刻，一定是教师的创意"落地"的开始。假如希望比较圆满地完成项目启动的"规定动作"，就必须辅之以教师灵活和富有新意的"自选动作"。为了实现学生"创中学"，教师不可缺少"创中教"，即教师要通过多样化和富有创造性的"自选动作"(包括临场发挥的),使"规定动作"产生实效,让项目在学生心中真正启动。

本书第一部分从多个方面为项目准备和启动阶段提供了大量案例,供参考应用,如:

- 从基本问题开始,引导学生在项目伊始就关注大概念或某种核心素养。
- 利用 KWL 表进行项目"起跑线"评估,将学生先前的知识和经验引入合作学习。
- 用框架问题引发学生提问,继而将梳理出的学生问题作为探究重点。
- 请学生讨论评价量规并提出有创意的建议,让评价成为学生自己的"随行伙伴"。
- 启动会上引发学生的对话(与他人、与自己),"加热"探究气氛。
- 开展多种形式的民主分组活动,营造平等、开放、宽容的合作学习氛围。
- 利用图片、视频等多种资源导入项目情境,使学生兴奋和跃跃欲试。
- 发布《告家长书》,请家长知晓项目,做项目"监护人"和"导师"。
- 可以从虚拟的招聘会或真实的场馆学习开始,让项目迅速步入真实情境。
- 安排多样化展示,如有关的知识、技能、生活体验及个人特长,让学生彼此更熟识,对项目更有信心。
- 请学生小专家们登场,宣告成立技术骨干队伍。

多样化的启动犹如交响乐的第一乐章、舞台剧的序幕或小说的首章。为引导读者或听众进入作品的世界,首章必须引人入胜,能够吸引人们的注意力,让读者或听众产生浓厚的兴趣;为作品提供重要的背景信息,以便让读者或听众更好地理解作品;为作品建立一种适当的氛围,让读者或听众感受到作品的情绪和气息;奠定一种基调,让人更好地理解作品的主题和风格;暗示作品的发展方向或结局,让读者或听众产生好奇心和期待。

总之,项目化学习的启动就如同艺术作品的首章,其对项目过程、整体质量及学生下一步的过程体验都有着重要的影响。毫不夸张地说,项目启动是项目的门户和窗口。项目启动也是一种艺术——通过有创意的启动,能够释放学生的想象力和创造力。

第一章
知道学生的"最近发展区"

要做到尊重学生、一切以学生现有和将有的发展水平为核心来组织、实施教学,就要求教师必须了解学生——"以学定教"。对于项目化学习教师来说,实施前的"以学定教",即进行学情分析十分重要。如果缺少实在的学情分析,教师在后续项目开展过程中就可能陷入被动面对问题的窘境:学生对项目主题不感兴趣,学生似乎不理解抛出的问题,学生似乎一直在等待……面对上述窘境,对于项目化学习新手教师来说可能是一次"重创"。那么如何在项目准备阶段将上述问题发生的概率降到最低?学情分析是关键。

在项目准备阶段,教师需要留心观察学生的"最近发展区",了解其现在的发展水平,判断其潜能,进而预测其可能达到的水平。同时,每个学生有着差异化、个性化的发展需求,学生进入项目化学习之前有怎样的认知和期待,他们希望了解什么、学习什么、得到什么,也需要得到教师的关注与重视。只有学会倾听学生的声音,并尊重学生的想法,才能充分发挥项目化学习促进学生个性化发展的优势,真正让学生成为"项目的主人"。

项目实践开启前,应该为项目做好充分准备。事实上,为了从容应对项目实施中的不确定性和复杂性,许多教师愿意把"项目准备"作为一个必要阶段。他们或者调查了解学生进入项目前的学习情况,或者制订翔实的项目实施计划,或者为项目的顺利实施"招兵买马"……他们往往重点做好以下四项准备:

- 了解学生对本项目的知晓程度,以便确定"起跑线"。
- 了解学生对本项目的兴趣所在,让学生尽快进入"跃跃欲试"的状态。
- 统筹资源,为项目实施铺路架桥。
- 调整教师自己的心态,认识不确定性和复杂性中蕴含的积极意义,快速进入项目"伙伴与教练"的角色。

因此,我们建议教师关注下文中的策略,为成功启动项目做好准备。

第一节　以开放心态了解学生需求

项目化学习实践的重要特征——探究性、协同性和反思性——对于不少已经习惯传统教学方式的师生来说是有挑战的。俗话说，知己知彼，百战不殆。为了帮助学生能够以最佳状态顺利进入项目化学习，教师了解和分析学情必不可少。

与传统教学中的学情分析不同，项目化学习的学情分析不局限于分析学生掌握知识的情况，还着力于了解学生的兴趣、特长及相关能力基础。只有真正了解学生现有综合状态，才能确定学生在项目化学习中的最近发展区，进而更好地促进学生有意义地学习。

教师在进行项目化学习的学情分析时，需要重点关注以下问题：

- 学生是否经历过项目实践？是否了解什么是项目和项目化学习？
- 学生是否对本项目主题感兴趣，并已经有了一些自己初步的想法？
- 学生是否具备本项目需要应用的基础知识和基本技能？
- 学生是否具备提问、调查、使用相关信息技术、参与小组合作学习、进行社会互动等方面的技能？

基于上述问题的答案，教师可以考虑是否在项目准备阶段安排学生开展知识学习，或就某方面的能力（如小组合作能力、短视频制作能力、技术平台或工具操作技能等）给予学生专业的指导与培训。

然而我们也看到，学情分析有时可能变得"形式主义"：某些教师将调查得来的信息置于一旁，即"有学情而无分析"；还有些教师没有围绕学情分析所找出的问题制订后续的针对性计划，即"有分析而无举措"。应该说，上述两种做法都是不可取的。

上海市周浦实验学校乔老师从近年来雾霾、沙尘等极端天气对人们的日常生活和身体健康造成的影响出发，聚焦小学生的校园生活情境，并围绕"为了有效监测校园空气质量，我们可以怎么做""我们如何在学校设计一个校园气象站，为师生播报有效的气象信息"等问题，设计、实施了"建设校园气象站"项目。她在教学反思中表达了在该项目启动前进行学情调查与分析的体会。

收集数据、分析数据——用调查找到真正的学情

上海市周浦实验学校　乔旭胤

兴趣是最好的老师，如果学生对项目主题的兴趣十分浓厚，那么在开展项目的过程中，他们就能更好地做到乐于分享、直面问题、克服困难及勇于挑战。因此，在"学情调查"活动中，不仅要通过调查了解学生对项目中所涉及相关知识的掌握程度，还要了解学生对开展这个项目的兴趣程度，以这些为出发点，"建设校园气象站"学情调查问卷设计如下：

表1-1

"建设校园气象站"学情调查

班级：	姓名：	学号：
1. 你平时关注气象情况吗？		
□ 十分关注	□ 比较关注	□ 不太关注
2. 你知道天气变化会影响人类活动吗？		
□ 十分清楚	□ 知道一些	□ 不太清楚
3. 你知道天气预报中提到的各项气象指标（风力、风向、PM2.5浓度等）的含义吗？		
□ 十分清楚	□ 知道一些	□ 不太清楚
4. 你知道空气的主要成分吗？		
□ 十分清楚	□ 知道一些	□ 不太清楚
5. 你了解电视台气象播报员的日常工作吗？		
□ 了解	□ 了解一些	□ 不太了解
6. 假如让你参与校园气象站的建设，你有没有兴趣？		
□ 有兴趣	□ 一般	□ 没兴趣
7. 假如校园气象站建成，你愿意担任气象播报员，为全校师生播报校园气象吗？		
□ 十分愿意	□ 比较愿意	□ 不太愿意

在收集了各班级的问卷并统计数据后，笔者发现五(4)班的学生对这个项目的兴趣程度远高于其他班级，且该班大部分学生比较愿意尝试担任校园气象播报员。但对于这个班级的学生，不少任课老师给予的评价是"发言积极但准确率不高""答题答不到点上""注意力不够集中"，诸如此类，但这些评价让笔者更确定这就是自己想要开展项目化学习的班级。

基于一份简洁的学情调查问卷，乔老师锁定了计划开展项目化学习实践的班级。她不仅通过对调查数据的分析初步了解学生对气象及气象站的认识情况、建设校园气象站为师生服务的兴趣，而且还从其他老师提供的信息中获知学生学习上的特点与问题。这为乔老师在项目启动与实施过程中制订有效的教学策略（引导学生运用所学知识理性分析并准确表达观点，从而培养他们的科学思维），找到了着力点和方向。

访谈法、调查法、观察法等都是一些常见的学情调查工具。一般来说，没有最好的方法，只有最适合的方法，教师需要根据项目的不同需求来选择适切的方法以获取学情数据。具体来说，教师可以与学生通过面对面交谈的方式获取学情信息，在信息技术的支持下也可以利用音视频会议软件、即时通信软件等开展线上交流；当涉及的调查内容和要素比较多，或者部分问题更适合匿名回答时，教师可以采用问卷调查的方式对学生现状作出基本判断；当然，在课堂上观察学生的学习表现、行为也是一种可选方式。其实，无论是访谈还是问卷调查，都是为优化项目实施、应对实践中的不确定性做好准备。

在项目化学习教学实践中，教师使用开放性问题引出学生的问题也是一种行之有效的学情调查方式。KWL表格作为一种有效的学情调查工具，通过抛出"我知道什么""我想学习什么""我学到了什么"三个层面的问题，引发学生思考，并达到获取学生关键学情信息的目的。借助KWL表格开展学情调查，还能够将学生的思考"可视化"，掌握学生对于学习主题的"已知"与"未知"部分。然而，一些教师对KWL表格的使用存在着一些误区。例如，有的教师对学情调查的重视程度不够，或者缺少针对学生的学情调查表填写指导，没有调动学生对问题思考的积极性，进而造成KWL表格的使用流于形式。

下面介绍一个案例。"外来物种入侵"是近些年的社会热点问题，也是适合以地理、生命科学等学科融合的方式解决实际问题的项目化学习好主题。上海市洛川学校的三位老师合作设计、实施了"外来物种入侵研究"跨学科（初中地理、生命科学）项目，引导学生考察学校及其周边社区的地理环境，分析其对外来物种生存的影响；合作整理外来入侵物种分类表、外来入侵物种分布图，创建数字故事；策划应对外来物种入侵建议书，思考和论辩"外来物种入侵是利大于弊，还是弊大于利"的问题。启动上述项目前，三位老师就借助KWL表格，通过开放性问题引出100多个学生问题。

学生的100多个问题——用开放性问题向学生"问路"

上海市洛川学校　蒋爱芳　孔悠嘉　朱琦

"关于外来物种入侵，你知道些什么？你希望学习些什么？可以随心所欲地在表格上填一填自己的想法。"孔老师的话音刚落，教室里瞬间炸了锅，学生们兴奋地讨论着这个话题。"老师,什么是物种入侵?""老师,物种入侵会让人类灭绝吗?"触发了思考开关的学生纷纷向孔老师抛来问题。对于这些问题,孔老师没有立刻给出解答:"这个问题,你们可以写在KWL表格上,然后我们一起探究。""老师,我可以问这个问题吗?""当然,什么问题都可以问。只要你想知道的,都可以写在上面。"

同学A:"'外来入侵物种'对我来说是一个陌生的名词。在老师提出'关于外来物种入侵你知道些什么、你希望学习些什么'的时候,我脑海里蹦出来的第一个词就是'生物的生存方式'。虽然我们还没上生命科学课,但是联系科学课上所学到的东西,我就比较自然地想到外来入侵物种是不是也跟其他生物一样,需要用食物来维持生命?所以我提出的问题是:'外来入侵物种靠什么维持生命?'"

同学B:"一听到老师说'外来入侵物种'这个词,我就想,这是不是外星人?会不会跟人类的某些生活习性一样,需要吃饭睡觉,还分男女?所以我提出的问题是:'外来入侵物种是不是跟人类一样分性别且需要睡觉?'"

同学C:"我以前读到过一则新闻报道,是讲某个地方的生态系统遭到了外来入侵物种的破坏,但当时我并没有深入了解外来入侵物种是怎样破坏当地生态系统的。所以,如果现在让我提出一个问题的话,我会特别想知道外来入侵物种破坏地区生态系统的原因和经过。我还想到,既然我们生活在中国,就要守护中国的生物安全,所以我还想知道中国目前存在哪些外来入侵物种。"

在短短的20分钟内,学生们在KWL表上竟然提出了100多个问题。

"你看,很多学生都提出了'外来入侵物种来自哪里'这个问题。""我也发现了,很多孩子对外来入侵物种的生活习性也很感兴趣,虽然还没有学习生命科学课,但他们已经开始关注到一些生命科学的知识了。"笔者(3位教师)兴奋地谈论着并发现,学生会特别关注自己身边相关的外来物种,比如小龙虾、福寿螺。他们不仅可以从地理学科,例如气候、地形的角度提出问题,也能够想到从生物的生存方式等生命科学的角度提出问题。笔者将学生提交的问题按照外来入侵物种的来源、分类、影响、生存方式及"其他"这5个要素进行整理归类。这样做可以让教师准确地发现学生们共同感兴趣的问题,并从中提取出一些有探究价值的问题。经过仔细分析和讨论后,笔者决定将其中的一些问题纳入教学设计的框架问题中,作为下一步项目实施中引导学生探究的问题来使用。

从上述学生的独白中可以看出,面对同一个项目主题,每个学生的想法都是不同的,每个学生都有自己的"已知"与"未知"部分。在了解这些"已知"与"未知"后,教师可以在后续教学中组织学生让其内在的"已知"与"未知"部分碰撞、链接,引发学生形成"似懂非懂"的矛盾心境,产生疑问并质疑,进而围绕课题的解决展开思维与表达活动。可以说,在"已知"与"未知"之间设问能激发学生的主体活动。

上述案例还表明,KWL 表格能为教师提供很好的开展学情调查的结构化支架:其除了借助问题引导学生提出问题以外,还能依托各种方法进行学情调查。借助 KWL 表格,三位教师成功地获取了学生的一些"已知"与"未知"信息,这带给他们很大的惊喜。但这些信息是否真能够作用于后续项目实践,支持学生的个性化发展呢?这在三位教师心中打了一个大问号。于是,他们开始思考如何处理学情调查得到的信息,并将学生的问题作为生成性资源加以琢磨研究——根据学生所填的问题,教师知晓了学生目前的知识储备情况,了解了他们对哪些问题更感兴趣,继而根据这些信息,及时调整预设的项目化学习教学设计,将学生共同感兴趣的问题和有探究价值的问题纳入框架问题中,丰富探究主题。

通过与一些开展过项目化学习教学实践的教师交流,我们还了解了以下情况:之前设计好的项目,在实施前多多少少会经过再推敲、再调整、再设计;好的项目设计不等于一成不变,实施前对设计的修改与调整是必要的工作。教师应将"尊重学生的差异性"作为修改教学设计的基本准则。在师生对项目主题探究的过程中,会涌现出越来越多的未知内容。承认项目化学习的不确定性,灵活调整教学设计,这些都是项目准备阶段每位教师的"必修课"。

一些被 KWL 表格提前发掘出的不确定性也可能让项目指导教师不知所措,甚至担心自己的知识储备不足。上述案例中的三位教师就遇到了这样的挑战,但他们坚持用"1+1>2"的集体智慧,不断寻找资料,阅读进修,拓展资源,迭代设计,最终让项目顺利开展。

项目化学习本身是充满灵活性、自由度的,只有容许师生大胆想象,发挥自己的创造力,才能取得较好的项目成效。下面即是教师通过与学生进行平等交流以了解学情的案例。

教师在以学科课程核心素养培育为目标设计项目化学习的具体活动主题或内容时,难免需要做一些预设。进入项目实施时,教师往往希望知道这些预设的内容能否获得学生的认可和支持,上海市民立中学的薛老师就是如此。来看看,薛老师在项目准备阶段是如何了解学生需求,与他们交流活动选题,从而拉近学生与项目化学习之间距离的。

基于上教版高中英语教材"文化聚焦"版块中关于"外卖服务利弊"的单元教学内容,以及学校电视台即将推出一档英语访谈类节目的实际需求,薛老师设计了"我是民立主播"项目。她原本打算按照教学设计,以外卖行业为例,引导学生开展项目探究活动,但仔细想来，在项目准备阶段还是有必要了解学生的真实想法，知晓他们的兴趣点究竟在哪里。于是，有了下面的案例：

学生提出未曾预料的话题——用宽容的心态吸纳学生的想法

上海市民立中学　薛佳悦

项目准备课上，笔者提问学生："生活中哪些有关新兴事物的话题能够引起你们的探究兴趣？"针对这一问题，学生在纸上写下了自己的想法。

笔者分类汇总了学生的想法。根据收集到的学生反馈信息，最高频的一批关键词是"5G网络""云课堂""共享经济""在线支付""人脸识别""直播带货""网络信息安全""无人驾驶轨交"等，这一系列话题都与迅猛发展的互联网科技密不可分，不得不说学生对于时代潮流把握得很准。学生还提出了不少笔者事先未预料到的话题，例如"应急救护技能的普及""特殊教育""泡沫经济""综艺选秀热""维护女性权益"。从话题的多元化可以看出学生个体的独特性，以及学生群体对社会热点的敏锐感知力。另外，一些学生提到"如何适应高中生活""高考加三学科的选择""外貌焦虑""学生睡眠时间"等。虽然这些话题超出了笔者要求的"新兴事物"范围，但它们源于学生对自我的认识和探索，非常真实，贴近学生生活。笔者从中看到了高一新生对高中生活的憧憬、困惑、担忧及期待。事实上，提出有关朋辈压力和人际交往的话题是很符合该年龄段学生身心发展规律的。

笔者请学生依次简单谈一谈自己对于所列话题的观察和看法，笔者也会适当地给出一些看法和建议。在平等融洽的讨论交流中，笔者感受到学生对社会时事的关心，以及他们对科技与人文的细致思考。通过这次调查，笔者捕捉到了学生思想中宝贵的闪光点，这促使笔者改变自己的计划，选择了一些学生真正感兴趣的话题。考虑到该年龄段学生的身心发展规律和特征，笔者从中挑选出了"外貌焦虑"话题，并联系"综艺选秀"现象，进而以"何为真正的美"为本次访谈节目主题，组织学生开展了第一轮学习讨论。

项目实施前的一次调查，让薛老师看到了学生思想上的闪光点；平等讨论，让教师感觉学生能够作为项目化学习的主人；节目主题调整，拉近了学生与项目化学习之间的距离。面对学生提出的五花八门的话题，薛老师选择用宽容的态度，让学生在自由、平等的氛围里尽情释放学习和创造的热情。通过讨论，她及时调整教学设计，将学生的需求和项目化

学习的主题有机融合在一起。这比教师直接教学生怎么做更"带劲"——只有让学生走到台前，他们才能真正成为学习的主人。这种以尊重学生选择来激活学生主观能动性的策略，在项目准备与启动阶段也是行之有效的。

上海市静安区市北初级中学北校的陈老师则以学生感兴趣的"飞行"为切入点，结合初中数学八年级上册的函数章节、九年级上册的向量章节及物理八年级上册的运动与力章节的相关知识，设计了"畅想未来机翼的发展"跨学科项目——帮助学生运用函数图像及向量工具对机翼中的变量和常量进行客观的数学分析，并通过操作数学实验和物理实验进行合情推理、大胆猜想、严格求证，为机翼选型变化找到科学的依据，进而畅想未来机翼发展的趋势，完成创新机翼设计图。

项目教学设计完成后，陈老师并没有感到轻松，他一直在思考真正实践中可能遇到的问题。比如，如何将枯燥的函数、向量知识与场馆资源结合，让不善于用文字描述的学生燃起表述自己思维想法的热情，让对航空知识兴趣不大的学生也主动加入项目化学习？一次学校组织的春游活动——参观上海航宇科普中心，为陈老师开启了项目实施的新思路。

一次春游带来的契机——以任务激发学生探究兴趣
上海市市北初级中学北校　陈斌

有个学生在参观上海航宇科普中心时，看到了一个公式，但场馆内的解说并不详细，他便带着这个问题来问笔者。没有准备的笔者被他问住了，但随即又突然想到京都大学田中耕治教授的观点——教师应当灵活运用学生的困难和出错点进行教学。这启发了笔者：是否可以让学生带着任务参观场馆、查阅资料和发现问题，再让学生使用函数及向量的知识解决心中的困惑呢？

于是，笔者将学生们召集起来，让他们在参观过程中把场馆解说资源中没有解释清楚的地方用"学习单"记录下来并发给笔者。任务一经发布，学生们不再是闲散在田间觅食的小鸡，而是当起了小小啄木鸟，在场馆中追寻问题。"平板升力公式迎角的作用是什么？""飞机尾翼诞生的原因有哪些？""飞行者一号能完成首次动力飞行的原因是什么？""为什么双翼飞机被单翼飞机取代？""飞机为什么由双翼进化到单翼？""机翼为什么由水平翼变成后掠翼？"等问题陆续出现在学习单上，学生们的提问越来越聚焦，甚至有的问题开始具有辩证性——记得一个学生提出这样一个问题："陈老师，飞机发展过程中有这么多的样子，那发明家

> 是先想好零件功能再设计样子，还是设计了不同样子进行实验后才发现零件的功能呢？"这个问题的确有探究价值且耐人寻味。
>
> 　　回到学校，笔者细细琢磨，先把这个学生的问题概括、提炼为跨学科大概念，然后将其转化成了本项目的基本问题：在设计中应该怎样考虑功能与结构之间的关系？同时，笔者将项目实施中的活动设计修改为以下几个部分：小组竞赛，优化飞机设计；场馆学习，回顾飞机历史；设计实验，解释飞行奥秘；畅想未来，创新机翼设计。每个阶段结束后笔者都会让学生使用"反思日志"记录心中的困惑、问题及可能的解决方法。回收问题后笔者结合课标要求筛选出具有代表性的问题，让各小组搜索资料并展开讨论。这一过程的体验也让学生们渐渐明白怎样提出更有科学价值的问题，以及如何找到各小组探究的选题方向。

　　如果陈老师的心里没有学生，脑中没有思考寻找开启项目实践的有效路径，那么，他就很可能忽视某个学生提出的问题，从而错失良机。陈老师很好地实践了在不确定性（学生随机发问）中找出确定性的对策（设定问题反馈机制）来驾驭不确定性（应对生成性问题）。

　　以上案例还说明，精心设计项目化学习的教学计划是必要的，设计的过程能够帮助教师明确项目化学习的"产品"和目标，规划学生探究与评价活动，形成较完整的项目化学习构想。同时，项目实践中先前的教学设计并不是不能改变的，更不能以书为御、故步自封。项目实施需要教师在充分了解学生学情、需求的基础上，不断调整和优化，以便更好地适应项目化学习实践中的教与学。

第二节　做"事前诸葛亮"

　　许多人在事情发生之后会认为"假如当初如何如何就好了"，人们往往笑他们是"事后诸葛亮"。项目准备阶段的意义在于尽可能多地发现项目实施中将遭遇的不确定性，以便用确定性的手段去迎战，也就是要做"事前的诸葛亮"。

　　教学设计不是固定不能变的记号，不识变化中的时务，就会犯刻舟求剑式错误。在项目准备阶段要做"事前的诸葛亮"，教师就需要从不确定性中发现确定的途径，做好思想准备与风险预案，方能在后续项目实践中更从容地披荆斩棘，乘风破浪。

为了帮助教师提前做好项目管理规划，本书提供如下"项目化学习实施计划表"模板供参考。（见表1-2，教师可以结合学校要求及本项目的实际情况，作个性化调整）

表 1-2

项目化学习实施计划（教师用）

项目基本信息					
项目名称		指导教师		学校	
项目类别	□学科项目：_____ □跨学科项目：_____ □综合实践活动	参与对象		实施时间	
项目实施计划					
项目阶段	活动名称		开展时间段	学习资源及环境的调整与完善	
准备与启动					
实施中					
展示与反思					

上表主要包含两个部分：一是项目的基本信息，包括项目名称、项目类别、指导教师、参与对象、实施时间等；二是项目实施安排，包括项目阶段、活动名称、开展时间段、学习资源及环境的调整与完善。此表结构相对比较简单，本书也鼓励教师在此基础上根据实际需求进行适当调整、优化和再创造，尽可能把实施中出现的不确定性变得可控。

时间安排是教师由项目设计迈向项目实践所要面对的第一道门槛。有一些教师可能会发愁：课时不够，项目还怎么开展？项目课时不够充裕是一个普遍存在的挑战，这对教师自身的沟通、协调、管理和解决问题的能力提出了考验。从多个学校对项目课时的安排来看，我们理出以下五种办法：

- 与学校相关管理部门协调，制订课时统筹计划，如利用社团活动时间等；
- 从自己的学科教学或自己的班主任权限范围内灵活调配时间，如通过课内＋课外、线上＋线下等多种组合形式安排时间；
- （非班主任教师）与实施班级的班主任或其他学科教师沟通，获得相应的支持；取得学生家长的配合，督促学生合理利用在家时间等；
- 将项目部分活动融入学校组织的相关活动类或实践类课程，如场馆学习、春秋游等社会实践活动。

- 将项目化学习变成学生节假日丰富生活的一部分。如在寒暑假、双休日和法定假期开展项目实践活动。

当然，每所学校的实际情况不一样，教师应结合个人、学生及学校的实际情况，作出合理决策。上海市周浦实验学校乔老师在"建设校园气象站"项目反思总结中这样描述：

课时不够，项目还怎么开展？——细致周密地计划有效时间
上海市周浦实验学校　乔旭胤

学校自然课每班的周课时比较少，只有2课时，那么第一个需要解决的问题是项目化学习的课时如何分配。首先，笔者梳理了项目的几个主要活动，预估了每个活动大致需要完成的学习任务和相应的课时需求。（见表1-3）

表1-3
项目活动课时预估

序号	活动内容	预估课时
活动1	开展学情调查	0（课上5分钟）
活动2	项目启动（发布驱动性问题，明确项目最终成果，学生分组分工，制订项目学习计划）	1
活动3	学习气象相关知识	1
活动4	调查了解师生对气象情况的需求	3（加课外1若干学时）
活动5	设计制作空气检测装置	3（加课外1若干学时）
活动6	制作《一周气象播报项目计划书》	1
活动7	校园气象站落成仪式，同时向学校师生发布《一周气象播报项目计划书》	1
活动8	师生总结反思会	1
项目共需课时：		至少11课时

有了上表对项目活动及课时安排的预估，再结合完成第五单元教学计划是3课时，笔者发现还需要额外6个课时（不包括课外学时）才能完成项目化学习任务。

课时规划不是一个硬性框架和绝对要求，而是需要更多地融入教师的独立思考和灵活设计。在进行项目化学习的课时规划时，其实很难给出精确的课时数字。如果一味地追求课时"满格"而忽视学生主动学习的时间需求，可能会出现知识点掌握"夹生"，学生自主思考、合作交流的时间被压缩等问题。课时规划不仅涉及"时间够不够"，还涉及在力争达成素养目标下对各种因素的统筹。因此，在规划项目化学习的课时时，我们期待教师在清晰定位任务的基础上，为学生的探究、协同、反思留出更多空间，也为自己的全景式、跟进式指导和陪伴提供更多机会。

在项目准备与启动阶段，教师除了做好课时规划之外，还要帮助学生从容面对项目化学习过程中未知的挑战，并针对各学习活动及任务的引导、组织、推进、评估等具体实施细节进行全面规划。上海市民立中学芮老师的英语项目"查理的巧克力工厂"，引导学生在阅读英语原版经典童书《查理和巧克力工厂》的过程中，找出故事里五个孩子的性格与语言特点、情感与行为特征，思考并分析人物之间的差异与最终结局的关系；根据自己的理解合作创编不同故事情节的短剧，作为学校英语文化节剧目进行展示。芮老师在项目准备阶段规划项目管理方案的方法值得其他教师借鉴：

如何保障项目高效实施？——用学习支架帮助学生自主管理项目

上海市民立中学　芮靖

笔者将整个项目实施分为四个活动，考虑到学习任务将贯穿于阅读的全过程，所以计划用一个学期的时间来完成。笔者首先思考梳理了各项活动及任务的实施细节。例如：学生小组在合作完成了活动1的"讨论人物性格特点并绘制人物形象图"任务后进行分享交流，然后在对人物有了初步印象的前提下，再次深入阅读文本中的相关部分，对人物进行性格分析，并给出支持性细节，进而完成活动2的"人物性格分析图表"的任务。接下来，笔者想办法解决一个困扰着自己的问题：如何保障学生能够自主高效率地完成学习任务？经过思考，笔者选择了"任务单＋工作计划表"来帮助学生进行项目管理。任务单以问题及评价引导学生明确学习任务、记录合作情况、反思遇到的问题及解决方法，工作计划表用来跟踪学生小组的项目进程。在项目启动课上，笔者将自己设计的任务单和工作计划表范例演示给学生看，并指导他们如何使用它们来进行项目的管理。

芮老师从一开始就站在提高学生学习效率的角度，细致规划了学生活动的每个实施细节，厘清项目任务的定位、逻辑关系和顺序，找到合适的项目管理工具及资源，制作学生范例，并通过演示、指导等帮助学生学会项目管理的方法，开启他们自主学习的旅程。后来的事实证明：在项目实施过程中，"任务单＋工作计划表"的使用大大提高了学生小组的工作效率，让学生有了比较充足的准备来应对探究过程中的生成性问题。

面对一年级学生开展项目化学习，教师需要做怎样的事前准备？上海市静安区万航渡路小学吴老师的"万小新生的入校指南"（道德与法治学科项目），引导本校一年级学生结合自身经历，体悟幼儿园和小学的异同，记录并归纳出不同方面的学习和生活经验，为后续入校新生的小学生活支招。吴老师通过一份个人任务单来了解学生开展项目化学习的基础。

考虑到一年级学生识字、认字和写字能力有限且有差异的情况，吴老师鼓励学生在任务单上用自己的方式来表达对万小生活的体会，让学生在想一想、写一写、画一画的过程中认识到文字和图画的组合也可以很好地呈现自己的想法。（见图1-1）这样的尝试不仅激发了学生对自己经历进行探究的热情，而且使学生对完成项目任务更有信心，更为他们顺利进入项目角色作好了铺垫。

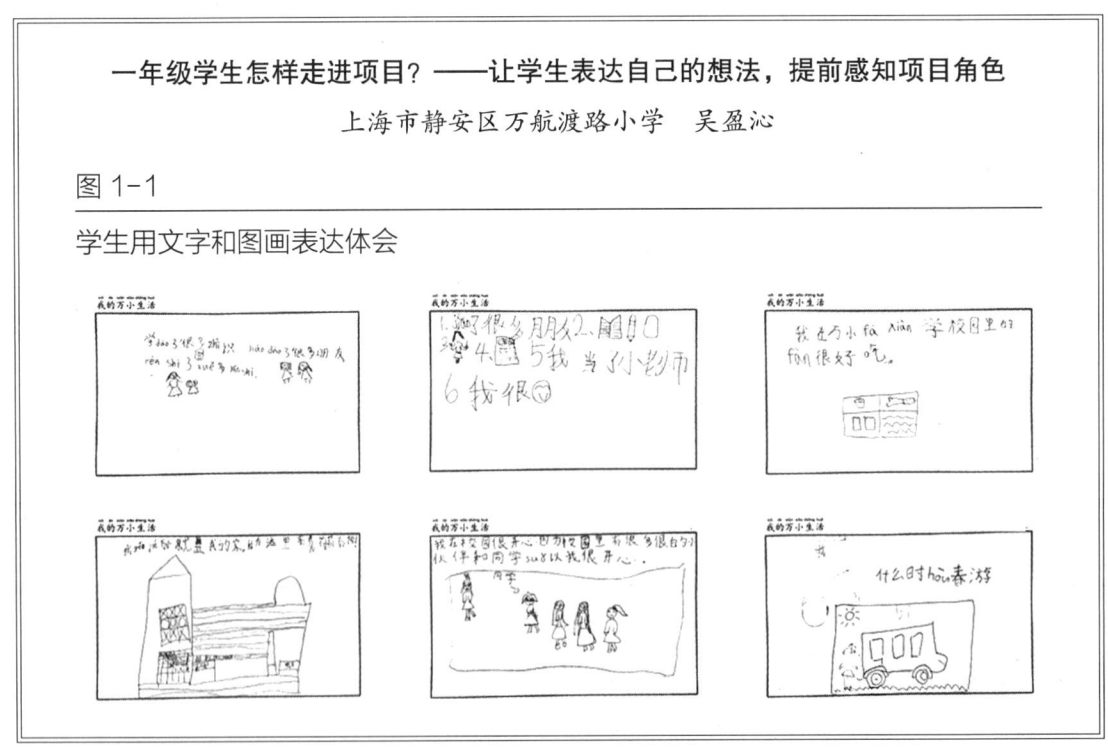

一年级学生怎样走进项目？——让学生表达自己的想法，提前感知项目角色

上海市静安区万航渡路小学　吴盈沁

图 1-1

学生用文字和图画表达体会

第三节 搭建本项目的"朋友圈"

项目化学习不是一个人的"战斗"，在基于真实问题情境的项目任务驱动下，常常需要寻求"外援"的帮助——引入可用的社会资源（如家庭教育资源、场馆学习资源、社区资源、领域专家资源等），构建良好的资源"朋友圈"。联动多方资源，有助于学生在与社会交互中深化参与、思考、实践程度，提升面向21世纪的关键技能与素养，从而更好地去理解和解决真实世界中的各种挑战。目前，走进社区、公共文化场所的学习活动正使项目化学习的方向日益多元化，教师要提前做好评估、联络与准备，通过整合优质资源，让项目化学习更真实深刻。

事实上，获得家长、学校和社会等多方面的理解与支持是保障项目顺利实施的必要条件。以家长为例，他们是否理解学校开展项目化学习的意图和价值？是否愿意配合教师和学校共同推进项目实践？是否愿意与学生一起参与到项目成果的创建中？家长是否掌握与本项目相关的重要资源？所以，在项目准备阶段，与家长作必要的沟通显得十分必要。

我们已经看到很多项目将家长纳入了项目实践的"大家庭"中，如在上海市徐汇区华泾小学冯老师的"中华小当家"项目中，学生在家长的带领下到银行实地调查，收集理财方法和理财产品的相关资料，为最终创建一份合理的理财方案做准备；再如，上海外国语大学苏河湾实验中学曹老师的"苏州河生态岸坡改造方案研究"项目，借助学生家长的资源，邀请校外河道治理专家通过录音对苏州河河道岸坡设计及上海市苏州河环境综合整治四期规划进行专业讲解，使学生能够站在治理专家的角度，思考苏州河为什么要建设河流生态岸坡的问题，理解河道生态岸坡改造是实现"安全之河、生态之河、景观之河、人文之河"美好愿景的重要措施之一。以上项目中都可以见到热心而专业家长的身影。

在一些国外的项目化学习案例中，向家长提供"告家长书"（Letter to Parents）也是项目准备阶段非常重要的举措——向家长解释什么是项目化学习，详细介绍项目的基本内容和评估要求，并告知家长如何参与到项目中来。

具有丰富项目化学习教学经验的教师大多懂得如何充分利用身边的资源，最大程度地获得相关人员的理解与支持，从而推动项目的顺利实施。这就好比一个人盖了一座高楼，如果他给底层装上玻璃，让阳光透进来，让外面的人能看到里面发生什么事，偶尔还会邀请他们进来看看，那么他就有望在多元互动中从外界获得更多力量的加持。

学习活动资源的开发和利用，不仅能够改变传统教学中学生处于被动接受的状态，还可以超越狭隘的学习内容，引进学生的真实生活和已有经验，让教学真正鲜活起来。

"假如我是人大代表"项目来源于部编版高一思想政治教材中的相关内容。项目引导学生以人大代表或记者的身份，合作开展街头采访、民意调查，发掘社会热点问题、搜集数据、分析原因，然后撰写人大代表提案，以召开记者招待会的形式来阐述提案并回答问题。本项目设计者上海市民立中学的沈老师在项目启动前就遇到了以下难题：学生刚拿到"假如我是人大代表"这个项目主题时热情高涨，但对于项目最终要呈现的"模拟议案撰写"则一筹莫展。因为现实生活中他们既没有选举人大代表的经历，也没有和人大代表沟通的经验，他们对于人大代表的了解只停留在思想政治课本上。此时，沈老师鼓励学生尝试通过网络渠道寻找身边的人大代表，动员家长寻找曾任或现任的人大代表，以及直接去学校和所属街道附近的人大代表之家、人大代表联系点寻找采访机会。但这些建议真正做起来并不顺利，学生们未能找到采访人大代表的机会。眼看他们参与项目的积极性开始减退，沈老师作出了果断的决定。

寻找身边的人大代表——"以身作则"为项目寻找"高人"

上海市民立中学　沈淑婷

为了让学生重拾参与项目的信心，笔者决定自己试着通过网络、身边朋友的资源寻找各种采访人大代表的机会。终于，笔者在时下年轻人喜欢的短视频平台上搜到了一位颇具名气的上海市人大代表的公众号，她曾长期在一档电视节目中担任调解员。

抱着试试看的想法，笔者主动私信这位人大代表并表明了意图："阿姨，您好，我是静安区一所高中学校的思想政治教师，目前在实践项目化学习'假如我是人大代表'，需要组织学生先对身边的人大代表进行采访以便了解人大代表的职责与工作，不知道您是否方便接受我们的采访？万分感谢！"

很快，笔者就收到了这位人大代表的回复。她表示非常愿意接受采访，并且将个人的办公室地址、联系方式提供给了笔者。笔者也和她初步约定：周五放学后组织学生采访她。第二天，笔者将这个好消息告诉了学生们。由于参与项目的大部分同学都出生在上海，一听到能去采访这位在上海颇有名气的人大代表，他们都非常激动。他们开始主动地讨论并围绕项目成果构思采访问题：当选人大代表后，您是否提出过议案？您是如何提出该议案的？您提出的这件议案最后人大会议又是怎么处理的？在担任人大代表的过程中，您遇到过什么困难？您又是怎么处理和克服困难的？

第一部分　启动：打开好奇和想象的大门

> 采访中，这位人大代表的一句"人民代表人民选，选我代表为人民"给学生们留下了深刻的印象，他们也逐渐理解了人大代表要密切联系群众、反映群众诉求的职责。学生们通过她提出的一些议案，如"建议地方全方位立法反对浪费""建议在高校大学城附近增设公共交通"，了解到议案的提出一般要由案由、案据、建议等环节组成。同时，学生们也知道了要提出一个有价值的议案，人大代表就要细心观察人民生活中的方方面面，要耐心走访调研，这样才能让议案更能体现出民意和民心。从学生们撰写的学习日志中，笔者发现他们对人大代表、议案有了更加直观的体会和感受，项目启动前的焦虑和不安也随之消散。

从项目设计到项目实施是有距离的，这一过程中隐藏着很多的不确定性和复杂性，对项目化学习的实践者而言，它们既是"危机"又是"机遇"。沈老师希望借项目化学习之机，带领学生走出教室，将教材中所学的理论知识应用于真实世界，让学生感受到贴近生活、解决实际问题的学习对未来成长的意义。但学生踏入社会的第一步尝试就令他们原本火热的心一度冷却。此时，沈老师决定自己先"下水游一圈"，终于争取到专业人士的支持，这一做法令学生信服，也大大激励了学生。

在项目化学习教学实践中，教师要善于联结学生课堂内的生活与课堂外的生活，从课堂生活拓展到学校、家庭和社会生活，最大限度、立体地整合各种教育资源，让学生在真实的体验中不断丰富和发展自己的学习经验、生活经验、社会经验，从而实现成长性转化。然而，要获得有用的资源，教师往往要有意识地思考并挖掘身边有哪些资源可以为项目所用。有时候，教师的一次勇敢尝试就可能为项目带来新机遇。

在另一个案例中，上海市徐汇区华泾小学的洪老师为自己的项目建立了"柔性边界"。在项目准备与启动阶段，他就为帮助学生策划学校的"二十四节气"中国传统文化展而奔走。他通过一次学生问卷调查，了解了学生们印象中的"二十四节气"；通过个别家长访谈，知道了大多数学生没有参观过任何展览活动，对展览这种形式仍非常陌生。以上学情信息不仅为洪老师做好项目准备工作提供了依据，而且使他意识到家长这一角色在推动项目进程中所起到的重要作用。洪老师还为项目实施组建了一个特殊的线上群。

> ### 家长提供真实的学情——确立项目"柔性边界"意识
> 上海市徐汇区华泾小学　洪喆谊
>
> 　　考虑到三年级的孩子年龄尚小，为了便于项目管理，及时了解项目进展情况，笔者打算充分发挥家长在本项目中的作用。笔者在线上班级家长群里进行了宣讲，让家长了解孩子最近在做的这个项目，希望积极取得家长的理解和支持。另外，在沟通确认后，笔者还建了一个由8名学生组长和其家长共同组成的线上项目群。一开始笔者还担心家长是否理解，学生是否愿意参与，但这个顾虑很快就打消了，学生和家长都表现得非常兴奋和积极。每次在群里传达的要求，组长家长都会非常积极地配合和响应。不仅如此，他们还会主动和其他组员家长进行协调沟通，助力学生完成项目任务。家委会的李妈妈就是其中一员。记得有一次她的孩子放学后，她在即时通信软件上让笔者转达其他组员：放学跟着李同学一起去她家，一起讨论并完成作品制作。事后，她还把所有学生在一起讨论的照片发给了笔者，李妈妈还特别热情地给学生准备了点心。学生那一张张喜悦的笑脸，让人印象深刻，笔者也对李妈妈的热情和支持感动不已。

　　确实如此，对于三年级的学生来说，自主、合作地管理好小组的项目任务和进程可能会有一定难度，此时，家长的理解和支持就变得非常重要了。洪老师能够恰当地借助家长的力量，合作搭建有利于学生主动学习的港湾。他通过在项目化学习中落实"家校联动"，使家长的热情成为点燃学生学习动力的重要因素。从洪老师的案例中能得到这样的启发：项目启动前，可以让家长也了解项目，也可以与其他学科教师开展同侪互助，并向社会专业人士寻求专业支持——具有开放的意识会让教师得到意想不到的收获。

　　"下雨天，学校和周边地区的路面上经常会出现积水，给师生的生活带来不便。是不是可以运用所学的地理和生命科学的相关知识，设计一套'海绵校园'的规划方案来解决水资源再利用问题？"上海市临港第一中学的殷老师在"海绵校园我来建"跨学科项目的准备课上，向学生提出了上述构想。当时，有一名学生举手发言："是不是可以设计一个相关智能系统？""好主意！""是不是可以用人工智能来设计？""人工智能怎么来建设海绵校园？""什么是人工智能啊？"这名学生的提议马上引发了不少同学的讨论。殷老师受到学生问题和兴趣的启发，决定将人工智能引入项目的教学设计中。

> **人工智能怎么支持海绵校园？——积极协调校外力量相助**
>
> 上海市临港第一中学　殷秀琼
>
> 　　在学校的大力支持下，笔者邀请了英特尔公司人工智能专家，后者利用项目准备阶段的课时，给学生们讲解了人工智能的定义、怎样分析判断生活中的人工智能、当前人工智能的应用范围及如何结合项目来设计人工智能应用情境。以上新知识为学生顺利开展项目实施作好了铺垫。学生们的探究兴趣浓厚，以下是他们在学习日志中所写的内容。
>
> 　　学生A："之前我一直认为人工智能就是长得像人的机器人，通过今天的学习我明白了人工智能是一种能和人一样会思考、会判断的系统。"
>
> 　　学生B："我了解到人工智能不仅可以使人们的生活更加便利，还可以保护人们的隐私和财产。"
>
> 　　学生C："人工智能具有能适应环境、能与人互动的特点，十分生动有趣。"
>
> 　　项目启动课上，各学生小组结合对校园地理环境的初步考察及学到的人工智能知识，对海绵校园的设计提出了初步构想，并与人工智能专家在线对话，后者进行答疑。项目准备与启动阶段的活动拓宽了学生的技术视野，启发了他们的创新思维。

对于有些项目来说，涵盖的内容比较丰富，实施难度确实也较大，因此需要学生有更扎实的研究基础和高涨的参与热情。在这种情况下，教师难免会担忧自己知识库里的资源不足。此时，教师可以积极地寻求外界帮助；同时，也可以调整项目实施进度和难度，如避免项目实施周期过长，安排相关的基础知识和基本技能的学习。

第二章
让最终的"产品"为探究定向

任何形式的学习过程和结果都会受到开始设定的学习目标的制约。《礼记·大学》:"物有本末,事有终始,知所先后,则近道矣。""知其先后"在教学中表现为目标的确立和循序渐进的过程。项目化学习的结果是随问题的解决所形成的一个或多个显性的"产品"。"产品"不仅是学习目标设计的参照物,也是项目实施中学习动力的重要来源之一。在设计项目化学习项目时,教师会权衡目标与最终"产品"之间的联系,并确定项目的走向和切入口;在项目实施时,教师可以明确告诉学生最后的成果及其评价要求,以鼓励学生在确定的方向下开展自觉行动。以上就是我们说的项目化学习设计和实施中的"以终为始"策略。

但"以终为始"不应该理解为某种走捷径方式或对项目一些过程的粗暴取消。在实践中,确实有些教师会简单走过场,甚至"自信"地跳过必要的项目准备与启动阶段,直接布置任务方式,企图一步到位。这种"初""末"之间缺少有意义学习过程、极简化的"项目",将学生的经历"浓缩"成一次"作业"(一篇作文、一次实验、一道应用题或一个作品的制作),而这绝不是"以终为始"的本意,是不可取的做法。

启动会的仪式感和组织安排往往决定教师能否将项目设计意愿转化为学生的行动。"以终为始"的策略正是通过组织一场项目化学习的启动会来明确探究方向,激发学生好奇心,凝聚全班合力。

公布项目方案——包括项目成果和成果评价办法

"项目介绍"隆重登场时,教师往往使用电子演示文稿软件,用引人入胜的方式公布项目学习的整体方案。教师在项目启动会上公布的成果可能是项目最后的产品,也可能是一定范围内产品的样例。对项目参与者来说,成果在确定范围内呈现的不确定性能激发个人和小组发挥智慧以填补"空白"的欲望。

启动会对许多教师来说也是新兴事物。为了吸引学生的关注,激发他们的参与欲,大部分教师会借助多年的教学经验和策略，用最生动的方法来开场。导入的方式大多是借助基于真实社会或生活情景的一个文案、一段视频、一组问题、一次头脑风暴或一个范例……所用的手段都是为了帮助学生尽可能地理解为何做、做什么及怎么做。当真实的问题和挑战摆在面前时，学生通常会对人人都能参与、人人都可以创新发挥来解决真实问题的氛围充满了好奇和渴望。启动时用合作探究的方式来发现问题和解决问题的全新体验，更让学生对学习的过程和结果充满期待。思维和热情一旦被激活，学生将竭尽所能，用所学到的知识去发现问题，探究、寻找解决这些问题的方法和途径。

提出项目驱动问题——指引行进路线和成果，激发学生思维兴趣和交流的热情

启动会上，教师怎样使驱动问题更有挑战性，更能激发学生的好奇心？从问题的性质来看有两种选择：一种是直接提出本项目要解决的真实、具体的问题（单元问题），引发学生参与实践的积极性；另一种是运用比单元问题更上位的基本问题，结合核心素养或跨学科大概念，激励学生运用学科知识作假设、推理，以概念性理解激发学生理性思维的兴趣。前者让学生直面现实、回应挑战，启动时不妨把问题以图像或前期调查报告的形式导入；后者让学生驰骋想象、理性推测、解决日常经验之外的问题，启动时不妨引用若干背景资料和学者论述以强化项目的价值。不必判断两者孰高孰低，教师应该从项目主题、学情需求和个人教学风格出发，作出合情合理的选择。

第一节　以"产品"激活好奇心和探究欲

项目化学习是激发学生创新思维，培养他们主动解决真实问题的能力的实践活动。假如学生没有好奇心和探究欲，上述目标就无法兑现。项目化学习"入项"的课堂精彩纷呈，不仅因为学科内容的变化、方法的变化，更因为不同学生个性和个体最近发展区的差异在交互碰撞中呈现出多色彩的思维火花。每一位有志于从事项目化学习教学实践的教师，都在考虑并实践如何利用学生思维碰撞为项目化学习创造一个精彩、有效的好开端。下面介绍的几个案例，都是在项目准备与启动阶段，教师运用各种策略引导学生在体验中启发学科思维，激活学生对项目的兴趣和能动性的不同做法。

上海市黄浦区北京东路小学林老师的"美味营养的学校午餐"项目源自学生真实的校园生活——学校后勤部门向学生征集一份既美味又营养的学校午餐一周食谱。林老师是这样开启项目之门的：

以营养食谱开启头脑风暴——交互中理解项目任务

上海市黄浦区北京东路小学　林雁平

首先，笔者将准备好的"美味营养的学校午餐"任务单发给学生，并抛出引导性问题，鼓励学生以数学阅读的方式从资料中提取信息，完成任务单上的问题一，随后在班级内反馈获取的信息。

反馈中，学生们对于项目任务的理解呈现出一定的差异。（见表1-4）

表1-4

"美味营养的学校午餐"任务单问题一

问题一：你觉得任务是什么？具体需要做哪些事情？		
学生A： 讨论午餐，怎么把午餐变好吃。	学生B： 我觉得任务是让我们自主编制午餐食谱。具体要做的就是让我们计算自己编制的午餐营养的摄入量。	学生C： 1. 我觉得任务是搭配一周的学校午餐食谱，并且考虑小伙伴们的口味。 2. 调查了解同学们都爱吃什么菜，判断怎样的食谱才符合营养要求。

学生A是从单一的角度，即午餐的口味来思考如何编制午餐食谱。（做什么）

学生B虽然也从单一的角度考虑，但明确提出要通过计算营养的摄入量来编制午餐食谱。（做什么，怎么做）

学生C对于本项目需要做什么事情有较为清晰的理解，不仅知道需要搭配一周的学校午餐食谱，还知道通过调查了解同伴口味，以及判断午餐食谱是否符合营养要求。（做什么，怎么做，为何做）

紧接着，笔者又抛出其他提示性问题："同学们，我们可以从哪些方面入手完成这些任务呢？从任务单上需要提取哪些关键信息？为什么这么做？"以上是为了帮助学生建立信息资料与问题解决之间的关联，感受从定性描述到定量刻画的过程。如"午餐很重要，必须要吃好"的说法是定性的描述，表达出午餐对于学生生长发育的重要作用，但从数学的角度看，就可以借助数据进行定量刻画——"午餐提供的营养素应占全天总量的4/10"，从而引导学生用数据来描述午餐的重要性，体现出数学的抽象意识。

学生在自主阅读的过程中，通过圈画、摘录及做笔记的方式，找到关键信息，学习数学阅读的方法。同样，他们的答案也体现出一定的差异性。（见表1-5）

表 1-5

"美味营养的学校午餐"任务单问题二

问题二：解决这些问题，需要利用教材知识来提取哪些关键信息？为什么这么做？		
学生A： 1. 每天菜品和主食数量。 2. 营养素摄取量。 3. 每种菜品和主食的营养总量。	学生B： 需要提取： 1. 营养素摄入量。 2. 菜品营养素含量。 3. 要求。 因为： 1. 要计算最佳搭配方案。 2. 制订符合要求的食谱。	学生C： 要提取"午餐提供的营养素应占全天总量的40%"和"开展调查，了解小伙伴们喜欢吃什么菜"。因为这次的主题是"美味营养的午餐"，所以"营养素应占全天总量的40%"是必须的，其次就是美味。

学生A能提取到若干关键信息，但对于"为什么"缺乏一定的思考。

学生B在提取关键信息的同时，对于为什么需要这些信息有一定的思考，但针对性不强。

学生C不仅可以提取到关键信息，而且对于为什么提取这些信息有自己的思考。

基于这样的差异，笔者又一次鼓励学生交流互动，在对话过程中加深他们对项目任务的理解。在学生思考完成学习单上的问题二之后，笔者适时引出第三个问题："任务单中关于如何开展调查研究的信息不多，而要了解同伴们的口味就需要开展调查研究，那么，要完成调研任务，我们需要怎么做呢？"

随后学生以小组为单位，在头脑风暴的过程中逐步形成如何开展调查研究的步骤。学生们参与的积极性很高，其思维水平的差异性也充分体现。（见表1-6）

表 1-6

"美味营养的学校午餐"任务单问题三

问题三：小组讨论，要完成调查研究的任务，需要怎么做呢？		
学生 A： 表格上有很多菜的名字，每个菜旁边留出空格，把表格分发到每位同学手中，让他们在喜欢吃的菜旁边打钩。	学生 B： 1. 设计调查问卷。 2. 做调查问卷。 3. 统计数据。	学生 C： 每人在学习单上勾选自己喜欢吃的两菜一主食，然后统计出数量频率最高的，就将那个菜选入食谱，一周一次。

林老师不是简单地先让学生填项目任务单然后自己讲解，而是紧扣《义务教育数学课程标准（2022年版）》中"会用数学的眼光观察现实世界，会用数学的思维思考现实世界，会用数学的语言表达现实世界"的要求，用问题引导学生思考项目的主要任务，学习运用数学抽象、概括等方法准确读取任务的关键信息，理解项目任务；同时，鼓励学生表达不同看法，增进理解项目任务的全面性，为项目开一个好头。

当然，我们还看到了启动课中林老师的耐心和对学生的尊重。我们相信，这种耐心和尊重不仅是因为他安排了比较充裕的交流时间，也不仅是因为他的性格宽厚，更重要的是他基于丰富的教学经验、对小学生认知能力和心理水平的深刻理解。他倾听学生而不做"单向发布"，使不确定性"可见"；分析即时信息而不恣意立断，使差异信息"可测"；引入协作对话而非放任自流，使学习"可控"。开而弗达则思。林老师深信，让学生开动脑筋比快速记住答案更重要——时间上的"失"被实际效果的"得"弥补了。

下面是两个案例。一个是上海市建平临港中学黄老师设计实施的"滴水湖导览 App 设计"地理学科项目。该项目从《义务教育地理课程标准（2022年版）》指出的学科核心素养目标出发，引导学生围绕滴水湖的地理、人文、社会等方面进行调查、分析、总结，在此过程中学习并发展"地理实践力"；通过创建"滴水湖导览 App"项目产品的探究过程，深化学生对"地理环境及人地关系"的认识，促进学生"人地协调观"的养成。

另一个是上海市临港第一中学吴老师设计实施的"'再下西洋'的朝廷奏对"历史学科项目。该项目引导学生围绕"七下西洋都由郑和带领，已经开拓出较为成熟的路线。那么在郑和去世后，当时的明朝是否还需要继续下西洋？""如果你是当时的明朝人，你会给出怎样的建议？""如果你是一名来自21世纪的穿越者，你又会给出怎样的建议？"等问题进行

第一部分　启动：打开好奇和想象的大门

史料实证的研究。来看一下以下两位教师如何在项目启动中引导学生关注对学科大概念的理解。

现场调查初探——针对不同成果亮相作铺垫

上海市建平临港中学　黄星雨

笔者在项目启动前抛出了"设计滴水湖导览App"的话题，并让学生先自行组队前往滴水湖区域进行观察、探索，看看App应该导览什么。令笔者欣喜的是，学生们对于项目的参与度很高，拍摄了大量的照片和视频。

项目启动会上，笔者提出了项目的基本问题：如何看待人类活动与地理环境之间的关系？随后，笔者引导学生用合作制作的多媒体演示文稿分享实地观察收获。一个小组结合去滴水湖那天下大雨的天气状况，提出要在他们的App中加入天气提醒、避雨点查询、垃圾桶查询等人性化的智能服务。另一个小组提出他们发现滴水湖区域还是存在一些游客刻字等不文明现象，所以想在App中加入景点电子打卡（替代"到此一游"的刻字）。学生基于他们的考察数据对基本问题进行了初步讨论，并绘制出滴水湖的印象图。

笔者觉得项目启动阶段的主要目标就是告诉学生这个项目要做什么，以及激发学生的学习兴趣、积极性和主动性。学生在项目准备阶段的实地调查使他们的地理实践力得到了初步锻炼，启动课上基本问题的提出则能够帮助学生将分散的初步印象聚焦到地理学科大概念的思考与实践上。

历史资料初探——为实现成果亮相开展史料判断训练

上海市临港第一中学　吴双

笔者在项目启动中让学生思考：郑和下西洋的时间是在公元1405—1433年，那么这期间明朝社会是什么情况？学生们通过收集和分析材料探究了这一时期的明朝社会概况。学生又进一步从材料的史料价值深入到材料的内容价值上，进而联系项目化学习的主题"'再下西洋'的朝廷奏对"，并提出诸多问题：为何郑和能够七次下西洋？这是否反映了明朝前期政治的清明、经济的发展和国力的繁盛？既然郑和下西洋能获利如此巨大，为何在郑和去世后明朝下西洋的行为就停止了？当时是否出现了一些问题？这些问题是否可以解决？是否意味着在郑和去世后明朝就不该继续下西洋？

> 基于以上问题，笔者建议学生从学会整理材料入手寻找答案：先将自己小组搜集的材料以史料价值的高低进行分类整理和辨析，如以实物、文献和口传史料分类，以原始史料和非原始史料分类，进而判断哪些史料因有文学艺术加工成分故而史料价值较低，哪些史料是原始史料故而史料价值更高。
>
> 在整理和分析材料的过程中，学生自行发现了许多问题，例如自己小组搜集的材料过于笼统，缺少对明朝中后期材料的搜集，且有较多文字材料属于非原始史料，其经过各种整合和加工。新问题的发现更有利于推动项目实施——能帮助各项目小组有针对地完成接下来的工作计划，确定小组分工，并完成小组契约。

上海市静安区市北初级中学北校张老师的"今天我来做法官"项目，以"如果你是法官，你将如何依据相关法律来审理案件？"为驱动问题和学生展开对话，最后用成果形式——模拟法庭视频的出示，给这个富有理性特征的项目的启动会带来了趣味性和集体参与的氛围。

> ### "你会如何进行审判？"——在讨论中出示最终任务视频
> **上海市静安区市北初级中学北校　张燕妮**
>
> "如果让你从中选择一个最感兴趣且最具有探究价值的法律案例，并且以'法官'的身份，依据相关法律来审理这一案件，你会如何进行审判？"
>
> 在项目启动中，此问题一出现，学生们就纷纷踊跃举手表态："我肯定会做一个正义的法官，给予犯人最严厉的处罚。""我要先看看这个法律案件我是否感兴趣，是不是复杂，越是复杂的案件，审判起来越有意思。""如果法官在审判的时候，恰巧遇到自己的儿子犯罪了，该怎么判呢？"
>
> 伴随着学生们的热烈讨论，项目化学习就这样开始了。学生们对判案充满兴趣，满怀期待地想要寻找到一个有趣且复杂的案子。
>
> 此时，笔者出示了最终的学习成果：关于"模拟法庭"的展示视频。
>
> 大家初步感受了模拟法庭的角色组成、各个环节及每个环节的具体操作流程，学生们看得津津有味，笔记也都做得很认真。他们跃跃欲试，开始选择自己想要承担的角色，整堂课上不时擦出思维碰撞的火花。

为什么教师有时候会惊喜地发现，学生愿意接受并且能够完成十分困难的学习任务呢？现代教学设计专家罗伯特·马扎诺认为，之所以会出现这样的情况，主要归因于学生的自我系统——态度、自信和情感，它们决定了个体完成某项任务的动机。该系统的构成要素有：价值、效力和感情。当学生意识到任务对于项目目标与个人成长有价值时，当学生相信自己拥有足够的资源完成挑战性任务时，当学生认识到能够通过完成任务让自己愉悦时，他们就更愿意接受挑战性任务。当真实问题情境的聚焦点与学生生活相关时，当项目任务被认可为有意义和可操作时，即能满足学生的自我系统需要时，项目的任务和问题也就顺其自然地变成了学生自己的任务和问题。这就是在成功的项目启动会上，学生能生成积极的态度、满满的自信和好奇心的心理动因。

怎样让学生从滴水湖畔七座景观桥的结构中感受几何之美，从而对数学发生兴趣？在上海市建平临港中学龚老师的"环湖景观桥的数学宣传册"项目启动课上，该教师引导学生领略了艺术中的数学美（艺术家视角）、生活中的数学美（数学家视角）和景观桥中的数学美（建筑师视角），为学生走进项目搭起了另一座"桥"。龚老师在课后撰写了反思。

> **在真实情境中探寻数学美——多视角的情境引入打开兴趣之窗**
> 上海市建平临港中学　龚孟婷
>
> 整个项目启动的过程中，学生、教师的认知在不断发生变化。通过三段不同视角的情境视频引入，学生对于数学学科的认知从原先的枯燥乏味、有些令人恐惧变为有些令人好奇和有趣。项目化学习的驱动问题，又促使学生到真实情境中用数学的眼光去欣赏环湖景观桥中蕴含的几何美并加以宣传，这对培养学生的数学学科核心素养是非常有益的。

情境导入法经常是教师在设计项目启动活动时的选择，他们希望通过一段视频、一次演讲、一场展示或者一张照片来打动学生，让后者对项目产生一定兴趣。实践中我们发现，在那些成功的情境导入案例中，教师会选择贴近学生生活、具有新意和丰富视角的情境资源，并用多样化的形式呈现给学生，同时还会配合问题来引导学生互动，引发思维碰撞。在这个过程中，教师需要细心观察，把握好学生讨论的方向，感知学生的心理和情感的变化；寻找恰当时机，自然切入项目任务和成果目标的介绍环节。龚老师在情境导入环节上下了很大功夫，做了许多准备，也正因为她的用心，学生才得以打开了探究数学美的兴趣之窗。

第二节　用"问题"与"评价"指引通往终点的路

"成果"导向须由"问题"和"评价"来助力和引导。从启动开始，项目之路就充满各种不确定性和复杂性，学生需要在"问题"和"评价"的帮助下，不断地尝试从项目化学习的知识运用和问题解决的循环中建立逻辑关系，进而成为学习的主人，创造卓越，超越自我！

启动会上提出驱动性问题、出示最终成果评价量规非常重要，这是项目启动的"规定动作"。然而，有经验的教师都知道，重要的东西往往不可以简单交付出去，越重要的教育环节越要精心铺垫。这种"精心"不是增添繁冗和复杂的流程，而是搭建好连接学生情感、思维、经验和知识的桥梁，让学生放松、愉悦地参与进来。

"百年后临港海域会不会出现怪物？"上海市临港第一中学的吴老师以这样一个开放性问题开启了学生的跨学科项目化学习。吴老师原本在项目教学设计中提出的驱动问题是"临港海域生态的明天是怎样的？"。当她在项目准备阶段抛出这个问题时，学生反应平淡，他们那无动于衷的表情令吴老师一头雾水——难道他们对这个问题不感兴趣？带着忐忑的心情，吴老师使用"问卷星"平台对学生进行学情及需求调查，然后将项目驱动问题改成了"百年后临港海域会不会出现怪物？"。问题一提出，学生脸上的笑容马上让吴老师意识到"怪物"刺激了学生们的想象力。

启动会前修改驱动问题——只为激活思维，释放创造力

上海市临港第一中学　吴钰喆

笔者选择了科幻电影里由地球生物衍生出的奇特生物形象作情境导入，比如展示《水形物语》中半人半鱼形象的图片。另外还展示了中国古神话中的鲛人图片，以及《异形》中名为"抱脸虫"的外星生物图片。由于"抱脸虫"形似面包蟹，所以学生在猜测生物本体或原型时可以比较容易地回答。同时，笔者鼓励学生大胆提出疑问，可以是对本项目的疑问，也可以是对某一种海洋生物的问题，抑或是对未来生物的猜测；刚开始学生们还比较拘谨，不太敢放开提问，但随着课堂气氛越来越活跃，学生们的问题越来越多："哪些物种最有可能产生进化式变异？""未来海洋生物会取代人类的地位吗？""海龟能变形吗？""海洋中最大的一个生物类群是什么？""在海洋污染较严重的当下，海洋生物是会灭绝还是进化

> 出免疫污染的种类？""海洋食物链未来会有什么改变吗？""'怪物'是从什么生物变化而来的？""鱼会不会进化成两栖动物？""海星的变异源头是什么？"在学生讨论的过程中，笔者不断记录并分类问题，可以从中发现大家的关注点都有所不同，有些同学对海洋生态比较感兴趣，有些同学则喜欢幻想生物的奇特结构功能，这些正是他们对项目化学习感兴趣的一个开端。

面对五花八门的问题，吴老师意识到学生的求知欲被点燃了。接下来最重要的是以项目目标作正确引导，让学生发散的思维能够慢慢聚合，集中于探究本项目的跨学科问题（基本问题）"怎样看待生物的结构特征与其生活环境之间的关系"。这需要为学生打开更为专业的生物知识库，帮助他们学会运用科学方法来解决自己关注的问题。吴老师在启动课上邀请到一位学生家长，其是上海某大学海洋生物领域的专家，大家就"为什么说鲸落万物生？""微生物是如何繁衍的，对于海洋的作用是什么？""海洋生物分为哪些类群？"等更为专业的问题进行了探讨。

吴老师的项目启动课不仅激发了学生的想象力，而且让他们感受到用科学思维推理和假设的乐趣。吴老师根据初中生的实际需求灵活地调整驱动问题，以"未来生物"的概念制造悬念，又引导学生立足真实情境思考未来，解决当下的现实问题，让项目在有趣而积极的氛围中"起跑"。

在另一个案例中，上海市进才中学北校的万老师引出了有关"家风家训"的思考："我们是如何表达亲情的？不同时代的家庭，父亲对子女传递了怎样的感情？这种感情对子女又有着怎样的影响？"基于上述思考，她设计了"慈父敬禀"项目。该项目引导学生通过驱动问题"假如你是三封家书的收信人之一，你将如何给'父亲'回信"，以"子女"的角色，认真阅读三封书信：诸葛亮的《诫子书》及另外两篇教学补充材料——《傅雷家书》选段（《一九五四年九月四日》）和资深媒体人夏友胜写的家书《人生哪能一帆风顺》，体会家书承载的拳拳父母心，挖掘家风对塑造人格产生的作用，并以子女的身份回信其中的一封，最终集体完成《"慈父敬禀"书信集》。

万老师利用问题情境下的成果驱动作为终极目标，用驱动问题引导，让学生融入角色，充分领会学习结果及评价的要求，做到心中有目标，前行有方向。问题引领、评价先行的导航作用在该项目的启动环节中发挥得淋漓尽致。接下来一起沉浸式体验一场引出学生角色扮演和驱动问题的课堂对话。

意料之外的角色——让学生浸润于情境

上海市进才中学北校　万玥

笔者:"你们对诸葛亮的印象是什么?"

学生:"羽扇纶巾。"

学生:"运筹帷幄。"

笔者:"回到课文(《诫子书》)里,你们对诸葛亮的印象是什么?"

学生:"一位操心的老父亲。"

笔者:"对,现在他是你们每个人的父亲了。"

学生:"啊?"(笑,窃窃私语)

笔者:"你们告诉我,你们现在是谁?"

学生:(翻看课文)"诸葛瞻。"

笔者:"好的。请问诸葛瞻是什么人?"

学生:(语塞)"诸葛亮的儿子?"

笔者:"诸葛瞻是个什么样的人?诸葛亮陪伴他长大到几岁?他活了多久?有怎样的生平经历?世人对他的评价怎么样?他如何看待自己的一生,他又是如何看待自己的父亲的?"

学生:"不清楚。"

笔者:"在我预料之中。这里老师有个任务需要大家共同完成:以诸葛瞻的身份给诸葛亮回一封信。"

学生:(炸开锅)"啊?"

笔者:"如果要完成回信,你们就要变成诸葛瞻本人。你们需要搜集他的哪些资料?"

学生:"生平,包括生卒年。"

学生:"他的个人经历。"

学生:"他和父亲的关系。"

(黑板上书写"家庭状况""社会身份")

学生:"了解他对《诫子书》的看法。"

笔者:"'看法'这部分很难查到史实资料,需要你们根据现有的史实资料进行合理想象。"

> 学生:"还需要了解后人对诸葛瞻的印象。"
>
> (黑板上书写"历史评价")
>
> 笔者:"另外,你们可以查一查《诫子书》写就时诸葛瞻有多大,详细了解一下《诫子书》的写作背景。"
>
> (黑板上书写"写作背景")
>
> 笔者:"以上大家总结的,就是我们完成回信前需要准备的学习资料。小组组内分工,课外搜集资料,初步填写'慈父敬禀项目学习资料整理表',下次上课,各小组依次上台汇报。"

在通过对话引出学习任务后,笔者还和学生一起通过讨论明确了项目成果和"'慈父敬禀'回信评价量规"(见表1-7)。各小组根据项目每个阶段需完成的任务和评价,讨论并制订出工作计划。

表 1-7

"慈父敬禀"回信评价量规

指标\分值	5	4	3	2	1
历史准确性	细致地描述了自己的经历和感受,有对人物、地点和时间的历史准确的具体细节描述。	描述了自己的经历和感受,有对人物、地点和时间的历史准确具体的细节描述。	用了一些具体的语言来描述自己的经历和感受,但大部分描述简短、模糊,而且没有真实历史信息的支持。	信件内容较简短、模糊,反映不出任何真实历史信息。	信件内容非常简短,内容模糊,没有结合任何真实历史背景。
写作风格	写信的风格适合于所描写的时代,使用了相当长的描述,而且使用了正式的书面语。	写信的风格基本上适合于所描写的时代,使用了正式的书面语来描述。	尝试以适合那个时代的风格来写信,但读起来就像是一个外人所写的。	写的信读起来就像是外人写的,且不像是生活在那个时代、那种环境、那个年龄阶段的人所写。	写的信读起来与原信件没有任何联系。

（续表）

分值 指标	5	4	3	2	1
写作规则	在书写、标点、格式和词语惯用法方面，写的信不存在任何错误。	在书写、标点、格式和词语惯用法方面，写的信不存在会削弱文义的明显错误。	在书写、标点、格式和词语惯用法方面，写的信存在一些错误，且这些错误会削弱文义。	在书写、标点、格式和词语惯用法方面，写的信存在大量错误，使得读者难以理解。	在书写、标点、格式和词语惯用法方面，写的信让读者完全无法理解。
创新性	写的信包含一些特点，使内容读起来更真实，并有助于加强信的可读性。	写的信包含一些特点，使内容看起来真实有效。	写的信包含一些特点，尝试使内容看起来真实，但事实上却分散了读者的注意力，且破坏了信的可读性。	写的信不包含能使内容读起来更真实的特写。	写的信中无任何特写。

项目化学习贯彻的是"动态迁移"。

"动态"之"动"是"主动"——激活学生的主动参与、主动思考的态度；"动态"之"动"也是"活动"——让学生在系列活动的体验中习得。

问题和评价是引导学生"动态迁移"的最佳拍档。显然，万老师对这两者的作用熟稔于心，她用平等的对话形式将两者融合，耐心地启发学生，用最简洁的"假设性"问题让学生以"诸葛亮儿子"的虚拟角色进入学习情境；用评价来提醒和鼓励学生不偏离学习目标；她自己则成为学生的伙伴与学生对话，将学生的思维引向项目的最终成果。

项目启动活动的"规定动作"之一是对成果评价量规的学习。那么如何做好这个"规定动作"？是教师照本宣科地让学生面对冰冷的评价指标被动接受，还是根据项目特点用多样化的形式让评价有温度地自然融入学生思维中？

上海市浦东新区南码头小学的倪老师通过她的"数学节节徽设计"项目实践给出了明确的答案。

> ### 驱动问题与评价量规之间有通道——鼓励学生完善评价、开启探究
> **上海市浦东新区南码头小学　倪佩雯**
>
> 笔者学校一直有举办数学节的传统活动，不过尚未有标志性的数学节节徽，因此本项目提出驱动问题："我们如何运用图形设计具有南小特色的数学节节徽？"
>
> 项目启动前，为了让学生对节徽有一定的了解，笔者先引导学生搜寻身边的节徽作品，并由自己判断得出最漂亮的那一件。笔者发现，在学生决定选择哪一件节徽作品的时候，其实心里已经有了自己的评判标准。
>
> 在启动课上，笔者请了3名学生向大家完整说明自己选出"最漂亮节徽"的理由和标准。之后，进一步引发学生思考：相比其他节徽，这几件节徽作品好在哪里？随后，学生以小组为单位一起思考讨论："你认为漂亮的数学节节徽应该包含哪些元素？"学生们纷纷表达自己的想法，思维不停地碰撞。笔者建议他们先将这些想法用思维导图整理出来，然后在全班进行分享。各组基本都提到了需要有数学符号、文具和合适的色彩，笔者随后引导他们梳理出"节徽设计评价量规"中的两项指标——数学内涵和美观性，并得到了学生们的一致认可。经过进一步讨论和引导，学生们又提出一项指标——主题，即希望出现在节徽里的图形都能够服务于节徽的含义，而不是杂乱无章的。

我们看到，倪老师没有简单地推出节徽设计的评价量规，而是让学生分享自己搜集来的节徽图案再进行分析，并通过头脑风暴、引导学生制作思维导图，一起讨论并补充"节徽设计评价量规"中的指标。这样的策略无疑是优化了把评价量规自然融入学生行为的过程。由此可见，教师作为一名助学者，要根据学生的实时表现不断调整教学策略，充分激发学生学习的积极性和主动性。

"我们这次项目化学习的成果，真的就是记者采访'鲁迅'的对话吗？"学生们挤在教师办公室的窗口好奇地问——上海市建平临港中学的曹老师发现，学生平时通过接触鲁迅的一些作品已经形成了一些前概念，但对鲁迅完整的形象和思想发展过程却鲜有认识，由此曹老师思考设计了"对话鲁迅"项目：以"鲁迅是怎么成长为伟人的"为驱动问题，引导学生通过扮演记者和不同时期的"鲁迅"，做虚拟采访。没想到很多学生听到这个消息后都表示，这样的项目成果太简单了吧！曹老师随即鼓励学生在启动会上试着做一次模拟采访。

> ### 启动会上演不成功的采访——让大家知道"项目不简单"
> 上海市建平临港中学　曹辞单
>
> 　　在启动课上进行情境导入时,笔者特意介绍了鲁迅在三味书屋求学时期的同学周寿恒,他在读书成绩方面比鲁迅还要出色,而这与学生对鲁迅的固有认知形成了强烈冲突。随后笔者又介绍,周寿恒长大后成为了痴迷耍牌的大少爷,这再一次打破了学生的固有观念:鲁迅从小就应该是天才,明明只有"学霸"才能成为伟人,而痴迷耍牌的周寿恒的成绩怎么可能比鲁迅还出色!这样的强烈反差,吊足了学生的胃口,激发了学生的学习兴趣和能动性,他们迫不及待地希望为看似简单的项目成果"对话鲁迅"找到不简单的答案。但是,他们接下来的模拟采访却不怎么成功!
>
> 　　这时,笔者问学生:"你们对这个采访对话表演满意吗?你们想如何证明项目最后的'对话鲁迅'是成功的?"笔者顺势引出"对话鲁迅"采访活动的评价量规,指导学生可以根据量规来评价。在发布评价量规后,学生们觉得他们的采访更有目标和方向了。最后笔者又问学生:"你觉得这个评价量规还有什么地方可以修改和改进的吗?"学生们主要提出了两方面的改进建议:一个是可以增加有关表演道具的评价指标;另一个则是考虑到这是一次采访对话表演,所以还应考虑将现场观众的反应纳入评价。学生们的想法非常有价值,提出的意见对完善这个评价量规很有帮助。

　　启动课上居然冒出"三味书屋的学霸"周寿恒,还有一场尝试性质的"采访鲁迅"预演,以上都是曹老师为在项目启动阶段尽可能激活学生兴趣和思维而设计的教学环节。显然,学生的情绪被"成绩反差"和不怎么成功的模拟采访调动起来了。曹老师随即自然地引入采访活动的评价量规,为学生深入研究鲁迅提供了标准和依据。

　　配合项目成果的宣布,"问题"与"评价"能驱动学生在真实情境中创造性地解决问题,并让学生产生兴趣,愿意主动探究。为此,教师首先需要站在学生的角度思考怎样的情境和问题才能引起学生内心的波澜;其次要敢于灵活应变,跳出自己固有的教学模式,将自己创新的教学想法付诸实践。有时候,可能因为教师的大胆改进,学生就能获得一次全新的学习体验。当然,学生的表现和反馈又将验证教师的教学方法的有效性,进而帮助教师作出合理的调整。

第三章
迈出携手前行的第一步

有了学习目标和努力方向，明确了项目成果和评价标准，学生们正跃跃欲试。此时，教师的工作重心需及时转向引导学生建立合作团队，以及按照项目成果评价量规的要求制订学习计划。我们发现，"合作探究能力有待进一步提高"是当前学生在项目化学习实践中面临的主要挑战之一。那么，为什么项目化学习要强调合作探究？因为，今天的学习本身应该是一种交互过程，是人与他者、人与自身、人与知识、人与客观世界多元交互的过程。面对真实世界的不确定性和复杂性，学生更需要借助各种交互方式来启发、思考、验证、反思、完善、创新自己解决问题的思路和方法，而小组合作就是一种有效进入互动与协作的交互方式。

在合作过程中，学生需要相互沟通、协商、共享信息与资源，并共同努力解决问题、完成任务、创建成果、建构知识、提升能力、认知自我。对于教师来说，助力学生从合作走向协同，更好地适应社会发展和变化，既是一种社会责任，也符合发展学生核心素养的育人目标。

在项目准备与启动阶段，教师如何帮助学生做好合作探究的准备？实践中，教师经常会遇到这样的问题：有些学生更愿意"单打独斗"，认为与他人合作是"多此一举"；有些学生不知道该如何合作；有些学生愿意尝试合作，但合作中出现的问题又令他们不知所措，进而望而却步，导致项目任务停滞或失败。上述问题形成的原因在于一些学生缺乏合作意识和基本的合作技能。

合作意识与合作技能是互为促进的关系。学生有了合作意识才会主动参与合作，在合作中获得了合作技能的提升，又会变得更加愿意合作。项目探究活动是合作的最好平台之一。在项目启动时，针对学生合作意识的唤起可以从项目准备的热身活动或体验活动开始，也可以在项目启动阶段的学生分组活动中进行。只要学生真正感受到合作的快乐和益处，他们就会主动地在合作中完成自己在小组内担负的任务，力推小组的发展。

因此，在启动阶段，除公布项目成果目标和评价量规以外，教师还需帮助学生做好三件事：

创造氛围——建立相互信任和尊重

学生与学生、教师与学生、组长与组员之间都需要在相互信任和尊重的基础上开展互动，所以要构建平等、公正、民主的团队氛围。

在团队成立初期的互动中，学生可能因为学习压力、性格、表达方式、意见差异等而产生诸多问题甚至摩擦，课堂也可能出现一时的嘈杂。因此，教师应参与各小组的讨论，用自己开明和开放的态度引导学生耐心倾听他人意见，学习对不同观点进行理性质疑和表达，初步形成团队的互动规则。

制订计划——树立共同目标

明确共同的项目目标、成果及评价要落实在确定小组"做什么"和"怎样做"的学习计划上。

教师需引导学生小组通过讨论，全面理解团队共同的探究目标、成果意义及评价量规。尤其要依据项目成果评价量规明确小组任务，制订小组学习计划，同时鼓励学生在讨论中换位思考，充分表达自己的疑问和建设性意见。

承担角色——人人有事有责

每一名学生都是团队中的一分子，每一个小组都是自我学习和团队探究的践行者。在项目启动时，教师要充分发挥学生的领导力，鼓励小组通过讨论来协调任务的分配，让每一个团队成员都能表达自己的意见和建议，都能找到合适的角色与分工，都能明确自己的责任和义务，做到分工合作和优势互补。还要激发每一名成员对项目团队的认同感、归属感、责任感，建立起良好的项目合作关系。

做好以上三件事既是项目团队建设的基础，又是小组从合作走向协同的必备条件。一个成功的项目既离不开团结上进的学习团队，又取决于自我导向、自我管理的项目文化是否能落实到项目化学习的方方面面。

假如项目之初就能营造一种和谐共生的学习环境，让学生的想象插上翅膀，那么他们合作探究的主动性、积极性将伴随着项目的深入不断延伸，开花，结果。

第一节　合作从分组开始

在项目化学习启动时要引导学生划分小组。学生愿意参加的小组的成立，将会提高学生的学习兴趣，更能形成互相督促、互相启发的氛围，从而提高学习效率，提升成果及展示的质量，也让学生更容易学会合作和形成团队精神。

在分组时，可以采用以下几种方法：

- 自由组合，即学生们自由组合成各小组。
- 根据准备阶段调查所了解到的学生兴趣、特长、意愿等进行分组。
- 两次分组，第一次按研究对象分组，第二次组成综合组——前面不同小组的成员重新编组，解决综合问题。

教师也可以根据项目的实际情况，设计更有新意的活动形式和活动内容。在项目启动阶段，无论开展怎样的分组活动，其目的都是唤醒和增强学生的合作意识，让他们乐于合作。

有的教师会先选定组长，由组长自建团队。教师还会提前将分组的要求和原则告知组长，并与后者通过沟通达成共识。在学生分组过程中，教师要时刻关注分组情况，让学生对可能出现的问题及时反馈，教师随后提出调整建议。有些教师则会采取让学生自愿组队的策略，让学生的选择获得认可，让友情发挥作用，从而确保在小组合作中有和谐共存的氛围。下面就来看一些案例中的教师是怎样从实践中的具体问题出发，帮助学生做好合作探究准备的。在其中的"百元大钞历险记"项目案例中，教师采用让学生自愿分组的策略造成了一些意想不到的问题。

5个"孤零零"的学生——教师及时干预解决学生合作问题

上海市洛川学校　张华

5个学生分散在自己的座位上，互相也不交流，有的默默地看着其他小组成员，有的低着头不知在想什么。于是，笔者决定把这些学生被动组合在一起，然而面临的第一个问题出现了，没有人愿意担任组长。此时，笔者召集他们开了第一次小组会议，经耐心沟通后，一个男生自告奋勇地担任了组长。

由于一开始就不情愿"组队"，导致这组组员在项目实施阶段的合作很不顺利，组长也多次在线向笔者求助，而且最后他甚至有了放弃的想法。于是笔者在不断地给他打气的同时，也提供了一些帮助，如向他建议：可以考虑在选题中加

> 入中国元素,并且要先考虑小组分工,再将任务分配给组员。笔者还向他强调,作为组长是要多承担一些工作的,组长要用自己的行动来感染其他组员。最终这名组长坚持了下来,自己承担了展示介绍的重担,并在另2个组员的协助下共同完成了演说所需的多媒体电子稿件的制作。

从上述教学反思中我们看到,教师选择学生自愿分组的策略后,并不意味着教师就可以做"甩手掌柜",而是需要担负起组织者的角色,更加细心地关注每一个学生的心理状态,尤其是原先在学习中处于弱势的学生——项目化学习给了他们发挥个性的机会和舞台。所以,"如何鼓励学生发挥潜能为团队服务"是教师需要应对并解决的问题之一。

组长发布招募演说,组员自由应聘——"同世界交流我校的项目化学习"英语学科项目启动时,上海市临港第一中学的陈老师把自由分组变成了一场编辑部的招聘活动,组长撰写英语招聘宣讲稿并准备好了招聘海报,课堂里出现了学生自愿报名、用英语应聘的热烈场景。一起通过陈老师的教学反思,感受项目准备和启动阶段师生合作共建项目文化的精彩瞬间吧。

> **一场热闹的编辑部招聘会——营造真实氛围,增进团队合作体验**
> 上海市临港第一中学 陈晨
>
> 在准备本次项目启动课的过程中,笔者内心是很忐忑的。由于是第一次尝试项目化学习教学,所以笔者不知道项目是否能够吸引学生参与,学生是否能够完成,但当笔者看到学生们得知可以出版校报时期待的神情,看到学生们得知可以投稿网站时那跃跃欲试的反应("老师,网站的网址是什么?""老师,这个网站是干什么的?""老师,我们真的可以投稿吗?"),看到学生们在得知项目成果后的学习兴趣激增,笔者突然有了信心。
>
> 在项目准备阶段,学生需要收集中英文报纸,并且需要撰写招聘宣讲稿,制作招聘海报。以上都需要合作展开,学生们有的在周末将组员召集起来展开合作,并将其戏称为"项目化团建";有的利用网络平台,召开线上会议进行项目准备的分工;有的主动问笔者意见;有些组长利用课余时间进行宣讲试讲。学生们认真准备的那份热情和干劲让笔者十分感动,他们不再是单纯的个人听课或被动

> 做题，而是将英语运用到实际问题中，积极展开小组合作。
>
> 　　为了不辜负学生们的努力，笔者在启动课前将学生收集的中英文报纸及制作的招聘海报张贴在教室里。当学生看到自己收集的材料被张贴出来的时候，虽然嘴上说着"好难为情"，但他们纷纷过来帮忙张贴的行为和快乐的神情告诉笔者，他们是很兴奋和自豪的。上课前笔者还精心为学生们准备了一份惊喜——邀请函。笔者想，仪式感必须要有，要让学生们身临其境地去开启项目化学习。
>
> 　　在招聘会前的宣讲中，组长们表现良好，将本报社名称、报社精神、校报主题及成果展示、加入报社的优势等一一说出，俨然是一个个初出茅庐但自信满满的"人事专员"。在组长们宣讲完毕后，招聘会热烈启动，学生前往自己感兴趣的报社面试，用英语与"人事专员"进行交流，应聘岗位，相互选定人员，完成分组，制订小组学习计划和签订合作契约，并对最终成果的评价量规提出修改意见。
>
> 　　最后小组代表上台分享，笔者能感受到一些学生的紧张和因害怕说错英文而产生的窘迫感，但是他们还是战胜了自己，哪怕脸红着也坚持用英文说着计划和优势。他们其实都说得非常棒，沟通表达积极，不怕犯错是学好语言的第一步，希望他们越来越不害怕，勇敢地用英语口语进行表达。

陈老师在项目准备和启动环节融入了"以终为始"的理念，用项目创新的成果吸引学生的目光，引发学生对项目的好奇心。她将真实世界中的"编辑部"搬到自己的课堂里，鼓励学生自主组建和规划"编辑部"，为之后合作探究和创建英语校刊的一系列活动打好基础。尽管当时的现场也曾出现混乱局面——因招聘者的观点不一致而发生激辩，但是，这不仅没有阻挠学生达成共识并合作的进程，反而使学生更真切地认识到平等在他们今后合作探究中的重要性。陈老师的案例说明了一点：把课堂交给学生，并不代表教师可以放任不管，而是需要更加细心的关照——将学生搜集到的材料和招聘海报张贴在教室里，为招聘会营造真实的氛围，为学生送上一份邀请函。以上都是陈老师为拉近学生与项目之间的距离，增强项目真实感而作出的努力。

可以看到，分组方法既是多样的也是动态变化的。教师要根据项目任务的推进需要及学生个体适应情况，进行灵活应变和调整，目的是优化项目实施过程，更好地发挥并保持学生的能动性。

不少教师在设计项目化学习的探究活动时，习惯于思考学生个体如何达成知识与技能的学习目标，而对合作学习的目标和模式，则常常用"以小组为单位"一笔带过。他们在项目进入实施阶段后,再仓促考虑或简单处理学生分组与合作探究的问题。这往往导致学生在参与小组活动时主动性和积极性偏低,进而因组内分工不明确造成各自为政,任务常常被个别学生"包干",小组讨论、分享及评价活动虎头蛇尾,学生也就不能从合作探究中获得乐趣和有益的成长。

因此,在项目准备与启动阶段帮助学生增强合作意识,学习必备的合作技能,理解合作学习支架的作用是教师必不可少的工作。这将有利于学生在项目实施阶段合作解决问题和创建成果。下面分析两个实践案例,看看两位教师是如何帮助学生开启小组合作的。

在上海市静安区万航渡路小学吴老师的"万小新生的入校指南"项目启动课上发生了以下一幕:由于一年级学生几乎没有小组合作经验,于是在吴老师的主导下班级学生分成了9个小组,吴老师首先让每个小组通过讨论明确角色与分工,结果在规定的时间内只有两个小组完成了此项任务,剩余的7个小组都没能完成。这一状况出乎吴老师的预判,她马上及时调整活动安排。

> ### 从"我的想法"到"我们的办法"——创设合作体验
> **上海市静安区万航渡路小学　吴盈沁**
>
> 笔者先请两个完成任务的小组介绍一下组内角色与分工,再请他们分享是怎么快速达成任务的。两个小组有各自不同的方式。一个小组内恰好每个成员想要申领的角色没有重合,所以偶然地顺利达成共识;另一个小组则是关注组内成员的特长,通过推荐或者自己认领来确定角色与分工。在听取了两个小组的分享后,笔者让其他7组反思他们没能达成任务的原因在哪里,并进行分享。当大家发现,多数问题是源于组员对组长和分享员这样比较容易出风头的角色互不退让时,笔者带领学生进一步了解了组长和分享员的职责和具体工作,引导学生明白,只有每个小组成员积极参与,做好自己的角色任务,才能共同按时按质完成项目任务,达成项目目标。经过这一学习过程,7个小组重新讨论并很快明确了组内分工和角色。
>
> 为了进一步让学生们体验共同探究解决问题的过程,笔者又发起了一轮小组讨论活动。问题一:如果上学迟到了怎么办?问题二:在我们的校园生活中有哪些事情需要我们注意?从9个小组学生对问题一的讨论与分享中可以发现,一年级的学生能够共同想办法解决学习与生活中遇到的问题。他们已初步具有规则

> 意识，知道学校生活有规则，上学迟到这样的行为习惯不好并需要改正。他们还可以通过自我反思来回答问题，甚至优秀的小组已能独立产出预防迟到的多步骤方案。
>
> 　　当然，这轮小组活动过程中的合作也不都是一帆风顺的。例如：在A组4个学生中，有一个学生单独坐在自己的座位上，不参与小组的讨论。当时，笔者注意到了她，正准备过去协调，没想到A组的其他伙伴也注意到了，他们主动接近这名同学并发出了诚挚的邀请："L同学，快来呀！就等你了。你的主意最多了，快来帮帮我们一起出主意吧。一会儿你还要把我们小组讨论的结果向全班分享呢。"他们边说边拽了拽L同学的手，L同学顺势被同学牵进了小组。后续笔者看到L同学很积极地与同学一起讨论，可谓小组的智多星。在小组分享环节，从L同学镇定的站姿、从容的分享上能看出L同学确实十分用心地参与了小组合作。L同学回到小组后，看到组员们都在鼓掌，脸上满是笑意。

之前本书介绍了在"万小新生的入校指南"项目准备阶段，教师运用"我的万小生活"任务单鼓励每一名学生真实表达自己的学习体验和愿望，为他们顺利进入项目角色作铺垫。而在本章的项目启动阶段，教师又继续以具体的生活问题引导学生从"我的想法"延伸到"我们的办法"，来增强一年级学生的合作体验和合作意识。在上述案例中可以看到，当一个团队刚刚组建起来时，每个成员都会面临选择——是成为这个集体生活的参与者还是旁观者。显然，L同学可能因为性格原因在选择上花费了更多的时间，此刻正是教师需要介入的时机。不过，已经完成选择的同学主动抛出了橄榄枝，让L同学获得了在集体中的存在感，激发了她在团队中的参与愿望和热情。

项目化学习中，教师应让每一个学生都成为集体活动中的参与者。参与的个体应是一个能在集体活动中主动交流、积极贡献、敢作敢为的行动者，而不是对一切漠然置之的旁观者。

"如何设计我们学校的特色课间操"是上海市浦东新区南码头小学姚老师实施的"晨舞的精灵"体育项目化学习中的驱动问题。项目引导学生了解南码头小学的文化特色，合作开展师生需求调查，再以绳操、球操、啦啦操、韵律操及武术操等为基础创编具有学校特色的课间操。姚老师在项目启动课上设计了3个环节来增进学生的相互了解和情感交流，激活团队的想象力和创造力。

如何帮助学生开启小组合作？——用多样化的活动和支架促进学生合作
上海市浦东新区南码头小学　姚晨亮

1.破冰：跨年级的社团项目，如何尽快形成可有效合作的团队？

"晨舞的精灵"是跨年级社团项目，吸引了四年级和五年级的学生一起来参加。由于他们彼此陌生，会有对人冷淡和怯场的表现，因此，笔者在启动课上首先开展自我介绍和才艺展示，来增进学生之间的情感交流。通过这一环节，让学生主动地互相认识，在展才艺、看表演、发感言的过程中全面了解学校文化特色，同时按个人特长和兴趣完成自由分组。

2.示范：各小组讨论不同学校课间操的设计过程，初步体验合作。

笔者通过收集多所学校的课间操视频，让各个新组建的小组进行观看、仿跳。同时，用问题引导学生思考和讨论自己小组将编制怎样的课间操主题，再进行组间分享与交流，鼓励各小组取长补短，进而初步体验小组合作探究的方法与过程。

3.评价：小组讨论评价量规，提出合理化建议和补充。

为了让学生明确创编课间操的要求和具体的标准，笔者首先引导各小组学习"成果及展示评价量规"，鼓励他们通过组内讨论和交流对评价量规各项指标的理解，并表达自己的看法。其次，请各组组长负责整理出合理化建议，进行组间分享。然后，引导各小组在完善"成果及展示评价量规"的同时制订出可行的小组学习计划。

姚老师清楚，学生只有在合作的实践中才能学会合作。他的三步"破冰""示范""评价"，就是让学生在真实的任务推进中，锻炼自己的沟通、协调能力，感受团队合作的乐趣和效益。特别是小组第一次头脑风暴的内容——对项目成果评价量规的解读——在小组开始建立时就发挥了导向作用。让学生修订或补充缺失的评价指标，则增进了学生对项目成果的理解。教师此时针对共性问题给予评价反馈，也等于为学生示范如何进行交流和提出建设性意见。上述案例还说明，从项目之初教师就应让学生感受平等合作的学习氛围，体会个性表达和创造对团队意味着什么。

第二节 打造小组"行军地图"

小组自主制订计划在项目学习中具有重要意义。小组"以终为始"地根据成果和成果评价量规制订自己的项目计划，能使成员更明确小组的工作目标和任务，以及重要的时间节点。一份好的小组学习计划无疑将成为这个小群体自主发展的"行军地图"。在这张地图中，小组成员将根据各自的特长和能力承担合适的角色，他们的学习动力和团队合作精神将增强，从而提高学习效率和成果质量。展示活动后，小组计划将成为小组成员自我对照进程的标尺及开展反思总结的重要参照。

再来看上海市周浦实验学校的宋老师和黄老师实施的"点亮校园的标识设计"项目。这个项目以"如何设计一套完善可行的校园标识方案，让校园变得更加规范和美好"为驱动问题，引导学生合作开展校园访谈，调查发现问题，建立共情，到真实生活中认识各种标识，学习设计原理和方法，结合实际问题提出设计方案，创建校园标识原型，进而培养学生的设计思维与创造力。那么项目具体是如何启动合作模式，制订合作计划，为展现团队的创造力做好准备的呢？两位老师为小组走向协同发展做了大量行之有效的工作。

研讨学习支架——以支架为小组行动架桥

上海市周浦实验学校　宋蓉萍　黄嘉青

本次项目化学习的学生来自不同年级，他们的学情现状不一样。在项目准备与启动阶段，笔者引导四年级的哥哥姐姐们帮助二年级的小朋友学习一些与项目探究有关的基本技能，同时增进两个年级学生之间的了解，锻炼他们沟通与表达的能力。就这样，四年级的学生逐渐成为二年级学生的学习榜样。为了帮助学生小组讨论分工并制订工作计划，以促进他们更有效地合作探究，笔者设计了一些合作学习支架，并在启动课上组织学生以小组交流的形式进行学习和使用。这些支架主要有：

问题梳理清单表

笔者鼓励每个学生在小组讨论中至少提出两个问题，并让学生通过该表对问题进行罗列、初筛问题、剔除相同问题，再经过头脑风暴，讨论精选问题，保留有价值的问题——以问题构建带动方案构建，激活项目化学习的原动力。

任务规划表

该表引领学生对小组的学习任务进行分解，用可以实践的阶段性任务作为有效支持方式，帮助学生明晰思路——明确利用"校园标识"改变"校园不安全不文明不规范行为现象"所需完成的6个子任务及先后顺序。

小组探究日志

它的作用是鼓励小组中的每一个学生记录项目化学习中正在发生的问题及对问题的反思，引导小组整合不同的想法，吸纳新的创意，合作解决探究中的问题。

小组合作评价表

该表帮助学生在探究过程中通过自评和互评的方式，对小组的合作情况及成效进行客观的自我分析与评估，不断促进小组的合作朝着项目目标前进。

项目成果评价量规

它的作用是引导学生小组讨论并理解项目成果和创建项目成果过程中应该达成的学习目标，完善小组工作计划。

宋老师和黄老师在促进学生合作学习方面尤为用心，她们根据学情分析结果发挥学生所长，以高年级学生教低年级学生的方式构建起团队平等交流的氛围。两位教师又精心设计并指导学生学会使用合作学习的支架，将合作探究的"登山杖"交到学生手上。

从以上几个案例可以看到，在推动小组制订共同学习的计划时，有很多激发学生主动参与、激励团队合作的策略和方法。如何用好这些策略和方法并有所创新，则需要每一位带领学生走进项目化学习的教师充分展现自己的教学才智，在不断地实践与反思中总结和探索。研究证明，通过团队协作完成任务的学生比独立学习的学生更受益，前者成长速度更快、更自信，自觉水平也更高。不难发现，项目化学习的进程就是一个非常好的锻炼平台，学生们走到了台前，他们是学习的主人，责任感和拥有感会推动他们为自己的目标不懈努力。教师能做的就是搭好支架，提供帮助，做一个真正的引路人和辅导者，用自己的合作态度引导学生参与合作，唤醒他们的合作意识，帮助学生树立信心，勇敢前进！

附：项目"准备与启动"阶段教师工作自查表

从项目准备和启动开始就意味着学生将要成为学习的主人，他们是项目化学习的执行者和管理者，将置身于真实情境，以不同的角色合作经历一个运用知识和技能创造性解决问题的过程。建立一个具有自组织、自适应、自发展的协同团队将是决定项目成败的关键。

作为教师，要完成本阶段的基本问题"如何将项目创新地交到学生手上"，确实有太多的准备工作需要做：思前想后的教案可能在启动会前改了又改，担心各种实施环节中的不确定性也会让一些教师举步维艰。此外，教学内容和组织管理如何衔接？学生的学习兴趣如何激发？小组合作如何开启？这些问题往往会让教师顾此失彼甚至遗漏某些重要的环节。为此，本书提供以下项目"准备与启动"阶段教师工作自查表（见表1-8），希望可以帮助教师检查自己在本阶段中的必要工作，提醒教师关注本阶段中一些有效的教学策略和方法的运用，并鼓励教师基于自己项目开展的实际情况，创新地启动项目并记录自己在本阶段实践的感悟。

表 1-8

项目"准备与启动"阶段教师工作自查表

问 题	0~10分
1.学生是否了解什么是项目化学习？教师是否清楚学生对本项目主题的兴趣和需求？（例如：通过驱动问题或生活情境，引出项目化学习的主题，观察并了解学生对该主题的兴趣，及对项目化学习的知晓程度，根据学生的反馈适当调整教学设计。）	

（续表）

问　　题	0~10分
2.教师是否清楚学生的"最近发展区"，并根据分析结果对教学设计作出合理调整？（例如：通过访谈、调查、观察等方法，了解学生的知识基础、学习态度及能力、兴趣爱好、特长、性格特点等；通过数据分析掌握学生真正的学情，并以此为依据对活动及教学内容作出调整，制订合理的教学策略。）	
3.教师是否为保障本项目的顺利实施做好准备？（例如：制订项目实施规划表，对各项学生活动的目标及内容、课时及资源进行筹划——与学校相关部门协调项目课时；通过发布《告家长书》获得家长的支持与配合；寻找校外专家或资源，为学生的探究做好准备。）	
4.教师是否做到"以终为始"地启动项目，并用创新方式激活学生的好奇心和探究欲？（例如：通过情境引入、问题驱动、范例展示等多样化方式激发学生的学习兴趣，帮助学生理解项目意义，即为什么做；通过公布项目目标、任务和最终成果，让学生明确项目内容，即做什么；通过解读任务单、组织讨论、介绍学习支架等互动形式，引导学生学习项目探究所需的基本方法和步骤，初步体验学科思维，即怎么做。）	
5.教师是否向学生出示项目最终成果的评价量规，并促进学生对评价量规的理解和完善，教会学生"以终为始"地开启项目工作？（例如：通过学生所获资料的分享展示，引导他们讨论并分析、判断影响资料质量的关键要素，提炼出项目可用的评价指标，进一步完善成果评价量规；通过小组讨论与反馈，促进学生对成果评价量规的理解和改进。）	
6.教师是否遵循"组内异质、组间同质"的原则引导学生进行合理的分组，为他们的合作探究打好基础？（例如：根据实际学情，灵活选择合适的分组策略，帮助学生完成团队组建；关注并通过平等交流的方式帮助学生解决团队组建时出现的问题；采用契合项目主题或成果的创新形式引导学生完成分组。）	

（续表）

问 题	0~10分
7. 教师是否有效地帮助学生小组开展团队内的互动，增强学生合作意识？（例如：通过热身活动、自我介绍、头脑风暴、选举组长、协商组内角色和分工、讨论并签订合作契约书、制订项目学习计划等活动引导学生体验平等合作的学习氛围，初步学习沟通、倾听、表达等合作技能，建立合作意识。）	
我在本阶段实践中的创新做法和感悟：	

第二部分

实施：
行进在"创中学"的路上

在那些有意义的项目中，师生如唐僧带领徒弟赴西天取经一般，既会遭遇预料之中和意料之外的艰辛，也能体会苦尽甘来的欢乐，以及欣赏一路伴随的壮阔美景。在项目化学习的实践中，师生所构建的学习共同体在变化、波动、压力、风险和不确定的大海中前行。师生时而是主动的创新者，在可控的安排下踏浪前进；时而是被动的应对者，必须在突如其来的风浪中随机应变、顺势而为。

项目实践开启了教师与学生共同成长之门。项目实施则是师生在实践中发现问题、解决问题的主要过程，也是师生共同成长和教师的学生观、教学观和教育目的观经受实践大检验的过程。

项目化学习是一个复杂的学习系统。正如《项目化学习教学指导手册·设计篇》指出的项目实施中的三项任务——"学习新知识新技能""探索、解决真实问题""设计、创建项目成果"*，承担项目实施任务的每一位教师，有必要认识三项任务丰富而复杂的内涵，了解三项任务之间非线性的内在联系，这样教师才能在本阶段与学生一起把握项目发展的主动权。

作为项目实施引领者的教师，要有如下意识：

- 实施阶段必须牢牢关注"学生主动参与"。"保持学生的能动性"是项目探究的"生命线"，它将决定知识建构的质量、学生团队合作的效率及反思成长的水平。

- 要处理好三个任务之间的关系。从传统型课堂看，它们有不可颠倒的前后顺序：先学后用，最后出成果。而从项目化学习来看，三者并非线性关系，可以先学后用，也可以以用促学、用以致学；还可以从创建成果的需求出发，"以终为始"地确定要解决什么问题、要掌握哪些必要的知识。很多时候，三者的关系更像是循环因果、互为媒介。

- 要完整领会项目化学习中"做"的含义。三个任务都离不开"做"，但又不是简单的"做"：须以解决问题为目的、以探究的方法去"做"，这与完成一件普通产品的制作是不一样的；学生要有分工有合作、主动发挥集体智慧及自发展地"做"，这与教师指令下的"做"也是有很大差别的。项目化学习中，"探究"永远是"协同"的用武之地，"协同"永远是有效"探究"的前提，两者结合的"做"，才能使项目化学习渐入佳境，才能达成推动师生创造性完成项目产品和培育核心素养的复合性目的。

---

* 《项目化学习教学指导手册·设计篇》，薄全锋主编，上海科技教育出版社，第84页，2021年1月。

在实践中，我们欣喜地看到，面对复杂性和不确定性带来的挑战时，很多教师大胆尝试，灵活应对，将挑战变成机遇，激励学生加强合作、发展思维、丰富体验，取得了意料之外的成绩。前人栽树，后人乘凉，这些先行者们的"通关秘籍"能照亮后来者的项目化学习教学道路。

第一章
创造来自学生的主动建构

要将原来单一情境中学到的知识和经验，向日常生活的多情境迁移并构建新知，其前提必须是"探究背景下学生的主动参与"。

项目化学习设计以真实世界的真实问题和有意义的成果为方向，规划了学生活动系列。这些规划中的活动能否真实地兑现为一场探究实践——学生主动参与的研究活动——已经成为项目成功实施的第一考验。

项目化学习实践中，教师最好不要成为这样的"游泳教练"：他总是让学生站在岸上听和比画，并不关心学生之后入水是沉是浮，其结果可想而知。项目实践中，能否让学生全身心投入自己的角色，开展有效的合作探究，积极参与项目成果创建，既是决定这个项目生死存亡的关键，也是对教师是否真正拥有"以学生为中心"的核心教育理念的重要挑战。

从学生的角度来看，项目实践即是教师帮助他们从本来的有序带进"混沌"中"游泳"，最后创建成果登上"彼岸"，建立新的有序的过程。探究需要学生的主动行为的支持，而学生也需要在有一定复杂性的探究情境中锤炼并获得实在的提升。这时，师生需要共创一个互相尊重、有安全感的外部环境，并组建一个鼓励创新、宽容失败、协作友善的学习共同体。教师将在关键节点上提示、呵护、关心学生的成长性转化。遗憾的是，一些教师的自我感觉可能与实际情况有所偏差。有时，教师自认为已经给学生铺就一条探究之路，但学生并没有表现出主动的意识和行为，学生实际上还未踏上这条路。有时，教师自信掌握项目实践的"行军地图"且一切都"没毛病"，但也许这个项目实际正处于最脆弱的时刻，因为课堂表面上的服从并不等于学生内心的自觉。假如到了"老师说咋办就咋办"的程度，那么项目可能也陷入了岌岌可危的境地。这时，项目即便表面上有满满的华丽铺张，也不可能有任何实质性的学生主动建构发生。古人说的"无为而治"若用在项目化学习上，那就是教师非必要不随便干预，要鼓励学生在发现自身问题和主动纠错中成长，要支持学生团队在探究中创造更多自组织和自发展的机会。

第一节 学生的活力就是项目的活力

学生的主动学习是指学生能够自发地寻找学习的资源和机会，在学习过程中主动思考、探索和实践，积极参与讨论和交流，不断反思和提高，从而实现自我发展和成长的学习方式。

在人工智能迅速发展的今天，教师不能不关心人类主动学习和主动学习的内涵——那些能保持人类优势的学习特征。这里要强调，在人成长的任何时期，好奇心和想象力都是主动学习中思维与情感的原点。

好奇心是一种探究未知的渴望。它可以激发学生对学习的热情和兴趣，驱动学生自发学习，帮助学生主动寻找问题、提出问题、寻找答案和解决问题，从而培养学生的探索精神和创新能力。

想象力是一种将知识和经验转化为新观念、新想法和新方案的能力。它能帮助学生将抽象的概念与实际情境联系起来，更好地理解和应用知识。它还可以帮助学生主动探索和创造新知识，激发学生的创造力和创新意识。因此，激发并保持学生的好奇心和想象力应该是主动学习的前提和重要表现，也是项目化学习中实现学生自我发展和成长的关键。

虽然项目化学习在进入人们视野时便被贴上了"能够激发学生学习主动性"的标签，也因此受到了更多人的关注，但是，观察力敏锐的教师可能在实践过程中发现："感觉有些学生正在失去兴趣，变得被动。他们刚接到任务时都非常兴奋，但是出现问题时，主动性的消退和上来得一样快。"的确，在项目实施多变的进程中，要将学生学习主动性维持下去需要教师的细心、耐心和恒心。

学生的主动参与无疑是项目化学习"生存"的关键。事实证明，只有学生主动参与，才能撑起生机勃勃、效益丰硕的项目过程，才能发生有真正意义的探究、协同、反思，并最终实现学生的成长性转化。

那么教师该如何激发学生主动参与的意识呢？在项目开展之初，学生很可能因扮演角色而非常兴奋，但是这并不代表他们已完全进入角色，正如上海市黄浦区北京东路小学的杨老师在"我的探索宇宙工具"项目实践中所发现的那样。

> ### 角色不只是一个标签——走出思维"浅表化"
> #### 上海市黄浦区北京东路小学　杨汶
>
> 　　正式开始设计"探索宇宙工具"之后,吴同学和小组伙伴就陷入了困境,他们发现,精心描绘的"宇宙空间站"并不能为后续的制作提供帮助。当时几乎所有的小组都遇到了相同的问题。于是,笔者组织了一场讨论会。
>
> 　　讨论会伊始,笔者首先提问:"作为设计师,大家都希望明确表达自己的设计意图,让设计能转化为成品,那么设计师在画图纸之前要做什么准备?设计图纸应该包含哪些要素?完成设计图纸后还需要做些什么?"面对一连串的问题,学生们有点懵了,虽然他们是"设计师",但之前从未站在设计师的角度思考过这些问题。笔者见状,建议学生们通过上网查阅或采访,了解设计师的工作职责和流程、设计图纸须包含的要素,三天后再进行交流。

　　项目化学习中的"角色"不等于"效应",不可误以为学生承担"某个角色"即生成持久的积极行为。杨老师在实践现场目睹了以下场景:学生可能因为承担某个角色而兴奋,集体的兴奋也确实造就了不错的现场气氛,但学生未能继续深究自己的角色"设计师"所应承担的工作职责和相应的工作流程,浅尝辄止。这时,教师要及时"进场"了,要帮学生深化角色理解,强化角色担当。杨老师的解决办法是,发动问题讨论,激励学生思考自己的角色应承担的任务和解决问题的方向——告诉学生,项目化学习中的角色扮演不是"过家家"。

　　与杨老师相似,上海市洛川学校的张老师在让学生扮演"商业规划师"时,也遇到了由于学生不理解角色而出现了思维的盲目性。张老师在教学反思中进行了记述。

> ### "我的产品设计为何不专业?"——让学生从专业角度理解角色
> #### 上海市洛川学校　张华
>
> 　　在项目实施的前期,各个小组在组长的带领下有条不紊地进行着选题策划和规划。其中有一个小组自始至终都没有向笔者要求过帮助和指导,却"顺利地"完成了阶段性任务。他们对自己的商业方案非常自信。但是在正式交流时,他们的选题却受到了来校指导专家的质疑:"你们的'耐步'品牌和已有的国际知名品

> 牌有什么区别？你们的产品有什么特别之处，可以让消费者不想买其他的品牌而是买你们的品牌？"两个问题都指向产品设计的不专业，这让组员们哑口无言，最后他们内部决议推翻原方案并重新设计。
>
> 真正的商业规划师不仅需要考虑产品本身的设计，还必须综合考虑市场、当地文化等各种因素，进而确定产品的定位和特色。这次产品定位的偏差暴露了学生在角色理解上的简单化。即便他们前期确实非常积极主动，教师还是要及时发现学生在角色认知上的问题，尤其要帮助他们从专业角度逐渐理解自身角色应有的思维特点。

张老师认为，角色不该是一个有名无实的标签，"商业规划师"这个专业角色在解决问题的方法、思路和流程上是需要学生深度理解的。教师应该从"角色扮演"到"角色思维"，从动力到方向，给予学生及时有效的引导，打破学生的"自以为是"，确保学生主动深入探究，恰当地定位项目产品。

学生在实践中的角色扮演，具有学习真实世界专家思维和发展相应社会情感能力的双重意义。主动性的缺乏，既有对角色理性认知不到位的因素，也有自身社会情感能力不足，缺少坚毅、执着的品质，以及与他人合作的习惯与意识不佳等原因。因此，学生在角色扮演中表现出的各种局限性虽令人遗憾却十分正常：一方面，在解决真实问题时，充满随机性和生成性的过程必定带给知识与经验缺乏的学生较大的认知负荷；另一方面，由于学生性格尚处于不成熟阶段，情绪不稳定、与人交际经验不足会使小组内部的合作受到一定影响。但换个乐观的角度来看，项目化学习正是全面塑造学生知识、能力和人格的最佳空间，一切引发学生主动性受挫的事件，都可能转化为锤炼学生思想品质、发展知识能力与素养的机会。不同的结果往往取决于教师如何看待实践中发生的"波动"。

对学生项目实践主动性的发掘，还取决于教师是否尊重学生、相信学生的潜力，让个性各异的学生都能在实践中获得提升的空间。有些在平日里表现不佳、对灌输式学习感到不适应的学生，很可能拥有其他领域的特长。他们并不是缺乏进取心，而是缺少让他们发挥的舞台。还有一些学生平时看起来很"听话"，但在项目探究实践中却表现出怯场，不主动融入团队，不善于表达自己的观点。而教师要做的是，随着项目的发展，让原来"不可能"的学生在团队鼓舞和教师的点拨下，一步一步地发展，最终在项目展示的舞台上化茧成蝶，发出自己的声音，露出自信的笑脸。

在上海市洛川学校另一位老师实施的以"我们如何与大自然对话"为驱动问题的"一叶知秋"语文项目里,就出现了一些有个性的学生。

> **"要换一个角度欣赏学生"——关注学生个体差异,激励学生的进取心**
>
> 上海市洛川学校　张敏
>
> 　　单同学好胜心强,喜欢特立独行。在笔者的激将法下,他成了那个由"不主动"学生组成的小组的组长。项目实施过程中,单组长确实起到了领头羊的作用,不负所托,样样事情身先士卒,放下自己的"孤傲"和"冷漠",带领组员们开展了各种各样的活动。他的作品——"架子鼓配乐诗朗诵"——非常有创意,获得了最佳创意奖。
>
> 　　王同学是个听话、乖巧的女生。她平时胆子很小,说话轻轻的、柔柔的,一说话就脸红,要凑近了才能听清她说了些什么。如果没有这次项目化学习,笔者可能不会这么快地发现另一面的她是什么样子的。作为一个小组的组长,王同学和小伙伴们一起寻觅特殊的树叶,探究树叶的变化,用心制作树叶贴画。她和爸爸妈妈一起走进大自然寻找秋的足迹,收集树叶,观察秋天,感受大自然的美。在家长发过来的视频中,原本那个有些内向、腼腆的女孩子不见了,呈现在笔者眼前的是一个阳光、灿烂、活泼、生动的小女孩,她那甜美的嗓音、灿烂的笑容是那样的可爱。通过这次项目化学习活动,她令笔者刮目相看。

"要换一个角度欣赏学生",这是张老师在本次项目化学习实施过程中的感悟。她在教学反思中还写道:"美有不同的表现形式,每一个学生也有不同的闪光点,重要的是怎样关注到每一个学生。如何体现和落实尊重每个学生的个性,如何在活动中兼顾不同层次的学生,如何让不同层次的学生都能有所发展、有所提高,这是我开展项目的出发点。"张老师努力确保参与项目的每个学生都有一个自己的目标,有自己需要完成的任务,从而展现每个学生身上的优势——这正是每个学生个性化发展的目标。

在项目化学习的舞台上,探究活动可以包容、欣赏、发展学生多样化的个性。犹如在生物领域,一个目、一个科、一个属的分支上物种多样性越丰富,这个种群灭绝的概率就越低。包容多样性,意味着汇聚个体的优势。在持续作用下,微小的优势堆积起来,也能够储备巨大的能量。项目实施中,教师要鼓励多样性,提升学生自身的进取心。相信经历无数次的跌倒、爬起,每个学生都有更多拥抱有益的成长性转化的可能。项目实践给了学生积跬步以至千里的机会。好的项目教师，总是能尊重学生，研究学生，发现学生主动前进的钥匙。那些拥有发现学生优势的慧眼和能与学生进行推心置腹的对话的教师，总是成为促进学生成长性转化过程中的好朋友。

在上海市浦东新区南码头小学达老师的"欢乐中国年"英语项目案例中，一名一年级学生面对各组交流的海报初稿时，直言不讳地表示，自己一点儿也不觉得很有趣。这样说话是否使大家很没面子？而此时，达老师却能从反对意见中找到继续改进的动力，她请这个学生提出自己的观点。学生感到自己的意见被接受了，之后果然好点子一个接一个接踵而来。

"为什么我一点儿也不觉得很有趣呢？"——尊重学生们的感受

上海市浦东新区南码头小学　达雯

是啊！怎样才能使这个故事变生动有趣，让小朋友们喜欢呢？通过讨论，学生们决定在最后的宣讲会上采用课本剧的形式。笔者尊重学生的感受，更尊重学生自己的选择。

笔者从网上找了一段分角色拍摄然后整合在一起的视频给学生作参考，每个小组成员都分配到了角色。在家长和教师的帮助下，学生用简单的英语语句完成了剧本，最后各组用质朴的语言和夸张的动作成功录制出《年的由来》。

其中，D小组还为自己的课本剧设计了宣传海报。之后，他们又主动接受其他小组的评价，对"海报中春节元素过于单一，没有体现新年习俗特点"等问题进行讨论修订，最后创新地制作出"一家人欢聚一堂吃年夜饭"的立体场景海报并呈现给大家。

那些习惯于"一言堂"的教师可能不习惯、不喜欢上述"拖泥带水"的学生讨论，甚至可能不耐烦地打断讨论，可一旦教师把学生发自内心的真情真意的评论和建议冷漠处之，就很可能扑灭学生对主动体验的热望，关闭学生新知识建构和创造的动力。达老师并没有这样应对学生提出的问题，因为她知道，一年级的学生也许不懂什么叫"评价引导"，但他们一定敢说出自己的真实想法。她更清楚，教师的"不干预"首先表现在对学生感受和意见的尊重理解上，以及对学生首创想法的鼓励上。

教和学不是无休止的单向灌输，而是引发学生持久探究的动力。项目化学习重视以好问题来引导学生主动探究。"苏州河的河水究竟是什么颜色"这个貌似简单的问题，在上海市黄浦区北京东路小学杨老师的美术课堂上，成了一个复杂多解的议题和一条贯通项目活动的线索——它连接着苏州河和上海的变迁史，也是通往学习莫奈大师的窗口，更激励学生围绕审美感知主动参与、细心观察和思考归纳。

"苏州河的河水究竟是什么颜色？"——寻常问题导出的不寻常
上海市黄浦区北京东路小学　杨捷

带着问题"苏州河的河水究竟是什么颜色"，学生们以小组为单位进行了实地观察和访谈。两周以后，师生又在这间教室开展分享和交流。

A组的郑同学饶有兴趣地讲述他外婆童年时的苏州河："我外婆小时候，苏州河又黑又臭。沿河有很多工厂，对苏州河造成了严重污染。经过很多年的治理，河水渐渐清澈起来了，我们也经常看到鱼儿在河里游。不过，如果让我画外婆印象中的苏州河，那或许只有黑色、墨绿色了。"

C组分享："我们组多数同学住在苏州河旁边，每天路过，却从来没有留意过苏州河的颜色。最近上学、放学时我们仔细观察，发现河水是五颜六色的，并不一定是蓝色、蓝绿色的。"

此时，D组的胡同学举手附和："确实是五颜六色的。我们组还将观察到的颜色画在了学习单上。"说着，他将学习单贴在黑板上。大家一眼望去，颜色真是多样。

这时笔者插入一个问题："为什么一条普通的河会呈现如此多的色彩呢？"

"我们小组的成员观察河水的时间、角度都不一样。"胡同学抢先回答。

笔者问："那你们组能不能说说是如何观察出这么多颜色的？"

学生们纷纷挂起笑容，竖起了耳朵。

胡同学："有一个同学上学是由爸爸开车送的。他说从窗口望出去，早上的河水白中带灰，又有点偏绿，所以他用彩铅把这几种颜色叠加在一起。另有一个同学放学后，和妈妈沿河回家。他说看到的河水灰中带点儿黄橙色。还有的同学从我们教室的窗户往下看，看到的河水有黄色，有灰绿色。所以，从不同的时间和角度观察到的河水颜色是不同的。"

原来，苏州河河水的颜色并非我们脑海中想当然的单一、不变，而是会随着光影的变化呈现出多变丰富的色彩。

"那么，河水颜色的变化和哪些因素有关？"笔者继而提出了新的问题。

B组的莫同学解释道:"我们小组在学习单上作了更为详细的记录。早上8时的时候,河水颜色是青色,类似抹茶色;中午12时,河水是黄色、粉色或蓝色;到了下午4时,则是淡绿色、淡蓝色,还有点带灰的深绿色;而晚上7时,河水颜色是深蓝色、深紫色、黑灰色等。通过观察分析,我们小组认为,不同时间的天气和光线的作用都会让河水的颜色发生变化。当太阳光照射在河面上会产生金黄色。而如果是阴天,河水会变成灰色。如果是下雨天,河水就变成深蓝色和浅蓝色交加。"

笔者又继续提问:"除了天气、光线等因素外,还有什么因素可以影响河水的颜色?"

B组的张同学马上举手补充道:"我观察到,苏州河两岸有很多的树木、房子等,它们的倒影呈现在河面上也会有颜色变化。树木的倒影使河水偏绿灰色,如果旁边的房子是红色的,那么倒影会让河水偏红或偏橙色。还有当中午的阳光照射在高楼玻璃上时,波光中呈现亮银色。"

原来苏州河河水的色彩是这样变化无穷的。在带领学生欣赏大师作品,学习大师技巧之后,笔者又提出问题:"艺术大师笔下的'水'丰富多彩,其色彩往往比我们拍摄照片上的河水颜色更强烈,这是为什么呢?"

一个学生举手发言:"很多画家都有个人风格,河水是绿灰色,画家也可能会画出淡绿色、深绿色等。我们观察到改变水色的天气、光线等因素,而画家更是会从画面的整体格局考虑色彩。"

"我们再来仔细观察大师作品,看看他们是如何用画笔展现不同状态下河水的美感的。"说着,笔者将大师作品的图片局部放大,帮助学生观察思考。

胡同学似有领悟:"老师,我发现莫奈画河水用的线条都是短线条,而且排列得比较密集。"

笔者问道:"你们想想,莫奈为何喜欢用短线表现呢?"

有一个学生发言:"我以前去过美术馆,美术馆里介绍说这是他的风格。而且短线正好可以表现河水流动的方向。短线条的颜色也很丰富,能有水面波光粼粼的效果。另外,我发现梵高喜欢用旋转的线条表现画面,包括河水,给人一种流动的感觉。"

另一个学生说:"噢,点彩派大师修拉是用彩点、圆点的方式表现河水的。"

"很好,我们再来看看中国古代绘画河水的作品。与西方大师相比,中国古代

> 画家是如何表现河水美的？"笔者说。
>
> 　　学生："河水的线条排列得很密集有规律性。表现河水湍急时，线条弧度起伏很大。如果河水比较平稳，没有大风大浪，那么它的线条很平缓。"
>
> 　　笔者："你们想不想也像艺术大师那样，运用多种形式来表现自己心中的童年河呢？"
>
> 　　果然，学生们个个跃跃欲试，想一展身手。他们分组使用平板电脑尝试创作。
>
> 　　一些电脑绘画小能手主动站到讲台前，担起了小老师的角色，像模像样地利用投影仪向大家介绍自己的操作技法和心得，头头是道地讲解自己的创作意图。

　　学习的目的不是在头脑中装载庞杂的信息，而是有效地"输出"。不仅是在未来"输出"，服务社会，还是鼓励学生以今天的"输出"倒逼出和消化新的"输入"方法。杨老师的"描绘心中的童年河"项目在学生对话交互、平板着色和展示分享过程中所表现出的"输出"，有效促进了学生对美术知识的领悟和综合素养的"输入"。这些知识在对话中"输入"都是为了引出下一步——创新"输出"。正如杨老师说的："现在我深信，学生未知的潜力和已有的能力不应为某些陈见所束缚，教师要相信学生，给予学生自由表达和引导他们进行创造性探索的机会，这些都是激活学生学习主动性所必要的外因。"

　　学生发挥主动性并不等于沿着原有知识和经验所形成的思维定势笔直前进，具有一定自由意志的他们也不大可能原封不动地接纳教师的"剧本"。作为一支团队，学生的主动行为不会是整齐划一的。他们当中有些人会事事抢着做，有些人会积极思考，有些人会自发地从书本及网络上寻找答案，还有些人只会跟着走。学生的这些差异有时是形成合力、更好发挥组织效能的有利条件，有时却是产生矛盾和不确定性的原因。

　　不少教师将项目化学习的主动建构学习活动变成衔接自然、进展流畅的"思维流"：学生可以从评价表获得启迪和自我改善的方向；在一系列过程任务中，学生的思维交流、碰撞和深化；没有过多的压力，没有许多强迫命令，就像许多经历过项目实践的学生所说的，项目化学习是一场愉快而有意义的学习。那如何才能让项目化学习的过程像草原上的溪水一样蜿蜒而自然地流淌，让学生在发自的主动探索中满足自己的好奇心、习得新知，并在与小伙伴交往和在创造中自由成长的同时获得幸福感？上海上外静安外国语中学夏老师的"原著VS电影"项目的实施给出了很好的答案。她引导学生分别化身为影评家和书评人，对原著和电影的艺术诠释进行创意鉴定。在这个项目的案例片段中，项目评价、心得与交流、韦恩图及辩论行云流水般地组合在项目进程中，让学生在愉悦中获得良好的学习体验。

顺其自然、收放自如——探究如一道因变化而亮丽的风景线
上海上外静安外国语中学　夏寒洁

针对"电影和原著为何总有不同之处"这个问题，首先，笔者运用KWL表对学生的认识作了初步了解，他们在"Want to know"（想要知道）一栏中提出了各种问题，比如：为什么大多数的电影没有原著好？为什么电影的质量参差不齐？应该先看书还是先看电影？原著改编成电影的原则是什么？

为了更好地引导学生思考这些问题，笔者出示了一份"信息收集和处理的评价量规"（见表2-1），并和学生一起对一些不明确的评价标准作出修订。

表2-1

信息收集和处理的评价量规

	等级4	等级3	等级2	等级1
提出问题	能提出一个经过深思熟虑的、新颖的问题，它能激发兴趣，也是对自己的挑战。	能提出一个聚焦性的问题，它能激发兴趣，也是对自己的挑战。	提出一个容易回答的问题。	依靠教师给的问题。
选择、整理和评估信息	能独立地收集、整理、评估那些相关的、可靠的文学原著和影视作品。	能独立地收集和整理相关文学原著和影视作品。	能收集和整理一些文学原著和影视作品信息，但不能判断它们是否可靠或有用。	无法确定哪些是有用的文学原著和影视作品信息。
组织信息	根据自己的研究问题组织对文学原著和影视作品的观点和重要支持性信息。	根据自己的研究问题组织对文学原著和影视作品的观点，并搜索缺失的支持性信息。	尝试组织文学原著和影视作品信息，但出了一些错。很难聚焦于那些可能回答研究问题的信息。	弄丢了大部分重要信息。

(续表)

	等级4	等级3	等级2	等级1
分析信息	能仔细分析文学原著和影视作品，并得出合理的、理由充分的、由自己收集的证据支持的结论。	能分析文学原著和影视作品，并得出合理的、由自己收集的证据支持的结论。	自己的分析还能更深入些。结论还需要更有力的证据来支持。	结论只是对自己的信息的复述。结论没有证据支持。

  在这份由师生共同创建的评价量规的指引下，学生通过网络、书籍等渠道寻找可以解决问题的信息。学生通过课余时间阅读《如何欣赏一部电影》，书中关于"改编为电影的小说"的部分谈到了小说改编成电影的一些基本原则、电影的优势和劣势、小说的优势和劣势等知识。学生在阅读理论后，兴趣更加浓厚，也更主动了。他们进一步通过网络音频、视频了解小说与由该小说改编成的电影之间的区别及区别存在的原因。

  半个月后，师生共同举办了一次分享活动，学生小组们迫不及待地展示了收集到的资料和观点。

  "《女巫》，这是由一部小说改编成的电影。据原书描写，所有的女巫包括女巫王后都变成了老鼠，但在电影中却是普通女巫都变成了老鼠，女巫王后不仅没有变成老鼠，最后还和主角展开了一场大战。小说中，作者没有详细说明女巫们是如何变成老鼠的。电影中，导演添加了主角和女巫王后之间的争斗，如视频展示。添加这一争斗场景使整部电影更加生动和吸引人，也让观众感到更加激动。"

  "在小说里有一段关于那个小男孩变成老鼠的描述。首先，我要比较小说和电影中有关小男孩成为老鼠的过程的描写。在小说中，作者加入了很多身体感知、心理状态的变化细节，不仅使读者有一种感同身受的感觉，而且增加了很多想像空间。"

  对于这些六年级的学生来说，能够用英语展示这些资料、表达自己的观点，已经出乎笔者的意料了。那么如何把学生的收获变成可视化的，可以通过概括、比对、分析激发他们思维碰撞的信息进而呈现呢？笔者想到了利用韦恩图。在制

> 作韦恩图的过程中,学生对于原著和电影的异同有了更加系统的认识和深入的理解。他们普遍认为:原著描写细致,时间线多,需要想象力,能体现文字之美;电影有音效、特效,有身临其境之感,能更直观呈现,节奏也更快;两者的相同点是情节和观赏的对象。
>
> 为了给学生更具挑战性的任务以刺激他们的求知欲,接下来的活动就是让学生举办一场辩论赛:看电影好还是看原著好?
>
> 辩论赛准备的过程也是学生更进一步自主学习的过程。学生从一名"影视评论家"化身为"原著党""影视党"等多种角色,从多个角度对导演和演员的艺术诠释进行创意鉴定……

让强调主动探究的项目化学习成为一场愉快又充满成就感的旅行吧!它出自学生内心的需要,把大自然和社会当作课堂,学生们做自己认为重要且又是自己喜欢完成的工作任务,即使出现一些意外挑战也会转化成惊喜;学生们发挥特长,结识伙伴,收获成功和自信,建立自我认知和自我价值感,并激发出继续学习和开展新探究的兴趣和动力。以上或许就是许多教师告诉我们的,他们的学生一直在问"下一次项目学习什么时候开始"的原因。

第二节 生成性问题可能是个机会

一个基于真实情境的项目一定是一个开放性系统,参与项目的师生需要不断与外界交换信息,获得解决问题所需要的新资源、新养料,创造性地完成项目任务。

在项目实践过程中,教师运用预设的问题链加上收集学生反馈调整教学,开展积极的对话,使学生的思维和行动尽可能向学习目标靠拢。不过,教师认真操作也不意味着项目进程总是平稳而有序的,尤其是在项目实践面对频繁更新的情景时,以及学生的自主意愿增强而其知识储备和思维能力又明显不足之时,不确定因素就会越来越多。

生成性问题是项目实践中的不确定性特征表现之一。生成性问题可分为两大类:狭义的生成性问题一般指学生提出了教师预设之外的问题,广义的生成性问题泛指大概率会发生的大大小小的课堂事件。

上海市静安区第一中心小学的黄老师在对小学二年级"打捞垃圾"项目实施指导过程

中,又把学生提出的生成性问题分为"共性问题"和"个性问题"。他认为,共性问题和个性问题,各有不同的价值,处理方法也有所不同。

生成性问题分类——让解决效果最大化
上海市静安区第一中心小学　黄宇阳

共性问题

"共性问题"是大部分学生都会遇到的可能导致项目停滞或失败的问题。"共性问题"主要来源于项目实践中教师对有关信息的调查或由学生体验后所提出。这些问题横亘在项目实施的各个阶段之间,是影响项目化学习顺利推进的关键。针对这类问题,教师需要在项目化学习的教学设计过程中就有所准备,并且在实践中引导学生自己提出这些问题,再将问题作为导向创建任务,有效地引导学生在体验中获取必要的知识。

在"打捞垃圾"项目的实践课上,就有二年级学生通过模拟实验,发现了"自己做的模拟垃圾无法在水中下沉"的问题并向笔者提出。通过这个问题,笔者进一步明确任务,鼓励学生调查生活中不同材料在水中漂浮与下沉的情况,从而分析打捞时可能出现的垃圾种类。在以往的课堂上,调查不同物体在水中的沉浮情况是科学知识普及类课程中的一节,其实验材料和操作步骤是较为固定的。而在项目化学习中,通过模拟过程遭遇的挫折和教师的引导,以及让学生自己提出调查目标(物体在水中的沉浮情况),使学生获得一种为自己而学习的自我满足感,进而长期掌握相关知识。

个性问题

"个性问题"是在项目化学习中,学生以小组为单位进行实验时,偶然会遇到的问题。相较于"共性问题"的单一性,这种问题开放性很强,并且存在随机性(各组遇到的问题不同)。遇到这类问题的时候,教师通常不要直接给出答案,这样学生就不会失去一次宝贵的学习机会。教师应给予适当提示,让学生自己发现问题所在,并开展以小组为单位的针对"个性问题"的学习研究,进而在失败中找出本小组的项目实践特色,在展示阶段作为亮点交流与分享。

在"打捞垃圾"项目开展过程中,有的小组使用积木拼出的机械装置采用电池马达提供的动力,将垃圾模拟物从水中捞出。学生通过实践发现,在打捞的过程

> 中，装置的电线会浸入水中，导致装置无法正常运转。笔者提醒学生，之前在"各种各样的材料"单元中，已讲过不同物质的防水性与导电性。随后学生通过思考，发现了电线连接处存在一部分金属接口暴露在外面的问题。他们进一步思考可以用哪些材料遮盖，最后想到，使用防水的绝缘胶带将这些接口都封住，从而使装置正常运转。在阶段性成果展示的过程中，笔者让学生交流这次探究过程，其他同学评价。笔者由此发现，让学生自我探究因"个性问题"导致的失败结果是项目化学习中的亮点，同时也培养了学生科学探究的精神。

对于项目化学习实践中的生成性问题，教师有很多体会——"我很矛盾，既害怕学生不会主动提出问题，又担心他们提出的问题会让课堂失控。""我倒很希望学生主动提出问题，尤其是有质量的问题，但是他们好像已经习惯被动地面对问题，并不擅长提出问题。""有时他们提出的问题真的是五花八门，有些甚至连我都没想到，但是一一解答肯定在时间上是不够的。"

的确，生成性问题在项目化学习实践中出现有其必然性，教师无法回避它，当然也不可不分青红皂白地接纳它。不可否认的是，对于缺乏经验的师生而言，项目实践中出现的不确定性、随机性和波动，既是某种风险和挑战，也可能转化为产生特定价值的机遇。

上海市民立中学的薛老师在实施"我是民立主播"项目时遇到的情况是，学生对于项目主题的思考与自己预设的内容并不一致。薛老师吸收了学生的"不一致"，调整了预设的计划，结果收获了意外的惊喜——通过一系列不断释放学生学习热情和创造力的对话，把生成性问题转化为丰硕的项目成果。

> **"主动接过学生抛出的话题"——把"问题"变成"学习契机"**
>
> 上海市民立中学 薛佳悦
>
> 在第一次阶段性成果的分享课上，学生小组创编的"外貌焦虑"英语主题访谈节目呈现了以下内容：一位听众致电节目组，讲述自己整形手术失败的遭遇；应届生以自己的求职体验表达了对外貌的焦虑；女明星谈到自己曾经为了控制体重而付出的代价。在主持人的引导下，小组成员讨论了"外貌形象和劳动力市场的关系""是否存在理想美的标准"，共同寻求问题的出口，找到社会接纳自己的平衡点。对话过程中出现了人物之间观点的碰撞，学生在设定人物和矛盾冲突时颇具新意。

虽然学生的奇思妙想带给笔者很多惊喜，但其实作品本身问题不少，如内容不够充实，表达不够贴切，对话衔接不够灵活。以上是笔者在教学设计时没有预想到的，那么如何通过这些实践中生成性问题的解决来引导学生深入探究呢？

首先，笔者没有否定学生的作品和想法，笔者反而认为，这些缺憾是再好不过的学习契机。

其次，笔者引导两组学生相互评价，指出可取之处和有待改进的问题。这一过程中笔者发现，大多数学生其实能够意识到自己的不足，或者在同伴的提醒下发现问题。

除了学生提及的问题，笔者当时还想补充一些建议，但笔者没有直接点破，而是在课后收集了一段出自上海外语频道（ICS）的英语访谈类节目的视频。笔者事先观看该范例视频，仔细分析，并且设计了一系列的内容问题，为课堂讨论做准备。

第二次阶段性成果的评价与修订课上，笔者组织学生观看范例视频，要求学生寻找节目中的亮点并表述。刚开始笔者没有用任何问题去限制学生的思路，他们可以指出节目中任何值得自己借鉴的方面。笔者还鼓励他们表达自己的感受，每人至少说一点。

学生A注意到主持人用了重复的方式来表达自己的感叹或疑问，并引出自己的思考。

学生B发现嘉宾常常结合亲身经历谈自己的看法；

学生C指出，主持人在访谈嘉宾时非常注意，不喧宾夺主；

学生D记得嘉宾用了很多口语化的表达，简单易懂；

导引短视频让学生E印象深刻，他也计划在视频制作中加入图片和小短片。

学生F甚至观察到了直播间的布景和灯光，主动向笔者申请借用学校的活动室去录制视频，以提升节目的观感。

学生们的回答涉及了主持人的控场能力、嘉宾的语言表达及后期编辑等各个方面。

自由讨论后，笔者将事先列好的提示问题作为自查清单发给学生：本期节目的主题是什么？开场时长多少？开场白包含哪些部分？主持人如何介绍嘉宾？受邀嘉宾的身份与本期话题的匹配度如何？如果你有机会挑选嘉宾，你的嘉宾人选是怎样的？访谈中，主持人提了哪些问题？问题的类型和作用是什么？嘉宾发言

> 中的主要论点和支撑性论据是什么？嘉宾之间存在怎样的互动形式？通过这期节目，主持人和嘉宾想要向观众传递的理念是怎样的？节目的宗旨是什么？接下来，让学生勾出已解决的问题，再思考剩下的问题，之后全班交流想法，由学生总结出好节目的要素。
>
> 　　初步归纳后，笔者引导学生在原本提供的评价量规的基础上提出修改意见，进一步明确节目评价标准，以促进作品最终质量的提升。对照最新标准，笔者启发学生作比较分析，寻找原先作品中新的不足之处，发现问题，归纳策略，进一步完善成果，并在修正过程中取得能力的提升。

　　在项目化学习的教学实践过程中，教师遇到生成性问题时，首先应该考虑如何继续保护学生学习的主动性和积极性，帮助学生解决问题并深化探究成果。薛老师不直接指出作品的问题，而是灵活运用资源，给学生一个优秀的范本，让学生在探究、对比及分析中自己找出问题所在，发掘提升空间。这个案例中，薛老师贡献了一条实践经验：其实很多时候教师可以让学生尝试从资料引出自己的观点，并用材料证明。教师可以按上述路径向学生提出建议，而不是把结论性意见一下子端给学生。学生往往更乐意接受"讲道理"的教师，薛老师在案例中说了一句很关键的话："首先，笔者没有否定学生的作品和想法，笔者反而认为，这些缺憾是再好不过的学习契机。"假如教师把项目实践中生成的重要问题都能看成学习契机，那么学生的收获会更丰富，教师也能摆脱不必要的焦虑，会更坦然、更开朗。

　　上海市徐汇区田林第三小学的杨老师，根据道法学科一年级下册第三单元《我爱我家》设计了"家庭暖宝宝"项目。该项目引导学生了解自己的家人，发现和理解家人的爱，学会向家人表达爱，用实际行动承担家庭责任，感恩家人。最终，以"家庭暖宝宝表扬信"作为学生学会关爱家人、主动承担家庭责任的活动成果反馈，并让学生从"懂家人""会感恩""能分担"三方面的表现作出星级评价。该项目没有简单地让学生去寻找家人的爱，而是用"家人的爱藏在哪里？"引导学生去发现那些日常被忽略甚至被误解的"爱"。

> ### "狠心"爷爷和"心软"奶奶——发现生活细节中隐藏的爱
> 上海市徐汇区田林第三小学　杨晓风
>
> 在参加了"画一画，绘制家人肖像图""晒一晒，晒出与家人的合照"活动后，学生们开始分享家人之间爱的小故事，讨论家人对自己的关爱。
>
> 有学生说："每到冬天，出门的时候，奶奶都会把我裹得像个大粽子。"大家哄堂大笑，并且引起了强烈共鸣。很多学生都对家人要他们里三层外三层地穿衣服很反感，不明白为什么明明不觉得冷，家人却要逼迫自己穿那么多，又热又笨重。也有学生反驳道："我觉得，家里人这么做都是为了我们好，怕我们冻感冒了。我平时就很容易生病，一着凉就会咳个没完没了。"
>
> 有学生表示，每天爷爷会接送自己上下学，但从来不帮自己背书包。其他同学不解："不帮你背书包难道是爱你的表现？你是不是没听懂活动要求啊？"大家你一言我一语地议论起来。笔者让学生们耐心地把故事听完。这个学生继续说："我的爷爷说自己的事情要自己做，这样才是一个真正的男子汉。因为他和爸爸妈妈总有一天要老去，如果我的独立能力很强，他们就不用担心我以后的生活。"原来如此，大家慢慢理解了家人的爱有时候是用心良苦，不是唯有宠爱才是爱。
>
> 不少低年级学生由于年龄小，长期备受家人宠爱，往往以自我为中心，只在乎自己的感受，觉得享受家人的爱是理所应当的，不能体会家人为自己健康成长付出的爱和辛苦。因此，通过讲故事、听故事、读故事、交流与分辨，能够引导学生感悟家人的爱来自细节，来自默默付出，来自良苦用心，来自美好的期待，进而让学生懂得理解和感恩。

在小学低年级的项目讨论中，教师应判断随机出现的问题的价值，从而推动学生认知深入，让学生学有所获。为达到上述目的，教师一般可采取以下方法：

- 鼓励学生发表自己的真实想法，创造有益于他们分享和交流的氛围。
- 有针对性地选择生成性问题成为讨论焦点，使讨论能激起深入思考且并不因为问题太多而泛化。
- 在研究问题答案时，有意识地让学生们通过项目评价导向或教师点拨，学会自己分析和判断问题，并且能够辩证地看待问题，发展批判性思维。

上海市进才中学北校的万老师在"慈父敬禀"项目实施中也遭遇到一些意料之外的问

题——万老师发现，亟待完成给课文中人物回信的学生并没有透彻理解人物。那么万老师采取了怎样的策略和方法来改变课堂上的"集体沉默"呢？

> **果断地增设任务——推动探究的深化**
> 上海市进才中学北校　万玥
>
> 在"回到信件，深度对话"活动中，笔者感受到了巨大的阻力：一方面来自《诫子书》蕴含的高度概括性的人生哲理，另一方面来自学生因有限的人生阅历而无法对人物命运作出合理的解读。
>
> 笔者原计划让学生在完成"'慈父敬禀'项目学习资料整理表"后开始撰写回信，但因课堂上出现集体沉默，笔者意识到学生对《诫子书》人物的理解还远未达到透彻的程度。经过和学生们交流，笔者临时对项目设计进行调整，增设了一个"拟写人物小传"的学习任务，作为过渡到"撰写回信"的桥梁：
>
> 诸葛瞻、傅聪、小夏会如何回信？回信时需要注意哪些方面？
>
> 如何才能写出一封有情有理的家书？
>
> 在思考上述问题的同时，学生们以终为始，开始了人物小传的编写工作。
>
> 学生们阅读并交流组内成员编写的人物小传，每组选出两篇小传，每组推选一名代表，以诸葛瞻/傅聪/小夏的口吻，有感情地朗读优秀人物小传中最喜欢的段落或语句，并阐述喜爱的理由。

事实证明，万老师通过增加一个原计划中没有的任务，大大激发了学生后续的创作热情。他们彼此交流人物小传，加深了对人物的理解，班级整体对"慈父敬禀"项目的认同感和参与度也有了新的提升。面对生成性问题，教师应该用心思考应对，潜心帮助学生跨越问题的鸿沟。一旦对问题听之任之，那么学生很可能会在"自以为是"的思想支配下做出平淡无奇的成果，或者在困难面前保持沉默，令项目止步。由此可见，教师不同的态度会让项目结出不一样的果实。

在另一个"演员请就位"语文项目中，教育戏剧被融入了项目化学习实施。该项目教师，上海市闵行区纪王学校的谢老师坚信："好剧本是学生创作出来的，好戏是学生演出来的。"她在教学反思中回答了"应对生成性问题，教师需要扮演什么角色？"的问题。

怎样看谢安？——打开"输入"的大门
上海市闵行区纪王学校　谢梅艳

笔者清楚地记得，一个男生在听笔者讲淝水之战中指挥东晋军队的谢安时，不由自主地在座位上发出了感叹："老师，这下我知道什么叫风流了。"全班同学都饶有兴趣地看着他，有些孩子在对"风流"两个字感到好笑，于是偷偷低头笑着。笔者便问他："那你说说你对这两个字怎么理解？"

他一本正经地回答："所谓风流，乃是一个人的气度啊！"

下面的同学笑得更欢了，笔者示意他继续说。

"不受世俗拘束，生性散漫却又气节高雅，能雅俗共赏，能与王羲之成为至交好友，能驰骋疆场，这样能文能武且放荡不羁的人可真是风流啊！"

他的眼眸因谢安这个人物闪亮着，他说的时候很是陶醉，仿佛穿越历史，面对面与谢安相聚。这个学生，后来成为《咏雪》剧组中的一员。他认为自己的气质不佳，不适合出演谢安，但是他却一遍又一遍地帮助饰演谢安的同学找到他认为的"风流"两字。

还有一个学生令笔者印象深刻。在课后，她特地跑来问笔者："老师，谢安这样的人物，皇帝为什么会忌惮他？他四十多岁才东山再起，可见他并不是一个在乎权力的人，皇帝为什么容不下他呢？"这个女生一脸期待与疑问，她对课本中这个只出现寥寥数笔的人物有了极大的兴趣。笔者笑了笑，问她："这些问题的答案为什么不自己去寻找呢？"她有点失落，但是也释然了。后来，这个女生去寻找了历史老师，并搜索、收集了关于魏晋时期的历史信息。再后来，这个女生成为了《咏雪》剧组的编剧。

为了更好地真实演绎项目成果情景剧，学生们各自形成了项目小组，开启了第一个小组合作任务——魏晋服饰初体验。

服饰制作并非易事，加上学生们从未接触过此类任务。他们跃跃欲试却也发生了许多争执。不会绘制服饰图，服饰材料怎么获得，不会手工怎么办……每个小组几乎都面临了上述问题。他们向笔者抱怨，任务太难了。笔者告诉他们："为什么不寻求帮助呢？术业有专攻，是不是应向专业人士去寻求帮助呢？"学生们立马明白了。"找美术老师！""我奶奶会做衣服，我让她教我！""我家里有不用的床单，可以用作材料！"……学生们找到了方向。很快，他们进行了分工。例如画画好的学生专门找美术老师进行学习，成为自己组的服装设计师。

> 通过小组分工，学生们很快集齐了各种布料：旧床单、旧窗帘、旧衣服、旧围巾……又从家里祖辈那借来了缝纫专用剪子、针线等，开始了他们的服饰制作初体验。

谢老师与学生积极对话，借助学生的问题将思维引向深处，帮助学生在"做"中找到解决问题的途径。此时，生成性问题便是重要的抓手。作为教师，需要利用好生成性问题以支持个别化的学习需求，帮助所有学习者创造无限的可能。

参照著名的"费曼学习法"中的观点（学习者可以通过扮演知识传授者的角色来进行学习），项目化学习是用"输出"来拉动"输入"。上述项目的成果"教育戏剧"正是学习的"输出"，因为它首先拉动了学生对戏剧人物的"好奇心"，之后学生自觉地把了解人物、评价人物作为表演人物的必要准备。而且因为是戏剧表演，自然地引出了服饰、舞美等相关知识的学习。

在项目实践中，这些大大小小的任务可能来自设计中的安排，也可能出自实践中的需求或师生灵感。每一次对剧本中人物形象的挖掘，每一个大大小小任务的完成，都互相关联着，都会影响最后的戏剧效果。当"输出"变成一种"导向"，产生一股"压力"，就会让学生感到仿佛内心在召唤自己尽量去理解将要登台的人物，尽量去做好分内的事情。"输出"带来主动和自觉，但"输出"与"输入"之间并非必然畅通无阻。项目中，教师处理问题不当也会成为生成性问题之一，例如某些教师的指令在项目中不绝于耳："下面你们必须要做×××！"如此颐指气使之下，项目沦为一件支离破碎的、被抛弃的物品，学生的积极性和勇气也会渐渐消退。

正如谢老师所说："不是学生们不会学习，而是我们没有给他们机会或者没有给他们创造机会。"有经验的教师往往将生成性问题看作是实践赐给师生的礼物，他们善于从生成性问题出发，通过任务驱动、问题引导、成果分享与评价，在师生互动、生生互动的过程中，引导学生质疑、争辩，寻求问题解决的思路和规律，主动建构新知。

上海市周浦实验学校的邱老师设计了一个非常有意思的语文整本书阅读项目——"谁可能是唐僧的第五个徒弟"。这个项目一经发布就引起了学生极大的探究兴趣，但是在看似顺利的实施过程中却出现了意想不到的问题——就在项目成果展示前，邱老师发现各组的观点雷同了。邱老师不反对学生在实践中互相交流、取长补短，但是如果放弃独立思考，总是人云亦云和随大流，那就偏离了项目化学习的本义了。应该怎么办呢？一起读一读下文的案例，了解邱老师如何在关键节点上借助学生的生成性问题因势利导，使项目成为一个不断促进学生思维能力发展和主动建构的过程，而不是一出只有"表面动作"的课堂闹剧。

究竟什么是唐僧收徒的关键因素？——借力发力，因势利导

上海市周浦实验学校　邱凌艳

长征小组在项目开展过程中与笔者进行了一次师生对话。

学生：老师，目前项目已经进行到了总结唐僧收徒关键因素的阶段。我们"刺探"了一下军情，发现有一个问题。

笔者：看来小组之间交流很密切啊，你们发现了什么问题呢？

学生：我们发现每个小组提炼的关键因素都是差不多的，好像没什么新意，我们觉得胜算不大，但又没什么发掘新角度的头绪。

笔者：已经有了哪些关键词呢？

学生：颜值、武功、人脉和人品。

笔者：不妨先把这些关键因素分分类，看看是否能够帮助你们更有条理地解决问题。你们看可以怎么分呢？

学生：颜值、武功和人品归为一类，人脉是另外一类。

笔者：这样分类的标准是什么呢？

学生：第一类只和徒弟自身相关，而人脉则是涉及了其他人。

笔者：那么现在与自身相关的因素在数量上比较充足了。不妨从第二类——涉及他人的因素来入手吧。

学生：涉及他人的因素？

笔者：换种说法，其实就是指人与人之间的关系。现在明确，选取第五位徒弟，最终目的是为取经服务。所以，要站在取经团队的立场上来看问题。这样的话，可以有哪些关系联结呢？

学生：这样的话，可以是取经团队内部人物之间的关系，也可以是取经团队与外部人物之间的关系。老师，"人脉"在这个项目中应该就是指后一种吧？

笔者：不错，同学们很善于思考。老师建议你们以此为切入点继续探究。最后，老师留一个问题和一个建议给你们小组。前面你们将颜值、武功和人品归为一类，这样分类是否妥当？希望这个问题你们好好思考。邱老师的建议是希望你们能够再去阅读一些关于解读《西游记》的著作，看看是否能收获更多的启发。

在后续的探究中，长征小组从"新徒弟应该更好地融入团队"的角度进行思考，从原有取经团队中的几个人物的性格与形象入手，深入分析他们的个性及行

> 为是如何促进团队合作的。通过拓展阅读,他们也发现《西游记》中主要人物的形象各具代表性——唐僧是释家代表,孙悟空是无拘无束的道家代表,八戒是憨厚却又有着好吃懒做等小毛病的俗人形象,沙僧是循规蹈矩但过于沉默的儒生,也是团队短板所在。由此,同样具有儒家气质的黄袍怪,以其聪慧、能为团队出谋划策的优点获得了长征小组的青睐。他们另辟蹊径,在成果展示中选择了这样一位不那么热门的人选进行展示论证,完成了一次创新探究。

邱老师发现,"雷同"现象的背后隐藏着可能有价值的研究。于是,邱老师借助学生问题把学生展示前的准备引向深度思辨——她以问题去回应学生的问题,而不是提供明确的指示或答案。在对话中,邱老师运用了许多激活学生思维的方法,如:以学生的问题作为有效学习的起点,帮助学生厘清症结所在,将分类思维渗透入学生的逻辑思考中;提供新的阅读资料,不强行向学生灌输,不断启发和鼓励学生接受挑战。显然,学生的疑惑即是学生的痛点,抓住痛点,有效学习就可能真实发生。

教与学是动态生成知识和经验的过程,在以学生为中心的项目化学习中,生成性的教与学占据更大比重。要如何利用好生成性问题以激发学生创新探究?这是项目实践中一个永恒的课题。有时候,教师会面临学生井喷式的问题,这也是项目化学习中常有的风景线。上海市浦东新区南码头小学的乔老师在"'疫'起养心——探索中医药文化"项目实施之初就遇到了大量自己解决不了的问题,但她及时寻找校外资源,为学生的主动探究搭好桥梁。

> **"找来三位中医药专家"——寻找校外资源"救场"**
> 上海市浦东新区南码头小学 乔书玄
>
> 学生以小组为单位在线参观一家中医药博物馆的时候,产生了许多问题。各小组组长把问题收集起来一起问笔者。这些问题有的笔者能解答,比如:什么叫特色疗法?中医特色疗法有哪些?它们是怎样分类的?中医的"阴阳"和"五行"分别是什么?什么叫中医名家典籍?
>
> 但随着学生查阅的资料越来越多,他们的问题也越发深入,出现了非常多专业性很强、笔者无法回答的问题,比如:有哪些疾病可以用拔罐疗法来进行治疗?人体有五脏六腑,那"六腑"如何对应到"五行"的概念呢?中医药对比西医

> 药,优势在哪里?等等。
>
> 　　此时,笔者的专业知识短板就暴露了出来。同时,笔者也发现,在网络上搜到的资料良莠不齐,二年级的学生还不具备很强辨别的能力,就连笔者都很难筛选信息。无法为学生提供专业的解答,这可怎么办呢?笔者马上四处联络,找到了三位中医药专家来为学生提供更专业、更权威的学习资料,为学生答疑解惑,指导学生的项目化学习探究。

　　无论在什么时代,个人拥有的知识总是有限的。项目化学习是无边界的学习系统,所以聘请校外专家不仅是给面临生成性问题挑战的师生解围,也是利用"外脑"帮助学生开拓广阔和多元化的视野,发展创新思维的良机。对于学生来说,这也许会留下深刻、持久的印象,他们会记住社会交往和合作能力对人的成长的重要意义,并尝试将这种能力纳入自己的终身发展中。

　　项目化学习中的生成性问题无论是教师发现的还是由学生提出的,都有可能为探究活动"增值",但也可能变成项目外细枝末节的干扰。生成性问题的出现是随机的,但对于问题作何处理则需要教师作出迅速而明确的判断。那些能作出巧妙处理的教师往往不固执己见,不墨守成规,他们善于站在学生发展的角度判断不确定性问题的价值。

　　在项目实践中,学生产生的生成性问题呈现出不同的深度、意义和价值。其中一些问题通过教师对学生的启发和引导,可能触发更深入、更有挑战性的问题。教师既要和学生一起探索属于高阶思维的问题,又要有耐心地帮助学生解决低阶思维的问题。对于有关基础知识和技能的识记、解释方面的问题,教师可以根据实际情况进行个别指导,或者提醒学生使用技术工具查询来解决。对于有利于发展学生批判性思维、推动学生创新的问题,教师应该敏锐地发现、捕捉,果断将其纳入项目的主流轨道,让项目过程如流经不同地域的江河那样,时而湍急,时而缓缓流淌,一切随着学习和人的发展的节奏自然展开。

第二章
从合作走向协同创新

项目实施中,学生们的自主参与在合作探究的路上渐渐形成合力,部分小组能够展露出自我导向和自我发展的集体行为,这常常成为发生在项目过程中不亚于项目终末展示的精彩一幕。其过程是:始于形式参与—因互赖而聚合—高标准自发展。成功团队发展的路径不会完全相同,但"团队内会涌动着高质量的人际对话"是它们的共同特点,优质对话既是集体内有效交互的外在表现,也是集体持续进步的动因。

日常生活中,通常把"对话"理解为人与人之间的交谈,而教学中的"对话"是人与他人、知识、真实情境、自我等多元交互的学习过程。在这样的对话中,不仅每一个主体都可以通过观察、倾听、思考、感触及表达的循环过程来获得有意义的学习经验,而且一个成功发展的团队的外显表现即是伴随有大量积极、有深度的对话。在集体目标指引下,由驱动问题和评价引发的与外物、与伙伴、与自己进行的三类对话,几乎贯穿了团队活动的全过程。项目化学习力求过程"可视化"的特点,又使对话透明、可记录、便于讨论和反思。

本章重点介绍项目化学习中团队内如何开展有质量的人际对话。团队内人际对话的质量总是与团队发展的可能性联结在一起。团队内人际对话是围绕解决真实问题、合作创建成果所展开的一系列交互活动,如:确定研究主题和方向,探讨社会调查或科学实验的信度和效度,策划行动步骤,选择成果形式,研究组内分歧和矛盾,以及分享个人收获。总体来看,项目化学习中的对话,发端于探究,深化于合作,扎根于反思。

开展有质量的对话对团队发展有着决定性的意义:
- 促进信息交流和理解,避免信息传递上的误解和偏差,从而提高团队工作效率和任务质量。
- 增强合作意识和协同能力,提高团队成员的自我认知和人际交往能力。

● 通过有质量的对话，培养批判性思维和创新能力。

显然，高质量人际对话的作用大大超越了"完成项目产品"这个单一目标，因为其不但促进人的思维、情感和素养发展，还使项目活动有更多收获且更有意义。可以说，团队内对话的质量直接关系到项目价值目标的实现。

那么，教师应该如何引导学生开展有质量的对话？在下面的案例中可以看到，教师在活动中提供学生良好的学习环境和必要资源，指示了任务方向，并在关键节点进行检查、反馈、鼓励和调整——尤其是用好了项目化学习的基本要素"框架问题与过程性评价"，从而为提升对话质量提供了合适的阶梯。

框架问题及其相关联的开放性子问题，既能引发对话的兴趣，又能帮助学生开拓和深化思辨。在对话中，学生学会大大方方地面对并尊重在认知、性格、情感等多个方面与自己有一定差异的同伴，并以提问、讨论、论辩及演绎等方式，寻求大家可以接受的答案。有时，对话引发"节外生枝"的新问题，新问题又开辟了对话的新渠道。在对话铺就的合作探究之路上，学生们的思维拾级而上，完整地体验从低阶思维向高阶思维发展的过程。

过程性评价为对话树方向，立规矩。评价既能帮助对话走出凝滞地带，也能指引"脱缰的野马"回到正路上。那些具有批判性思维的学生更会提出疑问，帮助团队判断、推理、验证、创造，最后求同存异，合作创建有意义的成果。

因此，在项目实施中，创建有意义项目成果的过程很大程度上也是呈现团队高质量对话深化的过程。那么，教师如何灵活运用项目化学习的基本要素，帮助学生提升对话的质量呢？可以从下面一些项目实践案例中获得一些启示。

第一节 最稳固的是情感基础上的共识

个体成功取决于与人、客观环境的互动，以及自我认知和反思的质量。发展个体的社会与情感能力，就是让学生学会接纳他人，调适自我和为未来社会做好准备。中小学阶段不仅要防止学生陷入抑郁、"侵犯"等心理状态，更要培养学生健康心理、积极进取行为和良好的人际关系。

在合作学习中，不可避免地会因为学生在自我控制能力、沟通与表达能力、共情和同理能力方面存在差异而影响他们合作完成项目任务。换一个角度看，项目化学习中的合作学习也是开展情感教育，引导学生建立正确的价值观，培养学生的情感抒发及理解与尊重他人的能力的好机会。

一切教育实践，无论是激活学生能动性的基本理念，还是"人的发展""人的转化"的根本目标，都决定了实施者必须关注"人"。项目化学习就必须关注"人"，其在家庭、学校、社区等社会群体中的实施，让学生体验团队协作、沟通、分工合作、表达思想和解决问题等学习过程。项目实践中，协同学习所提倡的集体的自我管理、自我发展，有利于集体成员发展自我认识、自我调节能力；协同中沟通互帮的氛围，也有利于学生学会换位思考，欣赏他人；学生个体同理心、归属感等情感素养的养成，又增强了团队合作前行的自信和工作效率。这样看，项目工作和人的成长实际上是项目发展中互为因果的复合体，最终成果犹如同一朵花上的不同花瓣，同样体现了项目协同创新的教育价值。

线上同样能进行项目实践。实施"我们舌尖上的老家"项目的上海市进才中学北校陈老师，每天都会收到各种出乎意料的信息，她不断与学生小组或个人在线对话，推动小组之间、个人与家人及远方亲戚多沟通。她告诉学生："菜品的精致程度和价格的高低并不是评价乡味的全部，能否在烹饪过程中用心体会乡情，能否从乡味、乡情中发现自己的成长才是项目的真正意义。"

家乡菜酿成的浓浓情——做学生的贴心伙伴

上海市进才中学北校　陈思瑾

正当项目进行到白热化阶段——亲手烹饪美食时，吴同学和夏同学不约而同地向笔者寻求援助。

"陈老师，我特别想复刻外婆在老家为我做的湘煎豆腐，但是我家附近实在买不到这种豆腐，怎么办啊？"

"唉，我家的红薯也早就没存货了，现在我家周边的超市里也没有红薯，简直让我束手无策嘛。"

面对学生们在采购食材方面的问题，笔者尝试引导他们换种思路，或许能收获意想不到的效果。事实证明，客观条件造成的挑战，反而使学生从思维定势中跳出来。

吴同学将眼光投向了线上购买，最终采购到了理想的食材，而夏同学则重新发掘家中现有的食材，巧妙地将"拔丝红薯"改成了"拔丝香蕉"，打造出"小夏牌"专属菜品。学生们还记录了项目的片段。

学生A："我们团结的'东北虎小组'以极高的效率完成了菜品的制作和烹饪

过程的录制。但此时，有个问题却像一座大山般拦住了我们的去路……技术水平有限的我们，如何更好地呈现小组成果？此时的陈老师就像救星，耐心地指导我们通过精美的构图，一步步调整图片的亮度、色彩明暗度及视频画面的解说与装饰，使展示页面更生动、更有趣。那一刻，我才明白原来执教语文学科的陈老师居然有如此高的计算机水平。我联想到语文课上那一页页精美的多媒体演示文稿，顿时明白了学无止境的道理。无论是学生还是老师，都应该终身学习，时刻学习新技能，做个生活的有心人。"

学生B："同学们一开始杂乱无章、手忙脚乱，后来合理分工、井然有序，顺利开展线上研讨会议。每个人都团结一心，在组员遇到困难时及时伸出援助之手。陈老师在背后默默地鼓励着大家，适时地指出方案的亮点和不足，并一起参与我们的线上研讨会，令我感受到队伍的温暖与强大。"

学生C："在解决了选择菜品、寻找食材、创新菜谱及动手烹饪道路上的'拦路虎'后，我将亲手烹饪的'沔阳三蒸'送入口中，那一刻，爽口的白萝卜丝、软软糯糯的红薯块、粉嫩鲜美的排骨与糯米，四者的奇特口感与风味交织在一起，形成了别具一格的味道在口中久久回荡。那一刹那，我似乎体会到了小时候外婆带给我的温暖，热泪从眼角滑出，这也许就是寻找乡味带给我的最大意义。"

学生D："在我烹饪菜肴时，父母绘声绘色地讲述记忆中的乡味和幼年时亲友间的趣事——去山里采蘑菇，在夫子庙里读书，在庙会上看表演……长辈们口中的一切仿佛为我打开了新世界的大门，重新定义了'老家'这一词的概念，等待我继续追寻。"

学生E："我寻找乡味，和远方的家人线上同步烹饪美食，探究家乡历史，这不仅使我有机会重拾家乡味道，重温儿时的美好记忆，更令我理解了家乡美食的内涵，感受亲情的可贵与生活的美好。"

学生F："我制作了东北特色的'拔丝地瓜'，远在东北的姥姥通过远程视频来指导我。或许由于学业繁忙，我许久未与姥姥通话，可光阴很难上锁，岁月亦如小偷，镜头另一端的姥姥愈加苍老了。好在今天的'拔丝地瓜'正是那把打开童年记忆的钥匙，终究没有让姥姥的爱永远封尘。"

学生G："在我的既有印象里，我所见过的热干面往往盛放在外婆厨房中冒着腾腾热气的陶瓷碗里，又或许盛放在街头早餐店中那毫不起眼的一次性纸碗中。

> 而在经历了项目化学习后,我切实体会到家乡那一碗热干面中的每一根爽口劲道的面条、每一撮碧绿的葱花、每一滴浓油赤酱背后所蕴含的独特意蕴。出没于厨房的每时每刻,都让我对家乡增添了别样的怀恋与向往。"

陈老师对项目价值的理解,使她能引导学生解决"亲手做一道家乡菜"活动中的难题。

是的,在项目实施过程中,教师是学生社会与情感能力发展的核心推动因素。一方面,教师的社会与情感能力和情感实践经验将渗透在自己的教学设计和组织实施中;另一方面,教师个人的情感与行为管理、倾听技能等素养,都对团队在协同学习中获得情绪管理、沟通能力、领导力及创造力等品质的成长起着榜样般决定性影响。

在下面一个案例"那些年长辈们的玩具和玩法"项目中,学生们有探究也有游戏,探究有收获,游戏也很开心。其中有一段叙述了"我"和"陆同学"一起进行跳房子比赛时的心理变化,刚开始"我"落后了,有些沮丧,到最后"我"不慌不乱,竟然赢了!"我"因此有所领悟:"在结果没有揭晓之前,一切都有可能啊!"这个案例说明:愉快的体验、真实的领悟让学生踏上了自我认识、自我管理之路。

从了解妈妈的童年故事开始——编织情感交互的活动纽带
上海市周浦实验学校 刘思维

笔者和学生们一起开展头脑风暴,设计了访谈问卷,这也是语文学习中的一项知识与技能。学生们在访谈过程中,不仅从长辈那里了解到很多有趣的传统玩具和玩法,还了解到许多难忘的往事。小石同学跟随爸爸学折豆干,听爸爸回忆小时候的趣事。小石还跟同学们分享爸爸小时候的趣事:爸爸当年也是很调皮的,作业本被扯得所剩无几,但豆干却攒了一大摞,在"战斗"中可谓所向披靡。

轩同学从妈妈身上体会到长辈们童年的有趣和精彩:学生时代的轩妈妈很喜欢踢毽子,初学的时候总是踢不好。为了不让毽子飞太远,轩妈妈灵机一动,拿一根线把毽子和自己的脚拴在一起,正玩得不亦乐乎,上课铃声响了!情急之下,绳子成了死结,为了不让老师看到,轩妈妈只好把拴毽子的那条腿遮住。无巧不成书,课上老师偏偏提问了妈妈,妈妈只好金鸡独立,把毽子藏好,惹得同学们在底下偷笑。

> 　　学生们分享的过程也是他们学习写作和表达的过程。值得一说的是"抖空竹"小组，这个游戏很多成年人都不太会，而几个孩子却玩得不亦乐乎。这要得益于他们小学时的班主任蔡老师，蔡老师在课余花费两年时间向学生传授抖空竹的技巧，这成了班级特色。现在，这些学生已进入中学，每每抖空竹，他们不仅收获了来自同龄人崇拜的目光，还重温了师生之间深厚的情感。小小空竹，在昔日的老师和学生心灵之间架起了感情的桥梁。游戏不仅仅是游戏，更是人与人之间情感交互的纽带。
>
> 　　有些玩具或游戏成年人现在还会玩，但很多已经陌生了，比如跳皮筋、翻花绳、抖空竹、做兔儿爷等，学生们则要跟着长辈学习。于是，笔者引导学生分成多个小组，分别去学习并制作喜欢的玩具，撰写玩具制作指南，演示玩法，分享学习过程中的趣事。其中一个学生在小组合作探究中记录了这么一件事。
>
> 　　"我和陆同学一起进行跳房子比赛，看谁先跳到终点。刚开始我都落后了，看着陆同学开心的样子，我有些沮丧。眼看着他一步步蹦到了最后三个格子前面，我想，这下彻底没希望了。没想到，我一步接一步地赶了上来，竟然赢了一局。我觉得下一局可能会输。没想到，我又幸运地赢了一局。于是我重振精神，顿时来劲了。就这样，我在总比分上一步步追平了他。眼看着他越来越急，我仿佛看到了当初自己失衡的心态，而现在我反倒淡定了。真是柳暗花明又一村，我竟然反超他了。胜败一决时，他更急了，甚至吼叫起来，而我不慌不乱，最后赢了！真是不敢相信，真的是在结果没有揭晓之前一切都有可能啊！这让我很有感触，我不仅体会到游戏的乐趣、比赛的激烈精彩，还获得了许多启示。"

　　刘老师为学生构建了一个可以获得平等、尊重、安全感和自信力的温暖学习情境。项目在亲子互动中开始——两代人共享往昔童年及成长故事，其间，家长动情地回忆自己难忘的师生情感。我们注意到，项目的情感活动从一开始就成为一条贯穿在生生交互、师生交互过程中的纽带。项目不仅一直激发学生的好奇心和兴趣，而且学生身上潜在的互信、乐群、坚毅、共情等情感在团队内外的交互中更是不断被体察、鼓励和增强，并成为团队共同发展的特征之一。显然，社会情感学习是这个项目目标中不可或缺的一部分，学生的情感意识、意志力和同理心伴随着项目发展而逐步养成。

　　在项目实践中，有些问题会成为教师帮助学生建立团队共识、凝聚团队价值观的抓手。上海市青浦区实验中学的杨老师在"人像摄影"项目中，以创建"我的个性学生形象""我的未来职业形象"为主题的两幅人像摄影作品为项目成果,学生用作品表达自我认知和对未来的诉求。项目交流会上,有的学生希望成为律师,有的学生希望成为教师或者画家等,而当一名学生提出自己未来期望的职业是厨师时,课堂爆发出哄笑声。杨老师抓住哄笑背后潜藏的问题,组织学生展开了一系列对话。

哄笑的背后——将问题引向集体的共识
上海市青浦区实验中学　杨大胜

经历了对职业的了解认知过程后,项目进入"我的未来职业规划"阶段。

考虑到是让学生对未来的、不确定的一个职业进行规划设计,笔者没有加入太多现实条件的限制,而是在交流探讨中鼓励学生大胆发言。于是,便有了这样一段对话:

小E同学:"我想做一名厨师,做一手好菜……"

"哈哈哈哈……"小E同学还没有交流完自己的厨师职业设想,同学们就哄笑起来。

"你们笑什么?!"小E同学既不解又有点生气。

其他学生:"厨师啊,就是烧饭烧菜的,街头巷尾的饭店里很多的,这个职业不太符合我们现代中学生的理想追求吧!"

小E同学:"我不这么认为,我觉得厨师职业挺好呀,符合我们的人生追求!"

其他学生:"既然你认为厨师职业也很符合我们的理想追求,那就说说你的想法吧。"

小F同学:"好呀!你们耐心听我说吧。我有一个远大的梦想,那就是当一个好厨师。虽然不少人可能觉得会煮饭烧菜没什么了不起的,但不管别人怎么说,我一定会坚持到底。为什么我会想要当厨师呢?从我小时候开始,每次只要一到晚上,就会闻到厨房飘来一阵又一阵的香气,让我口水直流。妈妈烹制出色香味俱全的菜肴,让我不仅能饱餐一顿,更能尝到幸福的味道。梦想真的不是简单的事情,没有谁能够一步登天,逐梦的路还非常遥远。但是,只要尝试过、努力过,只要坚持到底,我深深相信正走在梦想路上的自己一定会成为一个伟大的厨师!"

学生A:"呀!听起来厨师职业也很棒,是我们对厨师了解得太少了吧?"

学生B:"是的吧,但我更觉得是我们对职业的认识有些偏见啊!"

> 学生C："是的，我想我们是有些偏见了。我原来觉得只有社会地位高、收入可观的职业才是理想的。可现在想想，我们尊敬的爸爸妈妈，多数不都是从事我们认为的普通职业吗？但他们认认真真、勤勤恳恳地工作，服务了社会，靠劳动养活了自己，养活了我们，还努力为我们提供最好的物质生活条件。"
>
> 学生D："是的，我们爸爸妈妈从事的普通职业一样也很有价值呀！"
>
> 学生F："前面我们笑小E同学是不妥当的！厨师也是靠劳动服务社会，靠劳动获得报酬，能让自己和家人过上幸福生活，这份职业一样有价值。而且我还发现，厨师职业也有我们理想中'高大上'的地方。你看看，在当今很多地方连锁、全国连锁或世界连锁的知名餐饮业的企业主中，不少人在事业起步阶段就是一名怀揣梦想的厨师，在某个街头巷尾经营着一间不起眼的小饮食店。"
>
> 学生G："是的，厨师职业也有很大的发展空间。只要努力勤恳，不少普通的职业都能有很大的发展空间。比如袁隆平院士，他起初在我国湖南的一所农业学校当老师，他在学校的试验田里勤恳耕耘，最终成为'杂交水稻之父'，为国家、为社会作出了巨大贡献，赢得了所有人的尊重！"
>
> 学生H："哎呀，交流到这里，我发现自己对职业的认识存在误区。我原以为，从事社会地位高、收入高的职业就一定会受人尊重了，现在看来不一定是这样的。真正的受人尊重，是要像袁隆平院士那样，靠自己的勤劳对社会作出的贡献来赢得的。"
>
> 学生F："小E同学，你的伟大厨师梦很好！先前我还笑话你，说街头巷尾有的是厨师，我向你道歉！通过对厨师职业的探讨，我理解了真正的职业价值，今天的收获很大！"

一个真正的摄影师对生命不应是冷漠的。当摄影师按下快门时，留下的不仅是人像或美景，还融入了自己的思想和情感。在杨老师的"人像摄影"项目中，学生不仅仅是一名"技术玩家"，还是对人生的思索者。面对学生们创作的一张张个性鲜明的"现在的自己"和"未来的自己"，我们忍俊不禁，从中读出了生命的厚度和温度。

假如说，前文的"那些年长辈们的玩具和玩法"项目中刘老师擅长用系列活动，润物无声地让学生逐步体察项目中"你""我""他"的情感变化，学会正确表达和调节自己的情感，那么在本项目中，杨老师则特别懂得抓住关键环节后重锤一击，让意外的"哄笑"带出一场有意义的对话，引导学生对职业和劳动的认知及情感发生了转变。

发展认知和情感，即使对可塑性很强的青少年而言也不是一件可以轻易达成的事，而追求团队协同的过程恰恰是开展社会情感学习的恰当时机。很多时候，在师生之间进行"纠错交流"时，教师与其采取直接说教或训斥，远不如让学生一起思考和开展对话。

项目化学习把培养学生社会与情感能力作为协同学习的目标之一。为了走向团队协同创新，项目化学习无可选择地永远准备面对认知、情感和态度等方面有差异的学生，永远把在过程中积极、自然、有效发展学生社会与情感能力和核心素养放在重要位置。

当上海市进才中学北校李老师将项目主题"我的拿手好戏"改为"我们的拿手好戏"那一刻起，学生间的合作就"起死回生"了。他们互相交流自己的拿手好戏，请愿意学习别人拿手好戏的同学自愿报名；教授者与报名者共同出具教授方案、具体学习计划，并分享"拿手好戏"；最后，师生合作展示拿手好戏——项目成果，并由观众评选出"我最喜欢的拿手好戏"。以下记述的是项目中发生的小插曲，郑同学把自己的"拿手好戏"编程教给同学时的一段稍带曲折的经历。这段经历说明项目过程中发生的挫折是可以转变成自我认知探索的。

一位编程小老师的成长——关注细微表现，关注"转化"

上海市进才中学北校　李霏

在小组创立之初，笔者就格外关注郑同学。他平时在班级里沉默寡言，与他人很少互动，但这次他主动筹划建立了编程组，并担任编程组的"小老师"。可是他第一次亮相展示小组方案时，神情有些局促，声音较轻，而同学们也有些躁动，于是他甚至希望笔者能让他从讲台上下去。

课后，笔者找到郑同学并看了他准备的材料，然后鼓励他："你的计划方案太特别了，各流程居然还画图解释了，这可是班上其他组没想到的！"笔者征得郑同学同意后，在课堂里用电子白板向全班展示了由郑同学精心起草并配图的编程组计划方案，学生们都惊呼他的方案设计太有创意了，全班同学将崇拜的目光投向了郑同学，编程组组员们的脸上也漾出灿烂的笑容。

编程组的第一次小组活动结束后，郑同学在线上班级圈发布了他的活动日志，透露自己上周六本来预约了做眼科手术，但自己心里惦记着给小组讲课，结果与一心听从医嘱的妈妈发生争执。最后，小组活动时间还是推迟了一周。

下一个周六，他在日志里这样写道："终于盼到了这个周六，我一起床就打开电脑，一遍又一遍地看着电子演示文稿。我非常期待待会儿能够教会学员们。然

> 而，一切并未如愿。我上了讲台后打开了我那准备已久的电子演示文稿，认真地讲了起来。可是越往后学员们走神得就越严重，有些人甚至都不听我讲话了。我非常着急，非常疑惑。是不是我的讲义没有趣？我设置的内容太无聊？我边讲边维持纪律，我的耐心也随之减弱。我后来也发现我的教学内容确实有点难，不够清楚，还有错误。回到家后我心想，是否应该买一本关于演讲的书？是否应该再温习一下以前学过的编程知识？"于是，郑同学开始给自己充电，他阅读名人的演讲著作，又回看了以前的编程课。
>
> 终于，在新的项目成果展示课上，郑同学代表小组给大家带来了名为"星愿"的编程展示，赢得了全体同学对他的欢呼和惊叹。展示结束，他抬起头，自信地走下讲台。

青少年是正在快速成长的生命体，他们可塑性强，有多种发展的可能性。为了让每一个成员全方位地发展，在社会与情感素养培养方面，教师所要做的不是"盯死"，而是进行点到为止式激励，即落脚在激活孩子自主发展和自我导向的动力——这是项目化学习中教师重要的育人使命之一。

第二节 欢迎团队自主发展

一个项目就是一片变幻无穷的大海，一支项目队伍共乘一艘船踏浪前进，成员们必须齐心协力应对各种变化——意外的或预料之中的。但他们偏偏并非"水手"出身，大多数人以前不过是不用操心的"船客"，而现在则要扮演各自的专业角色——船长、大副、水手长和普通海员，承担着瞭望、操舵、系缆及养护等工作。于是，实施项目的教师，不得不一面考虑怎样使项目行驶平稳、方向正确，另一方面又不能忘记让全体"船员"——她的学生——在协同"航行"的练历中收获知识、能力和综合素养的提升。

怎样在探究的风浪中发挥协同共生的效应，将"船员"有差异的思想、行为、个性与特长整合成实践中同频的合力，获得项目过程和学生成长的双赢？这是项目实施中最具挑战的任务之一。

根据协同学理论，一个理想的团队中，成员不仅应该分工明确，而且必须认同这个小集体自主发展的方向，从而逐步形成自适应、自发展的态势，使项目取得更大效益。这正好也是项目化学习中合作学习追求的方向。

实践证明,在项目化学习中,团队的自适应、自组织和自创造的实现有两种可能:

一是受控条件下的自组织(自上而下)。教师作为项目团队中的一员,要先与学生建立相互信赖的基础,之后恰当地运用支架(引导问题、评价工具和其他学习支架),增强团队对探究成果和探究过程的了解,不断把外环境的需求转换为可推动组织发展的信息;同时,通过个别化帮助和指导,激活从个别到更多成员的自主行为,而后影响整个团队,推动团队经历各种性状的无序和不适应过程,最后走向集体自主有序的发展。

二是自发形成自组织(自下而上)。学生认为自己小组获得教师的充分信任,或者团队成员对将创建的探究成果有强烈的渴望和"争口气"的决心。当然,以上两者兼有则更佳。在项目启动后,一旦由于与教师联系暂停或其他种种原因而导致团队一时陷入无序状态,这时,很可能会有责任心和集体荣誉感很强的个别学生挺身而出,主动挑起管理担子,带动团队共同面对困境,最终扭转局面,进而同样形成集体自主、有序发展的态势。

以上两种走向在项目化学习的实践中并不是绝对平行的,多数是时分时合、交错发展的。上海市洛川学校杨老师在一个小学道德与法治项目的实施过程中,就遇上了团队"自适应"。这个项目对学生的挑战在于必须全部在线上共同创作并拍摄戏剧。

又是完全在线学习,又是因故呼叫不到组长——这个戏剧项目中,某一小组一时到了"生死存亡"的关头。网上交流给项目实施带来了很多不确定性,也造成了一定程度的混乱,但随后这个小组不仅存活了下来,而且在适应环境的变化中发展了自己。

组长"消失"之后——鼓励小组"自适应"

上海市洛川学校　杨洁

在项目实施过程中,一个小组在线上交流方面遇到了意料之外的事情——组长因个人临时遇上特殊情况而联系不上,导致小组任务完成不了,探究活动无法继续进行。笔者在线上群里呼叫:"第三组组长在吗?第三组的讨论稿在哪里?第三组还有人没交任务单?"

第三组组员李同学着急了:"这种情况怎么办?总不能让我们组落后呀!"他马上与其他同学逐个线上私聊询问,然后整理完成小组讨论稿。另一个组员胡同学见状,也在线上群里催促,并主动担下了领导剧本创作的任务。小组工作陆续恢复正常,完成了隔空编演和拍摄视频的任务。

剧本排练时,同组王同学的视频成为了示范,李同学等三个"编外组长"所

> 取得的进展同样得到了笔者的称赞,这也"唤醒"了第三组的"正宗组长"——大伙儿在线上排练时他出现了。胡同学给了组长一个"儿子"的角色,还跟笔者说:"我们是一个组的成员,虽然前面他没有参与我们组的活动,但我们不能抛下他。"
>
> 接下来,"编外组长"胡同学组织成员一起进行线上排练。
>
> "王同学,你的角色是妈妈,服装不能穿成小孩子的样子。"
>
> "你对儿子说话很着急的,要记住是妈妈说话。"
>
> "同学们,台词一定要背熟,表演才能进入角色。"
>
> "老师,能否请信息技术老师在视频合成技术方面指导我们一下。"
>
> "我的旁白老是说不好,怎么办啊?"
>
> 在一个个"编外组长"的带领下,第三组成员共同出色地完成了项目任务。

这或许是一个很极端的故事:在线开展项目的情况下,小组的"头儿"失联了——这艘"小船"几乎要立即翻了,然后奇迹出现了,有小组其他成员站出来了,而且在这名同学的影响下,小组居然出色地完成了任务。

从上述案例可以读出:各种变化会给项目实践带来不确定性,但是不确定性很可能转化成一股正激励力量。在项目发生波动的情况下,某些因素——集体荣誉感、对项目成果的兴趣及良好的师生关系等,会让部分同学超越自己的角色脱颖而出,成为集体行动的先行者和担当者,进而唤起集体上进的信念,汇聚集体智慧和能动性,最后使项目成果增效。

在项目实践中,合作分工本是不错的开端,但如果角色分配变成僵化的"各自为政",就很可能使团队出现内部个体激烈竞争的消耗战,或者上演集体躺平,即一味地等待教师指令,不敢越出雷池半步。

因此,分工后是否能走向协同共生、集体自主发展的阶段是有一定条件的。上述案例中的杨老师是有丰富学生工作经历的教师,她发现:"当我不过多干预学生们的讨论且鼓励他们踊跃发表自己看法时,我发现他们的想法更具创意。为了呵护他们萌发的新奇想法和学习热情,我尤其注意自己发表意见的分寸和方式。"杨老师这种信任、包容的态度给了学生身处安全、自由、轻松的学习环境的感觉,他们也会更信任教师,进而凝成合力,走上集体自适应、自发展的协同学习之路,最终出色地完成项目任务。

也许有人会说,他这里不大可能发生组长暂时消失或失联的事件。是的,但在大概率会出现不确定性问题的项目实践中,管控好意外事件,把握团队协同发展的机遇往往成为多数教师的重要任务。在项目一开始,通过任务驱动和小组契约运作,团队拥有了共同的学习目标和明确的分工，但伴随着项目的不断推进，很可能会出现成员之间产生见解分歧、步调不一致，甚至出现团队内部对立、项目发展停滞。教师这时不妨将自己的角色定位为团队合作的促进者，而不是内部矛盾的裁判员。教师须避免简单、粗暴地夺过话语权或要回指挥权的做法，而是应引导学生在平等和民主的氛围中开展对话解决团队矛盾，让每个同学贡献自己的好主意、好经验，共同帮助项目团队走出困境，重归正途。具体的方法如下：

- 与学生共同分享相关信息，把问题放到台面上。
- 以达成共识为目标，共识就是力量。
- 鼓励各抒己见，陈述理由。
- 把下一步的实施选择权交给学生集体决定。

从另一个角度来看，教师应做的就是让学生集体参与解决项目内外事务的过程，释放集体智慧和力量，学会沟通、分享、倾听和评价等合作技能，推动团队从合作走向协同自主发展。

在下面的案例中，由上海上外静安外国语中学王老师和游老师带领的"静中电视台Pilot Show"项目组，反思了已完成的第一期校园电视台英语节目制作中出现的诸多合作问题：虽然大家雄心勃勃，但是新的项目团队还是遇到了自身能力跟不上、合作沟通不畅、工作进度延误等问题。随后王老师和游老师聚集众人智慧，打破僵局，建立新的秩序，使项目的迭代发展与学生的成长同步，团队也从指望教师"救急"变成"自救"。

计划赶不上变化——引导学生团队逐步适应项目

上海上外静安外国语中学　王洁　游翔

学生们的学习日志中有以下记录。

李同学："在前期的电视节目制作过程中，由于第一次接触如此专业的工作，我们组的想法很多，但是也有些不知所措。这时，团队中几名同学主动提出可以找'救兵'。让我吃惊的是，他们找来了专业的独立媒体人和平面摄影师。他们是从哪里搬来了如此强大的'救兵'？原来，这些救兵是他们的亲朋好友。有了更多操作性的方法和建议后，项目团队的工作得以继续开展。"

刘同学："我们组有一个六年级的新成员，他刚开始写分镜头稿子的时候怎么写都不对，因而觉得自己不能胜任这份工作，显得很沮丧。我们就一起想办法帮助他，起初我们直接跟他讲应该怎么写，但是后来发现，不如给他一篇我们之前写过的分镜头脚本和大纲，让他自己比较着去摸索出写作的方法，他也就慢慢地熟悉了我们的工作流程。"

刘同学："我们每个组都有一份工作计划表。这也是基于第一期的经验——因为没有项目进度计划表，同学们工作总会拖。所以这学期老师在我们的线上工作群里发了一个可以多人编辑的文档，让我们各组制订进度计划表。"

曲同学："其实在这个过程中，老师（只）负责协调一下我们之间的工作，解决我们之间的问题，提醒我们的工作进度，定期组织例会促进我们各小组之间的交流和分享，还会邀请一些专业人士帮助我们解决技术难题。其他包括从选题到节目的编排，几乎所有的工作都是放手交给我们自己去做的。"

袁同学："我们一般是利用社团活动课和周末的时间，再加上课后服务时间来讨论问题、制作节目的。在使用了项目进度计划表之后，我们对于工作时间有了预先的规划，明确了时间节点，感觉没有之前那么忙乱了。"

王同学："但是，有些事情就是计划赶不上变化。比如说，我们要去做各个班级英语舞台的花絮剪辑，有些班级的素材交得比较晚，这就会影响我们的整体工期。所以我们现在一般会做一个备选方案，遇到这样的情况，我们就会及时调整工作进度，保证能够在大的时间段内完成工作。

"静中电视台 Pilot Show"项目就这样在众人的"救护"下完成了高质量的成果创作。从中可见：在项目化学习中，教师应该走下讲台，成为学生问题解决的支持者。正如两位老师自己的总结："教师应该清醒地认识到，项目化学习实施时，自己不可能是万能的超人，学生面临的问题很可能正位于教师的盲区。所以教师不仅是支持者和培养者，也应该是与学生一起探求解决方案的学习者。"

教师要相信，学生在一定的引导和激励下，会表现出非常聪明的一面。他们知道如何找到需要的东西，并在学习中取得令人震惊的成果。尤其是在知道自己要去哪里的时候，他们就会找到通向未来的路。

下面的案例是关于一个小学道德与法治学科项目"我们的新班规设计"的。在"如何制订一个符合班级实际情况并切实可行的新班规，让我班上新台阶？"问题驱动下，上海市周浦实验学校四（1）班的学生别出心裁地提出设立班级的"问题板"，把各组发现班级存在的问题，张贴在上面。顾老师欣然同意学生们的创新建议，还跟学校协调，为学生准备制作"问题板"的材料。同时，顾老师细心地记录下班集体自组织、自管理和自发展的过程。

> ### 一块"问题板"的效应——怎样唤起班级的凝聚力
> #### 上海市周浦实验学校　顾佳薇
>
> "问题板"自然不能成为摆设。为了让全班同学积极、持久地参与项目，从"问题板"的构想到日常管理，都由学生们民主协商完成。他们一起观察班级中不文明、不和谐的现象及行为；各小组每天轮流值班，选择一个当天最突出的问题张贴于"问题板"上，并挑选一个当天提的最有价值的问题予以小红花贴纸奖励；他们自觉维护"问题板"，好几次板上的纸条掉了后，他们都主动捡起来用胶水粘上；他们梳理并归纳贴上的问题，特别针对小红花贴纸多的问题。
>
> 民主管理是这个项目的特色。例如：民主设计、管理问题板，民主讨论班级问题、张贴小红花、民主分享以及制订班级班规，皆贯穿于整个项目的全部环节。
>
> 记得有一次学生主动在课前来找笔者，跟笔者说："班上有同学可能会不爱护问题板，我们需要写一写管理要求。"于是班上学生一起总结制订了管理方案，还齐声承诺会做到。还有一次，各小组在商量当天贴什么问题时发现，好几个组都提了2~3个问题，那选择哪个问题呢？笔者发现有个小组长很机智，他提议采用举手投票的方式来表决，这个提议也得到各小组的认同。
>
> 班级还举行了新班规讨论"圆桌会议"，每个人自由平等地发表自己的意见，集中智慧，进而形成新班规初稿。最终，形成了书面的新班规，并举办了新班规的发布会。

一个优秀的班集体需要规则来自我约束和监督。民主制订班规不仅有利于学生形成规则意识，还利于培养学生的民主意识、责任意识。顾老师说："现在班级的学生因为项目化学习更加喜欢道法课了，他们总是问我，'老师，今天我们是不是继续进行项目化学习？'，他们已经深深感受到项目化学习的魅力！"

上述案例还说明项目化学习的吸引力也可以是来自建立班规这样严肃的主题的。也许根据惯例，项目教师只需要组织一次讨论，引导学生先列出班级问题，然后列举解决办法，最后制订班规。这么做看似简单明了、节约时间，但如此仓促地摆问题、提建议、定方案，能发现多少真实问题，能解决多少真实问题？

对该类项目的教师来说，首先应寻求的是怎样让发现和解决班级问题的过程变成促进学生知行合一、健康向上的高质量对话体验。顾老师就不愿意看到一边是正襟危坐的高谈阔论，另一边却是频发的班级问题。那怎样让班级问题的查找变成集体发自内心的自觉需求？怎样让这个德育项目真正成为班集体协同进步的台阶？为班级问题设立的"问题板"——这种可视化的书面对话方式，让这个制订班规的项目真正吸引了全班的眼球。"问题板"为项目展现了一个自然进程：班级问题的出现总是多方位、时间不一、程度不一的，而"问题板"让即时生成的问题即时披露，大大增强了共同解决班级问题的集体愿望。就这样，"问题板"这个原本学生自发提出的小道具，最终成为推进集体自我教育、自我发展的载体。

在用问题和评价引导团队探究时，就地取材，秀一秀本项目中小组合作的成果也不失为活用范例。本项目中自产的范例往往真实、鲜活、贴心，而且贴近实际，可操作性强。这样的范例不仅能帮学生领会问题的解决办法，还能让学生领悟小组协同的力量。

在顾老师的另一个项目"我是周实'小代表'"中，"第二组"就是一个范例，一个榜样。榜样的力量是无穷的，顾老师树立的榜样"第二组"还真是不同凡响：各组都设计了问卷，其中第二组不仅为低年级学生定制调查问卷和调查方法，还在采访结束后总结出了一年级和二年级学生的不同特点（"前者更爱分享，后者很诚实"）。顾老师也知道各组有差异，好比清楚五个手指有长短，但由她树为榜样的第二组确实表现出了同理心、缜密和敏锐的思维、独到的方式，以及把本集体的独特做法与大家分享的开放与坦诚。第二组的这些闪光点被顾老师捕捉到并着力推广，因为第二组显然体现了创造性活动中的主动精神和集体主义精神。

成为榜样的第二组——树立合作的样板
上海市周浦实验学校　顾佳薇

项目中，一直是榜样且给大家留下深刻印象的是第二组。他们采访的对象是一、二年级的小学生。第二组的问卷初稿不仅格式规范，而且问卷上标注了拼音，问题序号上也画了图案。另外，考虑到低年级的小学生独立回答问卷可能会有困难，第二组还改了采访的形式。他们组分工明确，组员们积极主动，效率特别高。

第二组在几次活动中一直表现得比较突出。他们完成采访后，第一时间制作了一张思维导图，来总结这次采访的情况。而且通过对一、二年级的学生采访，他们不仅获得了自己想了解的信息，还发现了一年级学生和二年级学生的差别。例如：一年级学生非常爱分享，会提出很多建议；二年级学生非常诚实，会老实地交代自己有过乱扔纸屑的行为。

有人说，小组产生有效的协同学习推动了探究活动。也有人说，是探究的需要唤醒了小组的合作。这两种说法正好体现了一种共识——探究与合作是互为基础，互相促进的。另有人说，合作应该是孩子们的天性，大多数学生不都喜欢扎堆么？但实际上合作的交互毕竟不同于扎堆，也并不等同于分工。那在项目实施中，怎样引导学生团队成为名副其实的"学习共同体"？怎样让小组解决问题的过程变成团队自觉发展的过程？这些正是一线教师在项目化学习实践中要探索的课题。

同样是道德与法治学科项目，再来看看上海民办浦东交中初级中学的谢老师是如何以中学生"成长中的我"为原点，以真实生活为基础，在连续多个项目推进中，发扬团队在"编好剧、演好戏"中的协同作用，促进学生集体的成长的。

上海民办浦东交中初级中学的学生，在一个学年中将合作参与多个道德与法治学科的教育戏剧项目。他们以教材内容为基础，结合真实生活和社会现状的各种问题，创作自己的剧目。在项目实施前，谢老师向学生公布戏剧项目实施的评价方案。此外，学校容许以戏剧项目的表现性评价替代纸笔考试。相关评价主要包括：

过程性评价——小组长责任制的小组评价，总结性评价——将学生小组的参与成果表现纳入学期学习成绩评价。

具体而言，第一学期戏剧项目评价包括3个方面：

- 学习态度评价。
- 小组作业评价：编剧、表演、角色任务，有收获有提高。
- 教育戏剧展演占综合评价的60%，一学期小组在学校展演两次，每次占学期总评的30%。

第二学期线上教学期间，评价进一步完善：

- 明确奖惩制度：在小组长领导下个人考核与团队考核挂钩。
- 榜样示范引领，激发团队凝聚力和荣誉感。

谢老师用项目化学习的表现性评价替代纸笔考试的创新做法，激起了学生们更大的参与积极性，但评价中关于小组合作的指标却给他们带来不小的挑战。一起从交中七年级四班第三小组组长的反思日志中一探究竟吧。

小组怎样走向自发展？——逐步生成自省和自我调整的内在要求

上海市民办浦东交中初级中学　七（4）班学生（项目老师谢连琴）

反思日志之一：首个项目就冒出火药味

刚开始我（第三小组组长，下同）还十分困惑，毕竟我从未学习过如何当项目组组长，也没有人告诉我该如何管理一个团队。对于第一个项目主题"熊孩子的转变"，我们组实施的剧目是《钢琴的冤家》。很快，选角冒出了火药味，经常发生几名同学竞争同一个角色的情况。本来我希望大家可以在空闲时来帮我想想办法，例如应该如何编剧，或商量谁适合演什么角色，但大家看起来都有点儿不在乎的样子。怎么办？表演迫在眉睫，只能让大家各自背稿排练。

第一次表演效果很一般，我心里暗暗自责。谢老师提醒我利用好小组评价机制，以民主推选和评价结合的方式来试试。最难达成一致的便是剧情设定的问题。A组员认为要把剧中人物小花的性格特点通过第一幕来刻画，这样角色更加生动形象。而B组员则认为重点在第二幕，应该把第一幕略写。我们通过讨论协商，中和了两人的建议。此外，校外指导老师（学校特聘）对剧情设定的合理性和一些细节提出了改进建议。

反思日志之二：第二个项目中，信任和默契在发展

第二个"不做垃圾人"项目，我们开会讨论确定每个人的任务。同时线上建立小组工作群，使彼此的联系方便及时。我们使用礼貌且中肯的语气，且在完成一个任务后的间歇时间我会给予组员鼓励，夸赞他们的效率。逐渐，小组内的合作氛围大大改善。

在我们小组的剧目《冲撞孕妇》中，我主动包揽了编剧和主演两个角色的任务，却不承想这有多艰难。剧本被指导教师一次次地退回来修改，演技和角色感情表现也得一遍遍琢磨。我希望能展现小组更好的一面。令人高兴的是，有更多同学主动参加到剧本讨论研究中。李同学帮忙修改整理剧本；许同学到后台去搬道具，开关灯，读旁白；赵同学提供一些必备的道具……

为了在舞台上呈现更完美的效果，组员们还手工制作了许多道具。一到课间，演员们就凑在一起研读剧本，对台词，分析人物特点、心理活动等。这时也会有意见不一的情况，但大家都会理智地分析，讨论出最佳方案，甚至直到上台的前1秒，我们还在讨论如何完善场景的布置摆放。

由第一个项目初期阶段的无序、被动变为如今小组合作下的有序和主动,项目任务得以有效完成。我们小组的成员互相信任和默契的氛围也越来越浓厚了。

反思日志之三:再探小组管理——学习任务分割和时间节点把握

"破冰"成功,让我进一步思考管理的效率问题。在排练中我发现,要让别人配合说"是"的前提是自己要能高效、恰当地分配任务。畏难之心人皆有之,但是如果我们可以把一个大大的任务分割成几个小而简短的任务,并做好衔接,那么任务执行起来就会很快。例如在"培养集体观念"项目中,我们组从"如何建设一个优秀的集体"入手,老师布置任务的当天我就开小组会,细化任务并精确到时间的安排。

当晚10点,电子演示文稿初稿就已经提交。在分析"小集体的发展1+1>2"这个问题时,组员选了几个案例素材,最后决定用"马克思和恩格斯之间的伟大友谊"这个具有历史意义的案例。但找到的资料文稿足有5页之多,怎样把这么详细的材料精简化,为我们的项目服务?这是在考验组员的责任心、主动性和综合能力。我把任务交给了平时有点调皮但善于做电子演示文稿的刘同学,结果第二天就收到他改好的电子演示文稿,令我们赞叹不已!

刘同学表示,自己反复阅读全部材料并划重点,又深入理解项目,研究中心要求,经过几次修改自己才满意。完成时,已经是凌晨了。虽然很累,但他很有收获,因为学会了归纳、总结和概括。

显然,主动担当、互相激励的氛围能使每一位成员更加乐于奉献,让整个团队拧成一股绳。在这个阶段,我能明显看到自己和组员们的蜕变。原先内向,不愿与人交流的同学开始逐渐摆脱紧张情绪,积极表达自我;曾经调皮、喜欢"浑水摸鱼"的同学,也开始愿意为了自己、为了团队精益求精,认真负责起来;同学们体会到了合作的魅力,变得自信、包容、有共情力,对事物也有了更深刻的理解;而我,作为第三组的组长,从中学会了如何领导一个团队,同时我的团队变得能够自主发展了。

反思日志之四:寻求自发展之路

一路相互陪伴,走到第四个项目"法治于我们的作用"之际,我对小组和协作中存在的问题进行梳理和反思,对症下药解决问题。我开始通过观察发现问题,研究每个组员的特长,希望能根据每个组员的长处和短处给到他最适合、最

> 愿意做的任务，发挥每个组员的价值。
>
> 随着团队自主、有序、有效合作的深入，同学们不仅在合作学习、自主管理上，还在学习兴趣、研究能力和交往能力等综合能力，以及社会责任感等多方面都有出乎意料的提高和收获。例如，肖同学关注2022年在北方发生的一起打人事件后，认真研究每个参与者的行为，自主学习相关法律法规，主动撰写了约1200字的相关嫌疑人模拟判决书。
>
> 随着合作的深入，我们小组成员之间的信任和默契更深，也让我们品尝了共同努力所结出的劳动果实。我们还思考，怎样把我们第三组创造成为一个自发展的小组，经讨论我们总结形成了如下建议：
>
> ① 制订小组的共同奋斗目标和每一个组员的个人前进目标，取长补短地综合发挥小组成员的优势，以帮助小组及组员在一个阶段内均有所提高。
>
> ② 建立有合作有竞争的机制，要有具体的奖惩条例。
>
> ③ 一定要开好小组会议，做好充分的准备。做到有效明确的任务分工，监督组员完成各项任务的情况。如要保证有质量的小组讨论，就必须有足够的讨论时间以实现互动和打破心理隔阂。
>
> ④ 定期不定期召开班级的组长管理经验交流会，共同商讨办法，共享经验。

以上摘录的学生反思片段，展现了一个学生集体在合作探究戏剧创演的过程中，从松散、无序到自我调节、协调改善的成长过程。教师都希望看到学生集体能够尽快进入自组织自发展的快速通道，但是，这不太可能是仅仅通过一次活动、一个项目即能实现的。我们看到，在项目自主、民主的学生实践中，那些大概率会发生的矛盾和挫折却每每能给学生们认识自己、接纳他人的机会，能给学生之间的互动和真诚对话带来最真实的需求和动力。当学生们感到自己的所思所做对这个集体、对项目有重要的责任时，他们会生成自省和自我调整的内在要求，并逐渐成熟。谢老师也在教学总结反思中说："课堂上悄悄地发生了一个很大的变化——项目刚开始时组长们大包大揽，但到第三、第四个项目时，组员个个角色明确，任务流程清晰，组长们则退到幕后指挥若定。"

教师应该怎样推动学生团队的协同探究？谢老师的评价管理有不少值得学习的地方，尤其是过程评价中的小组长责任制，以及她以戏剧项目中的真实表现来评估学生道法课程核心素养的达成度，并将其纳入学期成绩的尝试，最终成为学生团队协同进步的指针。当然，项目化学习中的协同并不仅仅限于学生小组内，也可以是学生小组之间，或教师作为团队中的一员参与学生小组的协同学习，以形成项目探究的师生协同关系。

以上实例都证明，学生集体在项目化学习实施中有可能走向自组织自发展。同时也说明，集体从分工合作走向协同进步是一个不会太短、太简单的过程，在这个过程中，教师的作用至关重要，师生之间可以通过有质量的对话来促进集体主动发展：

- 对话前和对话中，教师都应该与学生建立良好的合作关系，倾听和理解学生的意见和想法，鼓励学生发表自己的观点，提高个人和集体的参与度和主动性。
- 教师提出好的驱动问题和问题链是启发学生发散思维和聚敛思维，帮助学生自动理清思路，并提出自己的问题和解决方案的办法。教师应利用问题提升对话的质量，而非向学生提供答案或结论以换取他们的倾听，这样才能使学生个人和集体都可以带着问题与教师保持一段"思考的距离"。
- 用评价或口头语言对团队整体表现作出激励和赞赏，这么做有利于增强集体荣誉感、自信心，以及集体之间相互学习的主动性和积极性。
- 始终表明重视集体在过程中的任务和最终集体成果的完成程度，这样有利于提高学生对集体的担当和责任感。
- 引导学生在项目全过程开展反思和总结性对话，促进学生个人和集体的自我发展，提高他们终身学习的能力。
- 教师也应该注重自身素养和专业能力的提高，为学生集体的成长提供更好的学习环境和支持。

第三章
拥抱每一名学生的成长转化

我们寄予项目化学习实践的希望，绝不是仅仅让学生完成外显的"产品"，而是希望学生在项目化学习实践中获得知识、能力和核心素养方面的成长转化，尤其是学生创新实践素养的成长——这具体表现在对知识的深度理解和对自我的深度认识。

项目化学习促进学生成长转化的过程概括说来就是：以问题解决为导向、以实践为基础、以经验为特征，在创造性活动中，探究并建构新知，挑战自我，培养学生的创新思维和团队合作精神，发展学生的社会与情感能力。

项目化学习实践符合人的素养养成规律。项目实践犹如云梯攀登：如果说项目的探究和协同是梯子的两根长杆，那么反思与创新就是长杆中间交替出现的横杆。在项目实践中，个体在反思中自我发现和逐渐成熟，找到一条使自己快乐而又有创造意义的、通往未来的道路。为此，教师应该创造一个安全、协作、有助于学生成长的教育环境。在这个环境中，学生的独立思维得到尊重，学生的学习兴趣被保护，学生各项活动的表现、任务完成和最后的学习成果展示会有及时的反馈和肯定。学生以深度反思来积淀关于客观世界和自身的理解，为开启新的行动和未来就业做好准备，实现在学生阶段对人生最有价值的核心素养的发展。

第一节 巧用过程评价

项目评价不仅是对学生素养成长的测量，也能成为激励学生学习的动力。项目化学习中，过程性评价在指示核心素养发展方面发挥了路标般的影响力，是帮助学生专注学习目标、自觉规范学习行为的最重要的项目工具之一。在项目实施中，教师通过形成性评价的评估和反馈来改善教与学，促进学生核心素养的发展，这也是大多数人的共识。但在实践过程中，我们却发现评价这一重要工具有时没有被恰当应用，或者被放在"空挡"——不评或走过场。也有另一极端的情况出现，即评价被滥用，实践过程中处处是评价量规，而且偏执于对知识与技能评价，造成学生心中对评价产生误解。

在不同类别项目的不同阶段和活动中，教师往往采取不同的评价方式以保证评价的客观公正，比如：采用提问、讨论、支架（日志、学习单、实验报告）评价法或评价量表，以评估学生的思维能力、分析能力、表达能力和实践能力等。无论采用什么方式都不能忘记项目评价设计的核心——考核学生的核心素养，而不是将设计与实施看成"两张皮"，在实施评价时仅仅关注学生的学科知识水平。

有关项目化学习的著作《PBL项目制学习》指出："敬业且有见识的教师从介绍项目的那一刻起，就在不停地评估，直到进入下一个项目。"*成功的项目必定由不间断的成功的评价作支撑，一旦评价缺失或走过场，那么受损害的不仅是项目任务本身，还包括项目的育人功能。好的过程性评价要容易被学生接受并取得实效，就要明确评价意义——其目的：筛选—激励—自我引导；其指标：单一的知识—思维—素养；其方法：教师评—学生互评和自评。

上海市浦东新区南码头小学的乔老师认为："评价是项目化学习的半壁江山。"这个"半壁江山"不是说说而已，是动真格实做出来的。在乔老师的"'疫'起养心——探索中医药文化"项目实施过程中，除了项目启动时使用的个人能力优势调查表和KWL工具表，还有许多其他类型的评价工具，如小组活动时的会议记录、视频投票、小组互评及作品评价量规。多样化的评价工具贯穿整个项目的实践过程。学生在评价工具的指引下学会合作，学会学习；在有计划地推进项目的过程中，不断反思，不断成长。

乔老师在教学反思中感悟："由于教与学的双方都是'新手玩家'，所以在实施过程中，项目的计划也在不断进行微调，而学习本就不是一件线性发展的、可以预测的事，不是吗？"如果说项目实践中"计划跟不上变化"是确定会发生的事，那么评价的应用和对评价工具的调整和改善，则成为项目过程中坚持方向、把握胜券的"最确定的工作"。看看乔老师是怎样让评价贯穿项目的。

---

* 《PBL项目制学习》，[美]苏西·博斯、[美]简·克劳斯著，来赟译，中国纺织出版社有限公司，第106页，2021年10月。

评价是项目的"半壁江山"——评价是怎样贯通项目的

上海市浦东新区南码头小学　乔书玄

项目准备与启动阶段

教师下发个人能力优势自评表、KWL表开展学情调查,帮助学生对自己的能力优势及学习倾向进行自我评估。之后,借助"问卷网"等技术平台的数据处理功能进行问卷结果的收集和统计,方便老师帮助学生合理分组。

启动课时出示引领项目成果的"'疫'起养心视频评价量规",通过小组讨论和修订,激发学生学习兴趣和主动性,明确项目目标与评价。

探究与协同阶段

每次布置下阶段任务时,出示并讲解相应的评价工具/方法。如要求组内轮流进行小组会议记录,在学生交流项目进度的同时反复强调评价量规,提醒学生做合适的准备。

将小组讨论、汇报与总结纳入评价。教师根据"小组合作展示评价表",通过问题提示全班,如"汇报视频应该有哪些组成部分",进而强化学生对项目要求的认知。

教师应不断寻找更适用的技术工具来增强学生参与评价的兴趣,提升评价效率。如笔者找到了一个移动端线上小程序——"投票小助手"。这个小程序不仅能实现长视频的展示,提供投票竞争的平台,还能对某一组的视频进行送礼物(免费礼物)、发弹幕交流等操作,从而进一步帮助学生之间的交流互动,使合作与竞争并存,赞赏与批评同在,学生的想法在这些线上平台的帮助下碰撞出火花,学习的氛围愈加浓厚。

成果展示与反思阶段

学生使用在线平台并依据"'疫'起养心视频评价量规",对各小组的项目成果进行评价,并由观众通过线上小程序进行投票,评选出最受欢迎作品。教师汇总各小组互评的投票结果,对优秀作品和优秀小组进行表彰。学生互相点评加自我评价,总结项目优缺点,反思本组与自己在项目实践中的成长。

乔老师重视利用好数据进行有效的评价反馈。她特地设置了一对一沟通的环节,并通过个性化报告的出示与学生进行交流——表扬进步,指明缺点,给出建议,鼓励进步。通过这样客观有效的评价与反馈,学生的小组配合情况有了质的提升。

在人工智能技术快速发展的时代背景下，教师更需要激发并保持学生的学习热情，不断引发他们的好奇心和想象力，在项目动态过程中引导他们对工作和对自己的反思——让学生在动态实践中发现问题、自我改善，这也是对教师的新挑战。

在实际实施评价时，一旦评价工具设计不接地气，评价实践就可能面临意料之外的问题。这时，许多教师在应用评价工具时很有灵活性。她们开放、民主，请学生一起来补充、调整评价量规，让调整以后的评价量规在学生眼里变得亲切又熟悉——评价从教师自上而下的"命令"变成学生自己制订的"行动纲领"。上海市闵行区梅陇中学张老师的做法就很有代表性，下述案例表明，教材中的评价表也是可以被评论的，讨论评价量规的活动使学生能更好地把握项目目标和自己工作的方向。

在张老师的"WELCOME TO OUR OPEN DAY"项目中，学生要为迎接英国圣保罗中学学生的游学访问而策划、组织一场校园开放日活动。在讨论活动方案时，学生对活动安排的合理性发生了争论。课堂上，张老师组织学生讨论课文中的评价表，并根据评价表在小组内相互点评。灵活地运用教材中的这份评价表成为这节课的亮点和成功的关键。正如张老师所说："真正的教学不再是教师带着教材走向学生，也不是教师带着学生走向教材，而是学生带着教材走向生活。"

评论教材里的评价表——学会用评价帮助自己学习
上海市闵行区梅陇中学　张萍萍

学生小组经历了"走进梅陇中学"和"初步策划校园开放日"两个活动，他们提交给笔者的初稿形式多样，颇具创新精神。接下来，笔者将带领学生复习课本中活动设计的3个基本要素：活动名称、时间和地点。

当评价场所的选择是否合理时，有学生提出疑问："课本中，家长和老师在音乐厅喝茶吃蛋糕是不合理的，因为音乐教室会摆放很多乐器，家长们一不小心就可能把蛋糕或茶水撒到乐器上。建议更换到专门的茶室。"但也有同学认为这一选择是合理的，他们表示，这样家长的心情会更加愉悦。此外，在对时间的安排上，有学生认为：第一项活动"参观教室"只有15分钟，太少了，家长们肯定想多方面了解学生在班级的各种表现，如看看他们的作业本或班级布置。

学生的回答完全超出笔者的想象，他们能对课本中的设计提出疑问并给出合理的解释，巧用批判性思维并跳出书本是非常难能可贵的。

随后，笔者出示了课文中的一张评价表（见表2-2），让学生从三个方面来评价课本中 ROSE GARDEN SCHOOL 学生为校园开放日设计的活动，从而帮助他们更好地理解这张活动设计评价表。

表2-2

校园开放日活动设计评价（修改前）

	Checklist	Yes/No
Activity	1. Hold regular activities to introduce school.	
	2. Hold special activities to show feature.	
	3. Arrange activities in a reasonable order.	
Place	4. Choose a suitable place for each activity.	
	5. Mark the location of each place.	
	6. Try not to make students go up and down several times.	
Time	7. Leave proper time for each activity.	
	8. Show when the activity start and finish.	

之后，笔者将课堂交给学生，由各小组来展示和评价他们初步设计的校园开放日活动方案。各小组展示结束后，笔者引导学生思考：在评价中大多数小组没有做到的指标是否有必要保留？笔者帮助学生归纳评价表中共性、特性、合理性、人文性及语言准确性5个评价指标所对应的关键内容，鼓励学生结合自己的活动设计进行讨论、补充和调整。

根据调整后的活动评价表（见表2-3），笔者引导学生思考和讨论：初稿设计在哪些方面欠考虑呢？在设计中还可以添加哪些元素？如在人文性方面除了老师所列举的3个点，还可以有什么？

关于"特性"，除了活动要体现学校特色外，学生们想到还要体现中华优秀传统文化，因为开放日对象是外国的中学生；至于"活动"，很多小组都提到了包饺子、吹竹笛及沏茶品茶的活动。

为了在后期的作品设计修改中能融入更多体现中华优秀传统文化的活动，笔者通过图片资料展示了一些学生尚不知道的学校特色活动，例如：冬季有做易筋经的活动，在小花园的百草园里种植了很多国内常见的中草药。另外，还适时给予学生一定的语言表达方面的帮助。

小组再次深入讨论。从5个方面，尤其是原活动方案方面和评价方面继续给出修改意见。

表 2-3

校园开放日活动设计评价（修改后）

	Checklist	Yes/No
Regularity	1. Hold some regular activities to introduce school.	
Speciality	2. Hold some special activities to show school feature.	
Reasonability	3. Arrange activities in a reasonable order.	
	4. Choose a suitable place for each activity.	
	5. Leave proper time for each activity.	
Humanity	6. Mark the location of each place.	
	7. Try not to make students go up and down several times.	
	8. Show when the activity start and finish.	
Accuracy	9. Make sure there are fewer mistakes in grammar, words and phrases used in written programmer.	
	10. Have fluent and natural expression in English.	

张老师对教材中评价工具的合理利用，体现了教师对教材创造性再设计的必要性。近年来，各学科教材在更新发展中逐步吸收了许多有利于课堂改革的新元素。除了上文出现的评价量表外，有些教科书增加了很接地气的生活应用情境，还有些教科书在每个单元里增加了"实践活动"，等等。这些改编体现了对在学科教学实践中发展学生核心素养的关切，也有利于在学科教学实践中更好地开展新课程标准提倡的项目化学习。

我们相信，实行项目教学的老师一定会领悟教科书用意，但希望他们进行单元化的再设计和实施时不要简单地照搬，而是要像张老师那样，把再设计内容融合到项目化学习的探究过程中，使它们真正成为激发学生主动学习、自我评价，有意义、有价值、有生命力的学习资源。

上述案例是对权威的课文评价表作讨论和补充，而在教学实践中，教师自己设计的、貌似非常贴切、周全的活动也可能遭遇意外。届时，教师应该怎样坦然面对？在上海市静安区市北初级中学北校张老师的"今天我来做法官"项目的实施过程中，就出现了"混沌"现象。张老师当机立断（教师预设的评价量规必须根据实时的学情作出改变），在与学生的对话中调整评价量规，并重新编写案例。意外的问题由此成为一场挑战，激起学生更深入参与的积极性。

当发现预设中的评价量规"缺失"——借机重塑评价量规
上海市静安区市北初级中学北校　张燕妮

选择一个有探究价值的法律案例是本项目的关键。一开始，为了节省时间，笔者直接给学生出示了一份自己制作的"法律案例选择的评价量规"，目的是为学生选择法律案例提供一个正确的导向。

拿到量规后，各小组都非常认真地从笔者先前提供给他们的官方网站上，下载了一个自己比较感兴趣的法律案例。但笔者在评选阶段却发现，这些案例中竟然没有一个能够同时满足"法律案例选择的评价量规"中的要求。

学生们也纷纷提出了自己的看法："出于对未成年人的特殊保护，即使在官网上也很难寻找到与未成年人受到侵害相关的真实法律案例。""我搜到的关于未成年人受到侵害的法律案例，更多的是父母虐待子女或者是幼童遭到性侵的，这类案例本身的社会影响就不好，而且没有特别大的探究价值和教育意义。"……

看到学生针对法律案例的选择有这么多自己的看法，笔者感到既惊喜又懊悔——项目化学习一直强调要以学生为中心，充分发挥学生的主动性，从学生的真实学情中来，也要到学生的真实生活中去，而自己却有点喧宾夺主了。因此，笔者随即和学生进行了深入充分的讨论。最后，师生共同重新设计了一份"法律案例选择的评价量规"。

在此基础之上，学生还提议要依据新的评价量规，自己编写一个感兴趣的且有教育意义的法律案例。在笔者的支持下，他们充分发挥自己的智慧，开始了法律案例的编写。这一过程中，学生小组自己组织线上讨论和评价，不断修改案例，最后选出他们认为的最佳版本。

项目实践真是一段奇幻多变的旅程。有时，教师需要制造一些可预测结果的波动，以增强学生的学习活力；有时，教师会突然踢到"绊脚石"，此时要有勇气面对挑战，有智慧

地调整，并在学生陷入困境时及时地提供适当的帮助。教师在教学中提供评价量规，本质上是支持学生自主探究的努力之一——保护并激励他们持续探究的热情。当教师与学生一起修订、改变评价量规的时候，也是出于同样的目的。这么做不仅是为了弥补教师在设计时未能预测的失误，更是把不利因素变为可激励学生探究的有利因素，使项目产生新的火花和亮点。此外，假如教师真正认为学生是学习的主人，那么在项目实践中无论出现何种状况，教师都不要喧宾夺主。

项目化学习无小事，每一个细节都可能是项目进程中的关键，一旦处理不当，就可能扼杀学生的学习积极性，而处理好了则可能成为对学生终身发展有影响力的大事。需要承认的是，教师在实践中出示的评价表往往与项目实际情况有差距，这确实是大概率可能出现的现象。但假如简单地把预设的评价工具推送给学生，不管他们是否理解和会用，也不管评价工具是否与实际情况匹配，那么过程性评价就很可能成为走过场的摆设并夭折。前文中的教师对评价量规缺点"小题大做"——通过修改量规培养学生思考解决问题的能力、同理心及批判性思维，使项目得到了优化的机会，也让学生得到了自我发展的空间。

实践证明，无论什么项目活动，都呈现着教师的教学艺术和教育理念。上海市静安区市北初级中学北校的电台将要举办一个专访节目，为此，该校于老师设计并实施了"最美小人物报道"项目。她在充满关爱的对话中，交替使用问题和适切有效的评价引导学生反思，帮助学生保持持续的学习动机，学生的学习过程也因此行云流水，自然流畅。项目问题和评价的设计体现了教师灵巧的心思，两者的实践应用更是体现了教师的匠心独运和创造力。

最美小人物——以细微处的关爱引发学生的反思

上海市静安区市北初级中学北校　于倩

一周后，笔者陆续收到了学生"最美小人物"报道的初稿，并惊喜地发现除了师生、父母、爷爷奶奶、外公外婆以外，学生们的视野投向了更远的地方，如社区工作者、邻居，日常生活中往往被忽视的外卖员、修理工。刘同学就选择了来自己家补墙的修理工叔叔作为参选的"最美小人物"，文章聚焦于他补墙的全过程；吴同学认为自己的手球教练翁教练符合要求，展现了很多翁教练在指导她练球时的状态；因为一次篮球比赛，茅同学认定班上绰号"小球"的同学就是他心中的"最美小人物"……

但在惊喜和欣慰之余，笔者发现一个问题：这个修理工的背景到底是什么？这个教练的特别之处在哪里？难道一件事就能看出这个邻居很善良吗？这些素材不免过于单薄，以至于很难支撑起一位"最美小人物"。回顾最初的名片，到中间的研读借鉴，再到报道的评价量规，笔者找到了症结所在。于是，笔者组织了一场小型反思会，来解决学生在写作中出现的共性问题。

讨论会伊始，笔者先向大家展示了刘同学和吴同学的初稿，请学生们畅所欲言。

"哎，这个修理工到底是哪里人啊？为什么这么大年纪了还在工作？"

"她的教练的专注与严谨和其他老师有很大差别吗？这么说的话，我们的数学朱老师也很适合啊？"

"对啊对啊，单单一个特点就能成为'最美小人物'？这也太容易了吧！"

然后，笔者回归教材，将课文里的素材删减，请学生们与课文作对比阅读。

接下来，笔者重新出示"最美小人物"报道的评价量规，与学生们商议如何修改，进而一起将"形象品质"维度设计了几层梯度，概括成"准确""多样""复杂有新意"。

最后的成果中，刘同学又去找了邻居和物业，了解了更多关于这个修理工的情况；吴同学在一次训练的间隙采访了翁教练，挖出了她早年如何立下军令状，说服妈妈同意自己做运动员的故事；周同学又默默观察了邻居一段时间，在植树节发现他在偷偷拯救被暴雨摧残的花草……

解决了共性问题，个性问题则需要各个击破。笔者把茅同学叫过来并说："你完整描述了整个比赛，相信那场比赛让你印象深刻，那你认为整个过程中'小球'所展现的品质是一样的吗？你再仔细检查下你描写的准备阶段和上场后他的言行，能比较下有什么不同吗？下次记得充分挖掘素材。具体如何挖掘呢？可以根据你描述的对象在不同处境中的表现的差异来具体化人物特点，千万不能太笼统啊！"在最后的成果中，茅同学在描写篮球比赛的整个过程中抓住了"小球"的眼神细节，以呈现他多样的品质。

工具没有生命，但其服务对象是活生生的人。在应用问题与评价这两种工具时，如何让无生命的工具成为学生内心可接纳的好朋友？如何让学生由工具的被动接受者成为主动应用者（甚至是创建者）？如何使问题和评价的应用不仅是解决项目问题的手段，也成为学生终身素养的一部分？就像我们常说的学生应该从"要我学"变成"我要学"，其实在项目化学习中，学生从被动到主动的转化，无非可以概括为：从"问我"到"我会问"，从"评价我"到"我能评价自己和客观事物"的转变——这看起来只是不起眼的能力,背后却是学生的个人素养迈出了一大步。

第二节 反思是一路留下的脚印

项目化学习是学生体验式的探究学习。在项目化学习中,学生素养的有效发展取决于学生的反思——这是将学生的体验转化为个性化经验的唯一途径。

项目反思可分为即时反思与总结性反思(包括阶段总结)。与总结性反思的全面性不同,侧重于某一重点的即时反思常常产生于项目发展中某个突变的场景。因此,即时反思的时间及反思主题的选择会存在一定的不确定性。

在基于真实情境的项目化学习中,因不确定性和复杂性而触发的即时反思,往往深刻触及个人知识、品性等综合素养中的某些隐藏着的不足。适时的即时反思,能促使学生思考被自身忽视的行为,复盘工作进程,捕捉问题症结。同时,也可以解开事理之至要,顿悟人生之意义。总之,虽然即时反思有时只是片言只语的断想,却会对学生的认知产生长远效应,甚至让其受益终身。

学生在发现问题、解决问题过程中获得的实践体验往往又是发展核心素养的"金矿"。能不能启动学生反思的自觉性,让学生主动、及时和得当地开展反思,成为了项目圆满达成目标的关键。

即时反思虽然具有相对零碎、片段式的特点,但是由于其同时兼具主动性和真实性,因而更容易促成学生养成反思意识,让反思成为自身发展的生长点。其实学校里常常见得到那些愿意停下脚步,审视自己在知识迁移应用中的表现和收获的学生。他们往往会调节自我情感,具有一定的反思意识和策略,其学习通常不差。在项目实践中,他们又更能融入探究中的团队,积极影响集体,给团队带来更多创造性思维。

著名心理学家维果茨基认为:"教学引起了、唤醒了、启发了一系列内部发展过程。这些过程,对儿童来说,目前只是在他与周围人们的关系中、在他与伙伴相互合作的环境里才是可能的,但这些内部发展过程,在它们完成发展进程之后,便成为儿童自身的内在财富了。"[*] 在合作项目的集体探究行动中,波动和曲折引发的思维碰撞都可能是驱动个体自我认知、思考的转折点。项目化学习中,有经验的教师在关键节点都善于引导团队以交

---

[*] 《维果茨基教育论著选》,余震球选译,人民教育出版社,第388页,2005年1月1日。

互的方式展开反思，共同解剖真实问题，以此触发个体的深度自省，并能让学生品尝反思带给自己的快乐，享受专注学习和自得其乐兼有的过程，最终逐步建立主动反思的意识和策略。

由上海市静安区万航渡路小学金老师指导的项目"曹家渡街道老年社区宜居方案设计"，通过让五年级小学生体验老年人的一日生活、观察和倾听老年人的日常需求以及在同学间交流和分享自己的发现与感受，合作创建他们认为最适合老年人的社区方案，最后又用基本问题"在现实社会中，我们怎样培养自己的同理心？"来反思同理心对自己成长的意义。

广场舞并非"无聊"——感同身受，生成同理心
上海市静安区万航渡路小学　金琪

"我们该如何为身边的老人设计、提供人性化的社区服务呢？"要想构思出一个更加贴合实际、更具有意义的未来老年社区，仅靠实地走访是远远不够的。能够感同身受，换位思考是非常重要的。于是，笔者引导学生先开展了"体验老年人的一天"的活动。

学生利用周末时间，变身"小老人"，感受老年人的一天，并将感受写在"体验本"上。这个活动要求学生尽量做到还原真实生活。学生用日记、视频、连环画等多样的形式记录一天的体验。

学生A："以前总觉得老年人跳广场舞很无聊，他们还不如在家里看看电视，刷刷手机。但我在体验'外婆的一天'时，跟着她一起去跳广场舞健身，看到老年人整齐划一的动作、脸上幸福的笑容以及他们围聚在一起热烈地说笑，我这才意识到广场舞对于老年人的意义。"

学生B："通过本次活动，我发现老年人比我们年轻一代更珍惜时间，因为他们懂得时间的宝贵；他们也更注重人际关系，因为他们需要陪伴和关心；他们的动手能力很强，他们总会尽己所能让年轻一代生活得更加轻松快乐。"

在学生的反思中，字里行间都透露着他们对老年人这个群体的全新认知，人人依赖的手机在老年人眼中是这么陌生；每天一大早挤进菜市场只为用最便宜的价格买到最新鲜的蔬菜；"无聊"的广场舞原来这么有趣……老年人的世界是如此丰富又是如此不易，他们享受生活，更享受与家人、朋友在一起的平淡日子。

在上述集体项目中，学生分别进行了为期一天的体验活动，他们认识到老人有自己的需求和兴趣，以及不同群体之间生活差异的合理存在。这些认识为项目任务的最后完成提供了理性和情感的铺垫。同时，通过沉浸式体验、观察和倾听、任务驱动下的思考、交流和反思，学生对他人的共情力和同理心得以增强。同理心和独立的学习能力将成为他们一生发展中的宝贵财富。

近年来，青少年的学习情绪受到社会关注，他们的情绪自我控制也被看成是社会与情感能力的重要部分。心理学家、"心流体验"理论提出者米哈里·契克森米哈赖表示："幸运的是，这个世界充满值得人去做的趣事，唯有缺乏想象力或精力才会构成问题。若两者皆不匮乏，人人皆可成为诗人、音乐家、发明家、探险家、学者、科学家、艺术家或收藏家。人们在学习过程中，如果能够体验到一种顺畅、自然的感觉，就会更加愉悦和快乐。处于心流体验学习中的学生有较高的个人专注力、较强的个人自我满足感和成就感，因而更有利于个人的成长和发展。"[*]

在项目化学习中，快乐与专注的联系具有以下独特性：

- 两者共生于与真实世界联结的发现问题、解决问题的过程中，维系于由开放性问题和评价引导的"创中学"活动中。
- 两者互为条件：学生需要专注于学习任务才能够感受到快乐，而快乐也可以提高学生的专注度，增加学生的学习兴趣和动力。
- 帮助学生培养自我调节和自我管理的能力，提升个人的综合素质和能力水平，为未来的发展打下坚实的基础。

上海市静安区万航渡路小学武老师为《西游记》整本书阅读设计了"我心目中的'西游'班委"项目。从这个案例可以看出，异想天开式问题在小组里激发学生全神贯注、心念集中地探究和阅读思考，学生进入了心流体验学习。

假如"西游"人物是我们班委——辩论活动中的情绪管理

上海市静安区万航渡路小学　武雯莉

学生们以小组为单位，利用课余时间搜集了唐僧师徒的许多资料，并结合少先队干部工作任务表，有理有据地讨论师徒的班委职位。上述过程中时常产生分歧。于是，笔者决定在班级中开设两场微辩论赛来促进学生深度探究。没想到的

---

[*]《发现心流》，[美]米哈里·契克森米哈赖著，陈秀娟译，中信出版集团，第113页，2018年1月1日。

是，16个辩论名额一下子被抢空。

微辩论赛前的一周，准备工作如火如荼。每天一下课，各小组就围在一起讨论着"机密"，时不时还争辩几句，热火朝天。

有一个小组的组长小王突然找到笔者，哭诉着说他们组的三辩始终没有准备攻辩时的问题，令他非常苦恼。三辩的学生小杨也十分委屈，他说实在是没有灵感，想不出更好的问题了。笔者随即与他们进行了一次交谈："授人以鱼不如授人以渔。小王，你是一个尽职的组长。你可以告诉一下小杨，你是从哪些角度想这些问题的，你的灵感来自哪里，这才能够真正帮助到小杨哦！"

小王恍然大悟。

再一次看到小王和小杨时，他们脸上是充满自信的笑容。队员结合微辩论赛要求及对评价量表的领会，做好了充分的准备。

本场微辩论赛的议题是"猪八戒是否适合担任班委"。在辩论的过程中，双方一辩的发挥稳定，有理有据，值得称赞。双方二辩也不甘示弱，就对方的辩题展开驳论，通过一些事实依据来证明对方论点的不合理性，勇气可嘉。四辩队员更是随时记录论点，修改结辩稿，最后画龙点睛。最精彩的还属自由辩。双方队员一攻一守，切换自如，队友间配合默契。学生的表现令笔者大开眼界。思辨性的对话激发了学生继续探究的热情。

在微辩论赛后的反思活动中，小王同学发现自己通过准备这次辩论赛，感受到了队长的职责，以及在赛场上拼尽全力的畅快感。还有学生的家长特地告诉笔者，学生通过这种学习方式，发现了阅读的意义。显然，学生带着问题去阅读整本书，兴趣更大，体会更深，更愿意花时间和精力去思考和研究问题，这真的是一种很不错的学习方法。

项目化学习模式在某种意义上是要把探究、协同及反思变成青少年认为值得去做的趣事，因为这样才能发挥他们的想象力和创造力，让他们相信自己现在扮演的角色可能在未来成真。这场辩论活动再次证明学习的快乐往往源于学生自己专注、用心的体验，也证明帮助学生快乐成长不意味着对学生缺点的迁就和学生学习所得必然肤浅。

我们确信，成功的项目化学习的实施一定会给学生带来学习的快乐。这种学习的快乐可以促进学生更主动、更积极地参与学习；增强学生的自信心，使学生更有勇气面对挑战和困难，不断探索和创新；激发学生的学习兴趣，并在学习中获得更多的乐趣和收获；培养学生的自我调节能力，更有能力应对挫折和困难，从而在学习中逐渐成长为自尊、自信、自律和自觉的人。

在传统型课堂上，可能由于对目标的狭隘理解及课堂时间的局促，教师常常把答案简单粗暴地递给学生。而在上海市闵行区马桥复旦万科实验中学，由张老师带领学生实施"马桥豆腐干的育种计划"跨学科项目的过程中，应对生成性问题时，张老师鼓励学生自己去观察、比较和分析："你们自己去找找问题出在了哪里，为什么第三组就发芽了呢？"

"为什么第三组发芽了？"——将学生集体导入探究和反思的空间

上海市闵行区马桥复旦万科实验中学　张佩虹

小组间实验的差异可以引发各组对自己实验的反思。"露台大豆种植实验方案"不是纸上谈兵，各小组在学校露台进行大豆培育和种植，与对照组进行对比观测。

经过讨论，4个小组分别以土壤、浇水量、光照及种植深度为因素确定了各自的实验方案，学生们终于把豆子种下去了，每天他们都会像关心自己的孩子一般，上到教学楼五楼露台看看自己的"娃娃"。

两周后，除了第三组的③④对照实验有3颗豆苗种子顺利发芽了以外，其余几个组的豆苗发芽率几乎为零。焦急的组长们都跑来找笔者询问原因。看着他们，笔者只是笑着说："你们自己去找找问题出在了哪儿。为什么第三组就发芽了呢？"

豆种为何没有发芽？带着这个问题，学生们边讨论边研究。第四组组长小文发现，自己小组有一株豆苗虽然冒出了一点嫩叶，但是叶片暗黄无光泽，新梢萎缩。其他两个组的组员发现各自小组的土壤有出现板结的现象。

于是大家都围聚到第三组实验区，仔细观察土壤和植株等的情况，结果发现，第三组③④对照组的土壤湿度适宜，植株嫩叶精神有力。学生们经过比对、讨论和反思，得出相应的结论：

1.第四组的浇水量过多导致土壤积水久湿，透气性差，影响了豆子的发芽。豆苗表现出嫩叶暗黄无光泽，新梢萎缩。

2.第一、二组的浇水量太少，导致土壤板结，透气性差，影响了豆子的发芽。

> 此时，笔者提出了一个问题："你们想一想，到底怎样的浇水量才比较合适？在实际操作中，我们如何按照控制变量法合理控制浇水量？"学生们查阅资料重新调整了浇水方案，几天后，各个小组的豆苗都长了出来。
>
> 在对实验阶段的总结与反思中，小佳同学说："我们在设计方案时，既要考虑到控制变量法，还要考虑实验能进行下去的客观因素。"以上是学生们在这一次实验经历中所提炼出来的，笔者相信，这将有助于他们在未来的学习中构建科学探究的意识。

即时反思讲究时效性。在项目实施过程中，是否能科学地选择、把握反思的时间节点和主题，不仅与创建最后产品有关，而且会直接关系到探究过程中深度学习的生成，影响学生个体的认知提高和科学思维等核心素养的顺利发展。张老师的经验告诉我们，在项目化学习实践中，引导团队协同反思的时间节点和研究主题应该符合下列条件：

- 具有高关注度。生成的事件已成为多数人瞩目的焦点。
- 具有情境性。它能吸引团队成员主动参与讨论。
- 具有认知意义。反思的中心问题有可能使集体的认知升级，是有价值的。
- 产生推进作用。反思有可能深化正在进行的探究学习。

下面是上海市周浦实验学校乔老师的"建设校园气象站"项目案例，与张老师一样，她非常注重把握学生的反思时间节点。所不同的是，乔老师组织的反思会通常选择在小组讨论热烈时进行，学生的情绪由此会从"波谷"上升到"波峰"，而反思主题则是"回顾设计问卷的那堂课"。乔老师为鼓励学生反思，前后做了三件事。

- 提出讨论题——小组表现和个人对合作学习的感受。
- 播放上一堂课的视频，引导学生有重点地观看。
- 让学生填写学习单后交流。

听课的老师一致认为，以上几件事产生了正向效果。

> **用视频回放和支架帮助学生反思——关注反思的适切性**
> **上海市周浦实验学校　乔旭胤**
>
> 项目启动后，笔者带领学生先学习了气象相关的基础知识，之后学生开始进行建设校园气象站的第一步工作——为了解学校师生对天气预报的日常需求而设

计调查问卷。这个任务需要学生以小组合作的方式，基于选定的对象展开调查。比如，针对低年级学生、高年级学生及不同岗位的教师设计不同的问卷内容。

课上，笔者发现每个组都讨论得异常热烈，这与项目开始前学生们的不自信形成了鲜明的对比。于是，笔者想借机对他们的合作学习情况摸个底，便以"'建设校园气象站'阶段反思"为主题设计了一张反思任务单，引导学生围绕两个问题进行思考：

1.在"设计问卷"那堂课中，我们做得如何？我们小组在哪些地方做得很好？哪些地方还有待改进？

2.与别的同学一起合作学习、讨论、交流与我以前的学习方式有什么不同呢？

笔者希望通过问题的指引，让学生的反思更加深入而不流于形式。为了帮助学生回忆自己和他人在课堂上的表现，笔者将上课的录像视频播放给学生看，并将观察重点放在小组交流展示自己所设计的调查问题这一环节，每个小组成员均认真观看视频，回顾了自己当时的表现，并据此写了反思材料。

针对第一个问题，学生们反思的内容比较丰富，包括本组对问题设计得恰当与否、小组在合作学习上是否有成效、交流展示时分类做得如何及上课的纪律规范方面等。

比如有个学生写道："我觉得我们小组做得还行。我们想到了两个和别的小组不一样的问题。不过，我们想得有些慢，好一会儿才写上去。（这是因为）我们想到我们组设计的是针对低年级学生的问卷，所以要把问题设计得简单一点，我们还想到了用标注拼音的方式来帮助低年级学生（理解问卷内容）。此外，我们想到了在问卷中用一些图画来代替文字，便于他们看懂。但是，我们的题目设计得太少了。"

针对第二个问题，几乎所有学生都认为项目化学习和以往的学习方式有些不同。比如："我觉得这次的问卷设计讨论过程中我们都出了一份力，这比以前的学习会好玩一些。""我觉得和其他同学一起合作学习很有收获感。""这次的讨论交流与以往不同，我们要为他人着想，要思考他人的感受和想法。"

行动与反思像一对孪生姊妹奔跑在项目过程的赛道上，它们互为媒介，相互呼应。行动中萌发了反思，反思的结果又转变成更加出色的行动。当行动奔向项目终点时，反思也奉献了素养的硕果。

上述两个案例表明了一点：反思的适切性关系到人的发展的有效性。在小学项目化学习中，反思需要教师提供更多合适的支架来激发学生的回顾交流。在教师得法地引导下，同伴之间的对话和个人自我对话相得益彰。上述两个案例都把集体对话与个人反思紧紧连接在一起，这是很正确的策略。因为个人反思受个性、习惯倾向影响，而集体对话具有集思性、互补性的特点，能激发个人的自我对话，尤其当两类对话发生在合作探究的背景下，即时反思的目的性、迫切性使个人反思的自我迫切要求和效果大大增强。

在多波动、多变幻的项目实践中，教师不要去做真实问题的答案公布者，也不做项目团队面临各种矛盾的裁决者。教师应该发挥自己的能动性，通过问题和评价，创设反思的情境，组织团队展开有专题的会话，引导学生积极、主动地思考，让集体和个人对项目任务、团队内合作关系和扮演的项目角色有更深刻的理解。

项目实施中，教师也是学生行动的研究者，要挖掘学生行为背后的原因，评估行为可能的结果，必要时还要对活动计划或教学策略作出调整，进而提升自己的项目化学习实践教学水平。上海市洛川学校的孔老师等教师既有亲和力也有发现问题的敏锐性，在"外来物种入侵研究"项目中，他们从学生问题反观自身不足，从今天的成功解决问题推断明天的可行性策略。孔老师等教师对过程管理的批判精神和列表式反思的形式，也能让其他教师们得到不少启示。

考察活动的瑕疵引燃教师反思——教师的反思将成为楷模

上海市洛川学校　蒋爱芳　孔悠嘉　朱琦

在学生通过互联网查询、校园实地查找等活动，整理出外来入侵物种的分类和特征之后，笔者及所在团队带领学生再次到周边社区探究外来物种入侵现状。

在考察活动中，笔者及所在团队发现，由于8月份气温高，一些学生体力消耗较大；在考察第二个小区时，有些学生勉强才能跟上，有个别学生甚至玩起了手机游戏。笔者及所在团队立即对以上情况进行了交流和及时反思。通过对比主动型和被动型学生小组的表现，笔者及所在团队从考察预案、学生心理、家长支持等多个方面得出了激励学生主动探究的策略，并整理形成了以下项目实施过程中的问题反思表（见表2-4）。

表2-4

"外来物种入侵研究"项目考察活动问题反思

主动型小组	组长分配任务,组员听从指令,互相协作完成计划。组员积极提问,能迅速适应环境,进入考察的状态,效率高。	被动型小组	等待老师分配任务,考察进度缓慢,成员态度较消极,组员间产生矛盾。组员体力分配不当,不重视防暑降温,出现中暑等身体不适现象。
问题出现可能的原因	部分学生对于陌生的学习环境不适应,户外考察活动区别于传统的课堂教学,要求学生在实践中"做"和"学",手脑并用。同时,项目化学习的考察具有周期长、答案不确定、认知要求高、需要沟通与交流、需要团队合作等特点,对学生提出了更高的要求。一些学生的学习兴趣无法持续,对于未知的领域存在畏难的心理;组员之间相互不了解,产生摩擦。学生的个人能力和经验不同,产生小组间的进度差异。不可抗力的外部因素:天气原因、环境原因、学生身体素质等。			
教师教学策略	户外实践活动需要做好充分的预案,教师对于考察路线、考察时长、考察地点环境的评估要做到心中有数。有必要提醒学生在考察前做好防暑降温的准备,以及准备一些户外常用药:创可贴、清凉油及人丹等。鼓励学生展开自主性的探究,同时在关键时刻给予帮助和指导。为学生提供户外考察设备支持。做好学生的心理工作,提前建设心理防线,让学生了解户外考察与课堂教学的差异,降低学生的情绪焦虑,为顺利开展活动作铺垫。提前与家长进行充分沟通,取得理解和支持。相关活动由地理和生命科学教师共同负责,每次考察的学生人数要控制,最好不要超过12人,安全第一。			

教师在项目化学习的教学实践中,与学生一样要通过反思积累项目实施的经验,提升自己的专业实践水平。与学生不同的是,教师承担着维护本项目健康发展的重大责任。在一个项目完成之后,他还可能设计和实施更多项目,并会尝试将项目化学习元素融入日常课堂。因此,对于项目过程中发生的每一个生成性问题,教师不仅要从"战术"角度反思如何引导学生解决,而且很可能还要从"战略"高度回顾、分析,进而提炼出适用于下一个项目的实践策略。

此外，教师在项目过程中，应该如孔老师等教师那样，做擅长且愿意了解学生的教师。这类教师往往兼有敏锐的目光和反躬自省的态度。他们可以通过观察、访谈及对话等方式直接了解学生，也可以通过表现性任务、评价等方式间接读取学生的行为，然后根据评估施加正确的教学行为，帮助学生保持持续的探究动力和健康成长。

实际上，出色的项目实施教师必须拥有敏锐的"听觉"和"目光"。他们能听到学生在项目过程中的各种领悟和奇思妙想。在他们的眼中，这些领悟和妙想像萤火虫一般闪闪烁烁，又像花瓣那样随风飘扬，似云似雾，美妙地变幻在项目的路上。他们知道，项目化学习的经历对于每个投入的学生都是公平的，但每个学生能得到的收获却是不同的。也许，在学习和生活中每个学生都有过灵光一现、突发奇想的体验，但不是每个学生都能将灵光抓住并将其转变成重要的人生顿悟。因为在项目化学习中，学生的有效成长转化是在反思中实现的。

反思触发于对外物的探究，深化于与他者的交互，落实于个体的自我对话。过程反思有即时性特点。即时反思，也是稍纵即逝的反思，它可能是即兴和随机的。项目情境中不确定的"顺""逆"转换，引起学生对"知识"或"自我"的某一方面的思考，同时也进行即时反思。即时反思的话题宽广无垠，不一定都是就事论事，也可以就实论虚；将"有所感"引向"有所思"时，既可以触及学科大概念、整理科学思维，也可以接纳自我与获取同理心，还可以推测未来的自己——因为是"做中思"。所以对学生来说，在项目过程中由每一个话题引发的思索都可能是永恒的记忆。而教师要做的是，不仅听到学生的声音，而且要在最合适的时间节点应用最恰当的方式，帮助学生开展最有效的反思。

第三节　发展俯瞰世界的创造性思维

项目化学习实践是推动学生素养发展，帮助他们转化成长的过程。发展学生的高阶思维，尤其是创造性思维，是项目化学习的重要任务之一。创造性思维是指能够产生新的、有价值的创新思想或解决方案的思维方式。创造性思维是一种高阶思维能力，包括发散思维、联想思维及逆向思维等多种思维方式。

发展创造性思维就像站在高楼大厦的顶层俯瞰全景一样，能让学生从更高的维度看待问题，把握全局；也像站在巨人的肩膀上与专业人员对话，能借助前人的经验和知识尽可能高效地解决问题，创造新的成果。学生往往能在问题情境中发展具有个性特征的感知力和分析力，建立新旧知识之间的联系和迁移，以及综合不同维度的信息并产生创新性的知识。同时，学生需要通过元认知来调整和改善自己的创造过程，即通过对自己的认知过程进行反思和调整，适应不断变化的认知环境。

义务教育阶段各学科新课程标准也纷纷强调要发展学生的高阶思维：数学课程标准强调培养学生的逻辑思维和创新能力，语文课程标准强调培养学生的批判性思维和创造性思维，英语课程标准强调培养学生的跨文化交际能力和创新能力，科学课程标准强调培养学生的科学探究能力和创新能力。总之，新课程标准对于高阶思维和创造性思维的培养非常重视，旨在通过教育培养学生的创新能力、批判性思维、问题解决能力和社会责任感，为其未来的发展和成长打下坚实的思维基础。

回到项目化学习。为了培养学生的创造性思维，在项目化学习中，教师可以通过开放性问题（如单元问题、基本问题）、创新工具和技术（如在线思维工具、思维导图），提供充足的资源和支持，鼓励学生在合作交流中思考问题的多种可能性及问题的多种解决方案；鼓励学生跳出思维定式，寻找多种思维模式，获得更多新思路，大胆尝试新事物。

一起看看以下几个实践案例，了解教师是如何将创造性思维培养融入项目化学习的。

以唐代历史学习为例，教师要考虑初中生该从何种角度切入才能既保持学习兴趣，又能发展自己的高阶思维。针对初中生的特点和落实核心素养任务，上海市进才中学北校的周老师向学生提出"是谁杀了武元衡"作为任务驱动，并帮助学生找到与项目探究目标一致的角色——"探员"，让学生体验以专家思维来分析、解决问题。

扮演"神探"角色——学习历史学家的思维

上海市进才中学北校　周其力

笔者首先引导学生看《元和藩镇图》，让他们了解唐朝后期藩镇林立的历史现象。进而引导学生通过阅读史料，初步认识唐朝中央政府与藩镇的关系、藩镇的类型特点。有了这些历史背景基础，接下来便进入了与案件相关史料的搜集阶段。

笔者鼓励学生展开小组讨论，思考可以从哪些途径获取关于"宰相武元衡被刺杀"案件的相关材料。在问题的引导下，学生结合长安城图，概述案件发生的过程，明确行凶时间与地点，查找事件前后有关人物的言论，完成事件时间轴。然后，明确被害者、嫌疑人及主要证人之间的关系，进而利用思维导图、画图工具等绘制人物关系图。

史料重要，解读更重要。"哪些史料可以成为有力的证据？""你更倾向于相信

> 哪些史料？""你搜集到的史料之间有矛盾吗？"这些问题无一不在提醒学生反思史料的科学性、合理性。不同的立场会有不同的结论，因此笔者引导学生大胆质疑，并寻找不同立场的观点和表达，进而得出结论。这些结论成为接下来探究的关键。
>
> "论从史出""史论结合"是历史研究的基本方法，也是中学历史教学要求遵循的基本原则。首先，笔者通过拓展讲述两本史书上的两种说法，论证"姚崇加入相王府的时间"，以此来向学生示范通过不同来源的史料互相印证的基本论证方法。
>
> 在笔者讲解之后，学生更加直观地感受到即使是来源最可靠的历史记载也会出现冲突甚至是错误。他们也更加明确了历史研究中论证的方法——通过比较找出不同，再运用所学搜集更多不同来源的记载互相印证，才能确定哪一种说法是正确的。
>
> 让学生有了这样的基本认识之后，笔者又指导学生为每个论据赋值，不同论据的说服力不同，佐证能力也就不同，最后通过论证工具得出最后的结论。
>
> （完整内容见本书所附案例）

《义务教育历史课程标准（2022年版）》提出，历史课程要培养的核心素养，主要包括唯物史观、时空观念、史料实证、历史解释、家国情怀五个方面。周老师的项目聚焦于历史课程核心素养的培育：他用问题链做环环相扣的思维引导，或者根据学生的发问和随机问题进行点拨和个别指导，帮助学生像历史学家那样，从可靠的来源寻找尽可能充足的资料，然后尝试用分类、排列等手段整理信息和辨析价值，接着通过猜测、推理证明及研究以形成并表达自己的观点，进而让学生拥有"史实论证""历史解释"等素养，项目得以达成。

"着眼现实世界"对于各学科核心素养的培育工作而言都是至关重要的，数学也不例外。"如果想真正理解数学的本质，最好从人类社会和自然界中的数学开始。"*

《义务教育数学课程标准（2022年版）》就非常重视在现实世界中发展数学核心素养，其中提出的数学"三会"无不在告诫数学学习不可脱离现实世界："数学课程要培养的学生核心素养，主要包括会用数学的眼光观察现实世界，会用数学的思维思考现实世界，会用数学的语言表达现实世界。"现实世界（即社会与自然界）蕴含着丰富的数学元素。学生走进大自然和社会，观察事物以及事物与事物之间的关系，发现变化及其起因、发展，分析对比其特征，以函数、矩阵、向量、符号和图形等方法来表征，从而发掘数学的规律，深度理

---

* 《这才是数学（教师篇）》（电子版），[英]乔·博勒，朱磊磊译，北京时代华文书局，第80页，2017年11月1日。

解数学的概念，提高自己的数学核心素养。从项目化学习角度看，"三会"是学生掌握数学知识和能力的标准，而达成"三会"的前提——培养学生对数学学习的好奇心、求知欲、兴趣和自信心——能否在义务教育阶段数学学习中养成，对学生的终身发展至关重要。

在下面的案例中，上海市闵行区古美路街道邀请了上海市实验学校西校的师生参与策划古美公园社区文化节，师生们共商以"社区数学文化节"为主题加入并将其作为一个数学学科项目。学生在对古美公园实地调研的过程中，发现了许多有趣的数学元素。在项目指导教师王老师的引导下，他们又根据公园开放时间、场地空间、区域功能、游客流量及群体等调查数据设计了个性化的活动主题，形成社区数学文化节策划方案，提交给古美街道。

虽然"古美公园里的数学节"这个选题激起了学生们的好奇心，但是真正能激发持久探究力的兴趣，还得从他们合作完成任务的"做"中获得。

古美公园里的数学课——实践"三会"素养
上海市实验学校西校　王雪珂

学生只有自己亲身发掘公园里的数学元素，才能思考"如何设计活动可让社区居民对数学文化节感兴趣，愿意参加并收获满满"。他们还必须先学会在合作中找出完成任务的途径和解决问题的方法。

那么，该选什么数学知识作为探究主题？在古美公园里发现了哪些数学元素？在实地考察后的全班交流中，有的学生小组通过对古美公园中花草的观察，想到了"树木为什么都是圆的而不是方的"，同时发现了花草中隐藏的黄金分割和黄金比例；有的通过对公园中雕塑的分析，提出了"为什么很多雕塑和建筑喜欢利用对称这一方式进行造型"；有的通过对公园人行道的观察，探究得出："如果将交通道路连接成一个不规则的封闭图形，那么它有且只有两个连接奇数条道路的路口的话，那么这些道路即可在不重复走的情况下被走完。"

针对种种问题，学生们开展深入探究，合作形成了调查报告，随后在课上进行了展示与评价，为后续设计活动策划方案打好了基础。

在展示课后的反思中，他们这样感悟这节"古美公园中的数学课"的意义：

"数学其实隐藏在生活中各个领域的各个角落。树干长成圆形是由于横截面的大小、风的阻力、顶点的个数等因素，而这些都与数学有关。在建筑中也隐藏着我们最近学的数学知识——平移、旋转和翻折的运用。设计时运用数学理论的建筑会看起来更为美观。"

> "令我们印象深刻的是，同学展示的'龙曲线'带有极大的视觉震撼力。没想到数学能这么神奇。"
>
> "我们不但主动学习了一些课本上还没接触到的数学知识，比如黄金分割、两线平行，还利用课余时间去实地'踩点'了好几次，观察了生活中的数学元素。通过小组成员的集思广益，我们还注意到了很多被忽视的小细节。"
>
> 真实且开放的多重任务情境为各个小组的发散思维和综合性学习提供了充分的空间。学生在主动提出问题，积极解决问题的过程中，综合性的、跨界的思考总是与亲身实践如影相随，进而留下宝贵的经验。

古美公园里的这堂数学课上，王老师引导学生小组合作展开观察、认识、分析、抽象、解释及创造，学生们在大环境中生成真实感触，思想激荡和直觉也带来了顿悟，这让生活中的花草、雕塑、伸缩门等都成为学生学习数学、发展数学课程素养及锻炼高阶思维能力的资源。

只有当学生走完一个完整的探究现实世界的过程而非简单下几条结论时，"三会"的素养才能渐渐在他们心中扎根。因此，今天的课堂必须超越"解题"，要让学生与现实世界及未来关联起来。学生走出学校踏上社会一段时间后，他们也许会忘记一些数学的具体知识，但数学眼光、数学思维、数学表达等素养和实践中习得的抽象思维、推理思维、归纳思维、反思思维等思维能力，却依然能够陪伴他们，成为帮助他们立足真实生活的力量的重要组成部分。

教师还可采用以下方法帮助学生激活思维、表达创意：

首先，围绕项目目标，把握核心素养和高阶思维培养，展开对话。

其次，教师适当介入学生讨论。可以创建话题引导学生交流，也可以用接受求助的方式，让学生在发现和解决生成性问题中深度思考，获得新知。

"如果鹦鹉螺号在今天出发，那么书中的主角们会怎样面对今天的海洋污染挑战？"在推进《海底两万里》整本书阅读中，上海市进才中学北校的王老师启动了"当鹦鹉螺号在今天出发"项目。学生们扮演小说家、画家和环境生态学家，了解海洋污染的相关知识，畅想可能实现的解决办法。项目中，"文""画"互促，相得益彰，最终学生用语言或绘画合作完成《海底两万里之海洋污染整治行动》，并将成果通过班级公众号展示。

"四幅肖像中，谁才是你心中的内德·兰德？"
——"文""画"PK引发的质疑
上海市进才中学北校　王捷

在线上主角性格分析交流会中，有一个组的组员按照自己对小说人物的理解，提前画好了人物设定。笔者随即请她做次展示，让大家根据书中每个主角的特点猜测画中的他们分别是谁。一石激起千层浪，她的分享让原本略显枯燥单一的主角性格分析环节变得生动有趣起来。其中一个问题"四幅肖像中，谁才是你心中的内德·兰德？"引起了大家的争论。

刘同学说："右上角是内德·兰德。"

翟同学说："右下角才是内德·兰德。"

两种观点各有支持者，就在他们争论不休时，王同学拿出了关键性证据："内德·兰德是捕鲸高手，力气很大，所以他的手臂应该看起来更粗。如此来看，右下角才是内德·兰德。"

他的观点一下子引起了学生对画像细节的关注。经过几名同学的分析，原本认为右上角是内德·兰德的刘同学也被他们说服了，转而认为右下角才是内德·兰德了，同时他还补充道："右上角人物的表情看起来很朴实，他应该是仆人孔塞伊。"

解决了画中这4个人物分别是谁的问题后，笔者引导学生："同学们，你们觉得这四个人物的画像还有什么地方可以改进吗？"

有同学说："阿罗纳克斯教授的画像可以加上一副眼镜，让他看起来更博学。"还有同学说："可以把内德·兰德的表情画得更粗犷一些。"

交流会上，同学们细心的观察和积极的讨论为他们在深入理解小说人物的基础上合作创编《海底两万里之海洋污染整治行动》提供了想象空间。其间，李同学的奇思妙想再一次点燃了同学们的创作热情。她刻画的科幻维基虾受到了同学们的追捧，李同学解释道："我治理赤潮的科幻性体现在培育了一种'维基虾'，这种虾只吃赤潮中的浮游生物。"吴同学受到启发，思考片刻后说："我的小说里有一个装置和这种虾的作用差不多，但是我的装置有点单调，我从李同学这儿得到了灵感，可以把这个装置设计成一种海洋生物的外形，这样读者在看我的小说的时候会觉得更有趣。另外，我对这个装置的原理也解释得不够清楚，之后我会继续修改补充。"

以上无疑是一场成功的线上主角性格分析交流会,王老师成功运用了图画更直观、可视的优势,来刺激学生观察、思考和挑刺,这样的对话远优于像"好"或"不好"这样的肤浅问答。以上案例中,质疑方与回答方都明白,单纯的争论是没有意义的,在表达观点时,一定要拿出能支持自己观点的证据。同时,该案例中的学生深度体验了批判性思维是怎样帮助自己深化思考及激发集体共同灵感的。王老师显然利用问题来有意识地引导和确定大方向,进而激发学生思维的深入发展。那么,当教师面对学生小组探究中意外出现的生成性问题时,又该如何帮助学生走向有序学习呢?以下案例给出了答案。

在上海师范大学附属高桥实验中学4位老师的项目中,驱动问题为"我们如何创编一本诗集来传达生活中的美好瞬间",学生则扮演现代诗人的角色,合作创编《一季暖阳》诗集并在线发表。在学生汇报准备阶段的成果时,这几位教师发现,各小组探究及制作电子演示文稿时只是单纯地对资料进行复制、粘贴,虽然制作得很漂亮,但没有表达出小组自己的观点;各小组的汇报形式雷同,缺乏趣味,也没有个性化的思考和设计。针对这些情况,教师们用问题"如果你们是汇报现场的听众,你们希望从这个报告中得到什么?"介入一个小组。

关于"意象"的讨论——引发小组看、思、悟

上海师范大学附属高桥实验中学 周诗雨 徐晓莎 霍思琦 黄元懿

讨论时,有组员发现"意象"这个概念高频出现,于是希望把它作为重点部分来讲解"现代派"诗歌的特点,从而给观众带来不一样的感受。

小郭同学说:"在我们找到的资料里,有关'意象'的解释过于复杂了,汇报时听众可能会不懂。"

项目教师引导学生结合学过的古诗词进行思考,问道:"你们是不是可以看看古诗词中是怎样体现'意象'这个概念的?"

夏同学马上反应过来:"就像之前学过的诗句'我寄愁心与明月,随君直到夜郎西''露从今夜白,月是故乡明',诗中的'月'寄托了诗人的相思之情。所以说意象就是融入作者主观情感的一种客观物象。"

"哦,好像古诗中的意象内涵是固定的,就像'月',在古诗中几乎都是思乡、怀人的象征。"小陆同学也很兴奋,像发现了新大陆一样。

"照这样看,古诗中的意象应该都有相对固定的意蕴。'柳'谐音'留',在古诗中常用来表示离人的难舍之情。"杨同学进一步补充道。

> "很好,你们能够从古诗词中解释'意象',那么,作为新诗,现代派诗歌的意象又有什么特点呢?你们可以结合手上的资料思考一下。"项目教师建议道。
>
> 通过比较,该小组发现,新诗意象较之古诗而言更为多样,意蕴也更为丰富。有些是赋予传统意象以新的内涵,如"木叶",在《登高》中寄托了杜甫对韶光易逝的感慨,对壮志难酬的悲凉;而在《秋蝇》中,"木叶"和"秋蝇"这个意象相融合,抒发了戴望舒独特的人生感悟。还有些意象是时代的产物,如陈江帆在《减价的不良症》中写道:"属于唱片和手摇铃的夜,减价的不良症更流布了。"
>
> 在归纳中,该小组又发现现代派诗歌选择的意象或许各有不同,但蕴含的情感比较集中,主要抒发现代情绪,如感伤、迷乱及幻灭感等。
>
> 在总结中,他们决定在发言稿的结尾加入这样一段文字:同学们写诗的时候,可以选择能代表现代生活、能体现地域特色的事物来表情达意;还可以从古诗中汲取灵感,结合都市生活的体验赋予传统意象以新意。这样的建议正契合"有用"这一汇报要求。

项目实施中,教师在发布任务和评价量规之后,还应该继续对学生完成任务的过程细致观察,及时反馈,梳理出有价值的共性问题和个性问题。教师可以通过问题来鼓励学生基于探究中的体会提出问题、表达观点,并将学生的个人观点引入集体交互空间,让学生在思维碰撞中开拓更全面、有益的思路。

学生发展高阶思维也是贯穿着教师个性化辅导和点拨的过程。教师要提醒那些可能短暂自我陶醉的学习小组,勿沉迷于表面的热烈而忽视了对问题的梳理和关注;不要偏执于作品的华丽而忽略对实质性内容及观点的思考、组织与提炼。教师也要热情对待那些遇到问题和困难后主动"登门拜访"的学生小组,并启发团队自主解决问题。

在上海市静安区万航渡路小学旁有一座社区小池塘,近年来每到夏天,该池塘就面临水体污染、蚊虫滋生等问题。如何让这个小池塘重新变回那个曾经令人喜爱的绿色之地呢?设计这个自然学科项目"净化社区小池塘"的刘老师,引导五年级学生搜集并分享关于水体污染的资料,了解常见的净水方式,思考保护小池塘的方案,动手搭建净化水的装置。

活性炭带来的"麻烦"——步步推进的科学思维

上海市静安区万航渡路小学　刘媖

"该在装置中放入多少活性炭？""活性炭多久才能起效？"诸如此类的问题在项目开展过程中困扰着学生。起初，笔者建议学生提前做一个预实验来探究活性炭实际的吸附性能——在30毫升的水中加入3滴食用色素，再加入活性炭，然后进行搅拌。过了10分钟，学生发现水中的蓝色还是十分明显，并没有消失。

通过实验观察，有学生提出，造成以上情况的原因可能是漂浮在水中的活性炭颗粒影响了眼睛的判断。他们进一步提出，可以通过过滤的方式将液体过滤出来，这样就能更加清晰地观察到活性炭的吸附成果。但令人遗憾的是，过滤出来的水还是十分明显地呈蓝色。为什么会造成这样的现象呢？学生小组经过讨论提出了猜想：①水和活性炭的接触时间不够长；②活性炭的量不够，需要加大活性炭的使用量。

针对活性炭的吸附性，学生重新设计了装置图。许多同学在重新设计的过程中考虑到了活性炭的吸附问题。为了增加水与装置的接触时间，他们提出了可以让水从下方进入，并将出水口设置在上方的方案；同时，为了更好地发挥活性炭的作用，他们将加大活性炭的用量。

但在实际操作过程中还是发现了新的问题，活性炭的颗粒很细，即使在试验装置的各处都放置了过滤棉、纱布等物体用来固定活性炭，但活性炭仍然会从入水口进入水中，这不就会导致过滤后的水显得更脏了吗？学生们再一次陷入了困惑。如何让活性炭能够更好地发挥作用，同时又不会造成新的污染？是否可以在操作过程中用合适的物体将活性炭固定住，从而避免这类情况发生？更有人提出，小池塘里的水是否不需要过滤得十分干净？因为里面有一些微生物生存的话，会使池塘的生态更加和谐与平衡。那么，如何在消除污染的同时，还能保留生态的有益成分？

显然，新问题带来了新挑战：过滤后的水质标准成为学生解决活性炭数量问题和整个过滤装置适用度的关键。为了对过滤后的水有一个统一的标准进行评判，也为了对小池塘水质进行长期监控和保护，学生集体制订了一个"水质评价表"，其中包括了水的体积、颜色、透明度、气味等，并且作了详细的评分说明。

看到现在的小学生从习惯性地被教师评价转而可以互评、自评,并制订评价表来评估小池塘的水质变化,感觉是否有点"跳跃"?仔细想来这也很自然:如果说"'净化社区小池塘'设计图评价量规"是教师在项目实施前对学生预设的引导,那么"水质评价表"就是学生成功地在评价量规引导下实现自主研究的标志。因为这是在项目化学习的过程中,学生们得以不断推进探究、思考问题解决的结果,当然这也是他们自己深入"小专家"角色、学习高阶思维的必经之路。

利用评价来强化高阶思维的方式不仅对中学生有效,也对小学生有效。正如上述案例所示,在解决活性炭问题的过程中,制订净化设计的评价不仅成功地引导学生进入角色,深入思考不断冒出的问题,还引导他们学会分析问题,评估不同观点的优缺点,进而提高判断力和决策能力。在上述过程中,他们还思考如何更好地表达自己的想法和观点,从而提高了思维的灵活性和创造性。显然,探究过程中的自我评估、发现问题和不足让学生学会通过交流调整策略,这使他们成为更加自主、有创造性和思考能力的学习者。

在上海市静安区市西小学刘老师的"窗台上蔬菜的童话"项目中,一群二年级的学生在家中窗台种植的同时,还通过网络与小组的伙伴一起驰骋想象,创编童话故事。学生们在项目中的"交互"与"开放",以及教师创造性的教学实践策略,与他们的童话故事一样,都值得一读。

窗台上驰骋的想象——让学生在创造中长大
上海市静安区市西小学　刘麟

项目过程中,小组合作能力与个人能力的成长紧紧相依。在相互协调的氛围中,小组中个人的独到见解常能唤起组内每个人的潜力与超越自我的勇气。因此,小组内相互鼓励的氛围在无形中成为学生们成长的推手。

笔者关注项目的显性成果"故事"的创建,更注意推动学生隐性的学习;鼓励学生在合作创造故事的同时更深刻地认识自己,接纳别人;让二年级的小朋友意识到并做到"合则相得益彰,分则各自绚烂"。

项目实施中,"豆芽组"非常积极,他们的组长是一个细心但有些腼腆的小姑娘。在召开第一次讨论会前,她将自己在相同环境中种植的不同豆子的生长情况做好详细记录,并细心地标出各种豆子的名称,为组内讨论抛砖引玉。

在组长的示范下,组员们讨论的热情升高了。

虽然每个组员的面前只是自己家的窗台,但大家在线上会赞美同伴辛勤培育的豆苗，欣赏队友新奇的创意，交流自己的收获与想法。在组长的带领下，他们还共同制订了每天线上交流20分钟的计划。"豆芽组"组员之间的默契，为他们之后的童话创编打下了良好的情感基础和合作基础。

每天的线上讨论会上，他们遵守小组合作公约，人人畅所欲言。他们从自己窗台上豆子的生长中发现新细节，观察彼此分享的照片，共同积累创作灵感，并且对照评价表完善故事情节。他们将自己的故事叫作"豆豆的奖项"。

故事的主人公是三组不同生长环境的豆子：阳光组、避光组和泥土组的豆豆们。

他们为了参加劳动节线上举行的"春种大会"各自努力着。豆豆们的想法不同。阳光豆豆和避光豆豆，睡在两张一模一样的床上，盖了被子很闷热，但他们会想：在土里的兄弟现在会冷吗？

在最后的"春种大会"上，努力的豆豆们根据自己的特长，都拿到了不同的奖项和肯定，成为一场热闹有趣的"豆豆联欢会"。

组员们沉浸在积极的讨论氛围中，沉浸在豆子成长的童话世界里，他们学着课本中讲故事的方法，代入自己的想法：

阳光豆豆穿着时尚的衣服，摆着最酷的造型，时尚达人奖非他莫属。

泥土豆豆在第四天就发现自己跟伙伴们不一样。他感到奇怪，失望，却没有放弃，还不断鼓励自己：人家是人家，我是我。泥土里生长的豆豆总是乐观、坚强、谦虚、勇敢。大家也给了他们奖项和肯定。

避光豆豆，当然是长得最好的啦！他白白胖胖，不仅水分充足，还美味可口，远远望去就像一片茂密的豆芽森林……

"豆芽组"天真活泼的语言、丰富多样的成果，就如七彩的阳光。他们的视频得到所有观众的喜爱，他们的故事竟然被出版社选中……这些小小的鼓励又成为二年级小学生们成长的极大动力。

项目化学习从学生生活实际出发，创设了丰富多样的学习情境，设计出富有挑战的学习任务，激发学生的好奇心、想象力和求知欲，用评价和问题引导，促进学生自主合作探究学习，让二年级学生也能乐于思考，勇于探索。

笔者欣喜地看到，项目化学习中，每个孩子都放射出自己在奇幻故事之旅中的一道创造之光，最终凝聚成团队共同的七色彩虹。

怎样让"创造"和"成长"真正成为互为媒介、相辅相成的融合过程？

项目化学习的回答是：不仅要帮助学生经历发现和解决真实问题、创建项目产品的显性过程，还要关注学生隐性的内化成长。杭州师范大学教育科学研究院院长张华教授就在解读新课标时指出："让孩子创造着长大，让教师创造着工作，让学校成为创造的乐园。"他又明确地说："用一句话来概括，就是让孩子创造着长大，而不是让他长大了再创造。"

项目化学习是一种以实践为基础、有主题的完整的学习过程。它使"做""思""学"与发现问题和解决问题融合起来。在这种"融合"的不同阶段、不同层面，项目实践提供了许多促进高阶思维发展的机会。例如：让学生参与项目设计，鼓励他们提出自己的问题，在共同讨论中培养学生发现、分析及解决问题的能力；通过跨学科的项目，让学生面对真实世界的真实问题，感知不同学科之间的联系和共性，从而培养自己的综合思维和跨学科思维能力；强调学生的角色意识，让他们学习专家的专业思维方式，并思考自己在项目中的职责和作用；在任何项目活动中都鼓励学生发挥想象力，自主探究和创新，尝试新的方法和思路，培养创造性思维和创新能力；最后通过对项目的评估和反思，引导学生复盘自己的表现和不足，培养自己的元认知能力和自我调节能力。总之，项目化学习的"创中学"给学生开拓了自由想象和创造的空间，也揭开了学生摆脱单纯的记忆式学习、学会用高阶思维处理问题的新一页。

由卓越心理学家维果茨基提出的理论认为，学生的成长是一个过程，在这个过程中，学生从对外界事物的机械模仿到积极参与学习，最后可以掌握知识及获得高级技能和能力，这就是学生成长转化的过程。近年来，有关学者又补充完善了维果茨基的理论，强调了学生成长转化过程中兴趣、社会环境及情感等多种因素的作用。

当今社会，单纯知识积累的学习目标已被发展学生的综合素养，尤其是创新实践素养所替代。项目化学习实施中，创新实践素养的发展与其他素养，如合作素养、社会与情感素养的养成有千丝万缕的联系。在项目实践中，学生学会从不同角度、不同思路解决问题，并尝试新的方法和思维方式，此时的他们不仅培养了自己的想象力和逻辑思维能力，而且变得更开放和善于交流分享，他们的社会担当以及同理心、坚毅、灵活等品质也在发展中。与此同时，教师也要有意识地为学生提供更多的创造性资源和个性化帮助，引导他们在创造中成长，为他们未来的发展打下坚实的基础。

附：项目"协同探究"阶段教师工作自查表

经过项目探究与协同阶段，教师和学生共同走过了项目化学习最波澜起伏，同时也是最绚丽多彩的一段路程。在师生即将踏入项目收获期——成果展示与反思阶段之际，还需要完成本阶段的最后一项工作——做好阶段性小结与反思，这将有助于师生从容应对下一阶段的不确定性，推动项目继续沿着既定的目标方向前进，并收获令人愉悦、具有成长意义的项目成果。

为此，我们设计了阶段工作自查表（见表2-5）。该表以学生素养及能力发展为导向，基于项目实施中有关"探究、协同、反思"的8个关键问题及具体的方法示例，帮助教师在本阶段小结中对自己的工作达成度进行评估。

另一方面，依据项目化学习"以终为始、评价先行"的原则，我们更希望教师能够在开展本阶段工作前就关注和理解此表的内容，这将有助于引导教师高质量地开展本阶段的实践活动。正如我们一再强调，教师在项目启动阶段就要将最终成果的评价量规出示给学生，并通过讨论帮助他们理解项目目标和评价标准，使项目向好的方向发展。以上做法对项目实践过程中的教师同样适用。

另外，从前文的案例中可以看到，项目实践中会产生许多不确定性，也正是因为这样的波动为教师和学生创造了更大的学习和成长空间，而应对这些不确定性的好策略、好方法远不止于此。我们希望教师能够从这些案例中受到启发，全面反思和剖析自己的实践过程和感悟，提炼并记录创新的做法，为自己的教育生涯留下成长轨迹。

表 2-5

项目"协同探究"阶段教师工作自查

问　　题	0~10分
1. 在项目实施过程中，学生是否始终明确项目目标？教师是否通过问题和评价帮助学生保持目标方向？（例如：根据实际情况，随时为学生小组合作完成任务、创建成果而提供有效的问题与学习支架、评价工具、学生范例和学习资源。通过讲解与讨论使学生理解上述项目资源，并使其便于学生随时获取和分享。）	
2. 学生是否主动参与项目实践活动？教师是否引导学生运用科学方法在解决真实问题的实践中建构知识？（例如：鼓励学生到真实生活中，通过亲身体验和动手实践的过程，尝试运用所学知识来解决项目问题，发现新问题及学习新知识。引导学生采用多样化的方法，从多种渠道收集相关资料或数据，并识别和提取信息，分析和归纳信息，提出假设，判断和验证问题，论证与反思结论。同时，促进学生间的分享与交流。）	
3. 项目是否体现学生合作探究的过程？教师是否关注学生小组自主发展，以及学生社会与情感能力的提升？（例如：通过细心观察、主动询问、接受帮助等方式，关注学生及其小组的交流、合作情况，及时发现由于责任不清、沟通不畅、情绪波动、信任缺失等因素导致的问题。通过个别沟通、集体交流、适当介入等方式，鼓励团队相互尊重，自主化解矛盾，合理调整分工，以及促进协同增效。）	
4. 师生是否共同积极解决探究中的生成性问题？教师是否及时调整策略，鼓励学生在应对不确定性的过程中，创造性地完成项目任务？（例如：善于发现项目实施过程中有价值的生成性问题，进行耐心分析与反思，及时调整教学策略，运用框架问题、过程性评价、项目角色等要素引发学生对话；为遇到困难的学生提供个别化指导，积极创建话题、组织集体讨论，保持学生持续合作探究的积极性。）	

（续表）

问　　题	0~10分
5. 项目实施中，学生是否通过多元化的对话来发展高阶思维？教师是否始终维护着一个平等、开放和宽容的学习环境？（例如：通过适当介入和适时引导，聚焦项目目标和成果；鼓励学生大胆表达自己的想法，倾听他人的观点，运用评价理性分析、判断、接纳他人提出的意见，包容他人的错误，用证据或实例解释自己的观点，提出对创建项目成果有价值的创新建议。）	
6. 学生小组是否主动运用技术开展探究、创建个性化的成果？教师是否为他们提供支持和引导？（例如：在学生小组完成任务、创建成果的过程中，不断启发学生综合运用多种技术解决问题的意识，并提供可用的技术工具及使用培训；鼓励学生小组针对自己的任务目标和特点，自主应用新技术创建有个性化的学习成果；组织过程中的展示，促进小组间的学习与交流。）	
7. 项目实施中，学生是否主动开展即时反思？教师是否关注反思的关键节点，以增强学生反思迁移的意识和能力？（例如：为学生提供反思日志的模板及范例，通过讲解、讨论帮助学生认识反思的重要性；在学生合作探究过程中，以对话为载体，通过回顾、评价、小结等方法，从多维度视角促进学生的自我反思和学生小组的集体反思；鼓励学生分享、交流好的反思日志，引导学生合作改进活动成果。）	
8. 学生是否在自身的项目经历中收获知识、能力和对人格的新认知？教师是否以素养为导向，引导学生成长并共享成长的快乐？（例如：引导学生抓住项目实施中的关键环节，促进其自我反思，并鼓励学生从亲身体验解决真实问题的过程出发，通过举例的方式解释说明对学科概念和知识的理解，展现认知过程；从合作完成任务、创建成果的经历出发，围绕协同增效、社会与情感能力的发展提出自己的建议和感悟；从知识迁移与综合运用的角度出发，提出有价值的观点和创新的认识。）	
我在本阶段实践中的创新做法和感悟：	

第三部分

展示：
留下创新成长的印记

项目化学习实践中最有仪式感的两个环节，当属"启动"与"展示"。这两个环节让人想起全球心流体验专家史蒂芬·科特勒在其著作《跨越不可能》中谈到的人类心理发展中的两级转化："把好奇心转化为激情，把激情转化为使命感。"* 正如引人入胜的项目化学习的"启动"，通过项目真实情境、驱动问题和成果评价的引导，学生摩拳擦掌、跃跃欲试，成功地点燃自己的好奇心，并将好奇心转化为小组合作探究的激情。好的"展示"也会生成多方位的功效。"展示"是对项目过程和成果的庄重检阅——为了介绍好亲身经历的探究和解释好自己创建的成果，学生再次扮演专家角色，燃亮"专家团队"的创造之光。

　　"展示"不是为了制造表面绚丽夺目的舞台效果，而是让师生在终结性评价量规的支持下，以交互的方式进行复盘——盘点学习目标在知识、能力和素养方面的达成度和项目对社会的贡献程度。终结性评价量规这根"杠杆"也撬动了个体的自我评价，让学生参与的激情内化为自己终身发展、服务社会的使命感，进而留下有意义的创新成长印记。这也是项目化学习成果展示（包括反思）阶段的目标和意义所在。

　　项目成果展示不仅有其特定的意义，也有其独特的优势值得教师去把控。成果展示阶段，项目基本完成了由发现问题到解决问题的过程，学生在启动时被激发的好奇心在一定程度上已经得到满足，他们从心理焦虑开始转向喜悦和兴奋（不排除还有一定的不确定性），重点是，学生也因此产生了对项目成果分享方式和分享内容的选择与表达的专注与快乐。快乐和专注的相互高度支持通常是人生发展中难得的机会：专注于学习任务可以带来快乐和成就感，而快乐和成就感又能进一步提高学生的专注度和学习效果。因此，如何让项目展示精彩、难忘，进而使本次项目化学习成为独特的学习旅程和成长体验并留在学生心中，是值得教师去深究的。

　　俗话说，一分耕耘，一分收获。没有耕耘，何来收获？但项目"展示"不是纯粹的"收获"，准确地说，它是"继续耕耘中的收获"。

---

*　《跨越不可能》（电子版），[美]史蒂芬·科特勒著，李心怡译，中信出版集团，第111页，2021年11月1日。

第一章
赋予学生更多自由发挥的空间

在学校常规教学中,因受课时规定、班级人数多等条件的限制,课堂上能够给学生完整表达自己想法和观点的机会不够多,而项目化学习成果的公开展示与评价则要求教师一定要为学生的汇报与评价留出足够的时间和空间。成果展示中,学生小组不仅要组内互相配合,讲得生动、清晰,还要对在座的"观众"的质疑作出回答。那么,教师如何在学生的成果展示期间让他们更自由地发挥、更充分地表现呢?

首先,教师要拿出自己在教学设计中对成果展示活动的初步构想与学生交流,并鼓励学生提出更加切实可行、富有创意的个性化展示构想。其次,教师要引导学生共同讨论成果评价量规,以项目目标和评价为导向,引导学生小组从展示形式、展示内容、展示分工、展示效果等方面制订成果展示方案。

总之,在项目展示环节,教师仍然要突出学生的主体地位,保护学生的话语权,给他们创造更多的思维和创新空间。同时教师也要发挥主导作用,始终关注项目展示是否体现项目目标和素养发展的方向,还要用成果评价量规理性衡量学生的表现,而不是将项目展示变为"热热闹闹的表演"。

第一节 更多自主、更多交互、更多创新

有些教师出于时间紧迫或情绪焦虑,取消了展示环节的学生自主性发挥(表现为收回话语权,所有行动听教师指挥)。与此相反的是,还有些教师认为不妨把"展示"看作一个相对独立的小型项目:项目虽小,但五脏必须俱全——问题引领、评价导向、合作学习、高阶思维等要素一个也不能少,而最关键的是,"如何创造性地开展小组的成果展示"本身就

构建了一个真实的问题情境！只要教师引导得法，足以点燃学生集体行动的激情和智慧，进而为前期的工作成果锦上添花。反过来说，若只是想在展示阶段草草了事，那么前期工作做得即使很出色，也可能最终会功亏一篑，让整个项目黯然失色。

下面几个先行者的案例，对于在展示阶段如何激发学生的创新意识和潜力，如何推动学生展现出更多自主、交互、创新的行为有很好的启示。我们为教师梳理出以下五条关键建议：

- 让学生有必要的安全感，不因展示的舞台由小组变为全班，由全班变为全校，甚至变为更大平台而产生过分紧张和焦虑。同时，鼓励他们在各种展示场合都能施展才华、锻炼成长。
- 重视展示中的汇报，让学生尽量清楚、生动且个性化地表达自己对概念的理解，并有效、有创意地呈现知识和技能的应用。
- 机灵的学生会主动用项目框架问题和终结性评价量规来进行小组的展示准备。展示不偏离成果目标是要求的底线，而量规中的"优秀"标准也不是遥不可及的天花板。
- 充分的准备还意味着挖空心思地减少展示时可能发生的意外。提醒学生，在策划创新的展示形式和内容时，要推敲展示语言（如用故事叙事），还要准备回答听众可能抛出的怪问题。
- 不妨及时给予学生一些知识补充，如演讲的技巧和仪态、情景剧表演的基本方法、展示环境的设计与布置、多媒体技术的运用、线上展示相关技能的掌握，以及多方资源的协调。

在项目展示中，学生需要有两个空间，一是心理空间——安全感，二是物理空间——用于展示、表现和互动的场地和物质条件。不管是哪一类空间，背后的"总导演"教师的作用都不可小觑。在下面这个"二十四节气"项目案例的展示准备中，能够看到上海市徐汇区华泾小学洪老师发现"意外"后，及时引导学生讨论问题并达成共识所体现出的项目掌控力。

把难题交给学生——给他们"小主人"的身份

上海市徐汇区华泾小学　洪喆谊

通过一段时间的观察和交流，笔者发现项目中的每个学生都非常有想法，于是为了尽量满足他们的创意，笔者把节气展的场地由一开始的班级门口走廊拓展到整个三楼的大平层。场地更大，学生们施展拳脚的空间也更大了。学生们兴致

> 高昂地开始了策划和布展工作，有的负责测量场地，安排展位；有的负责布置走廊，搭建展台；有的负责排演和宣传；有的负责规划参展路线。
>
> 笔者原本打算仅向三年级的学生开放本次的节气展，可是没想到某天一大早五年级的一个班主任就找到笔者，他希望能让五年级的学生也来参观一下，笔者同意了。在参观过程中却出现了一些问题，比如现场秩序较混乱，声音比较吵闹影响了讲解效果，有些成果被损坏，等等。参观结束，笔者紧急召开了一次会议，与学生们商议解决上述问题的办法。
>
> 王同学建议，每个小组都要选派组员做现场的"保安"，以提醒参观者文明参展；李同学建议，现场的讲解可以分组交替进行，一起进行的话会影响效果；干同学提议对参观同学分流。经过激烈讨论，最终制订出了切实可行的解决方案。

"相信学生、成就学生"是洪老师的教育理念和与之相配的教学行为，其对项目的掌控力也表现在了项目实践中，即对项目涉及的人、物、事的细节均有着敏锐的观察力，以及对各种变化有着很强的应对能力，这两者的合力正是教师在实践中实现专业成长的推手。

上海市进才中学北校陈老师的"我们舌尖上的老家"线上项目，引导学生在线上活动中发挥小组集体智慧，扮演"乡味餐厅店主"和"家乡代言人"的角色，深入了解家乡民俗，烹饪乡味，设计特色菜单，以及汇编《乡味记》选文集。在最终的项目成果展示环节，小组成员们不仅开起了"线上餐厅"，还如数家珍般地回顾了项目的总过程：有最初找不到队友时的"酸"，有一次次烹饪失败后的"苦"，有坦诚交互的"辣"，还有与远方家人叙旧时的"甜"。万般滋味凝聚在心头，蓦然回首，每个学生都在不知不觉间成长了许多。

> ### 我们的"线上餐厅"——网络技术让项目成果大放异彩
> **上海市进才中学北校　陈思瑾**
>
> "陈老师，我们小组的线上餐厅今天正式开业啦！"
>
> "太好了，我已经期待很久了，每次看到菜单都垂涎三尺呢！我要做你们餐厅的第一位顾客！"
>
> "陈老师，先别急嘛！你要先答应我们一个要求，才有机会当第一个吃螃蟹的人哦！"

> "什么？还有要求？放马过来吧！"
>
> "今天开业，我们在许多网络平台上都注册了餐厅账号，发布小组活动过程和菜品制作工序，还请陈老师坐镇点赞！"
>
> "哎呀，你们真的是精通各类多媒体技术，我要先跟你们学学怎么登录这些网络平台，否则真的要'奥特曼'（out 慢）了！"
>
> "陈老师，别忘记光临我们的'浙味馆'啊！扫码直接进小店网站哦！"
>
> "老师您看看咱们餐厅的海报和宣传语怎么样呀！"
>
> "陈顾客想吃菜单上的哪道菜呢？"
>
> 网上响起"店员"一片热烈的吆喝声。更没想到，"各店长"已经在各大社交平台上创建了自己的"阵地"，有的线上餐馆也已经凭借精美的海报和别出心裁的大厨视频获得了一众"粉丝"。

数字化工具可以为项目成果带来更加丰富、生动的呈现形式。例如，利用虚拟现实技术可以将设计图形转换成三维模型，让人有身临其境的感受；利用数据可视化工具可以将数据变得更加易于理解和分析；借助交互式工具，项目成果能具备互动功能，而应用者则会获得更加深入的理解和体验。

数字化工具还创新了展示方式。例如，通过使用社交网络平台，可以将项目成果以更加广泛、开放的方式分享给大众，从而吸引更多人关注和参与。显然，数字化工具可以将项目成果与其他相关资源链接，在不同的平台上展示和共享，从而增强了项目的可见性和传播效果。在上述案例中，可以看到数字化工具确实能激活学生的创造力——学生竟然把成果推广到社交网络平台上，还给教师布置了"点赞"的任务，"倒逼"教师学习技术，他们果然是数字化时代的"原住民"。难怪陈老师会说："作为语文老师，我并不熟悉这些新潮的软件和网络平台，但学生们教会了我使用它们。我想师生最好的关系就是亦师亦友。我在教育中培养和塑造他们，帮助他们成长，同时他们用关爱、创新、热情和坚韧帮助我成为更优秀的师者，丰富我的教与学的生命。"

教师习惯性地由"展示"想到"表演"，再由"表演"想到"舞台"。所以，一般的展台展示、演讲、问答，以及相配套的幻灯片、视频和报告书等，都离不开实际或想象中展示者和听众之间的台上台下关系。不过，也有师生提出试试相对另类的展示。下面两个案例就是很值得鼓励的尝试。

前例的看点是"小组独立摊位展示"，后例的看点则是"当场采访、出版"。如果说前例的优点是使每个小组都获得更充分的展示、交流和评价的时空，那么后例则把原本使用图片、视频汇报项目过程和成果的惯例，改成了"当场采访、出版"形式，即将项目中重要的项目成果形成的过程也直观地呈现在参观者面前。

"前例"即为上海市周浦实验学校卫老师的"我们的创意电子绘本"项目。项目实施后，卫老师与学生商议，将项目的成果展示空间变成"集市"：每个小组都有自己的展示摊位，请前来参观的教师和学生光顾摊位，并与摊主对话。以上可以被称为"流动的评价"。卫老师在项目实践报告中作如下记述：

小组"独立摊位"——深化展示中的交互
上海市周浦实验学校　卫毓鉴

这是一场求新的展示。电子绘本完成后，笔者引导学生邀请包括低年级的学弟学妹在内的校内外参观者，参加由各小组独立设摊的集市式展示。现场气氛异常热烈，小组成员相互配合，兴致高昂地向客人讲解展品的故事构思和立意，交流多样有趣的绘画风格、人物造型以及艺术创作心得。

考虑到参观者的年龄层次并不相同，各小组设计的互动环节也是丰富多样！有的小组想到二、三年级同学的美术能力有限，便设计了给绘本主角人物添加服饰并上色的小活动，激发低年级学生的参与兴趣，帮助他们体验造型设计。有的小组为六、七年级的同学专门设计了根据绘本文字给封面图设计背景的活动，参观的六、七年级学生饶有兴致地尝试采用不同的艺术形式设计封面。有的小组的展区不仅设计了平面绘画活动，还有立体制作等活动，参观的师生用扭扭棒的形式制作绘本故事里的"井"，通过做立体手工来理解故事寓意。有的小组联系绘本的创作背景，设计主题知识问答，将近期新闻热点融入绘本创作中，与参观者一起思考和讨论。

随着展示现场的参观者越聚越多，各小组的学生精神越发振奋，他们纷纷走出忐忑不安、畏手畏脚的状态，热情接待，自信回答。他们职责明确，又能随机应变相互配合。面对展示学生这样的表现，参观的教师和学生也越来越放松，提出了许多值得思考的建议。参观者的思想和情感与展示学生融合，各组学生都收获了满满的成就感和美术学习的乐趣！

以上别开生面的展示，因开放而创造了更广泛的交互机会，因更广泛的交互而生成更多有深度的对话和意想不到的创意。

项目展示，不是为给项目烙上滚烫的句号，更不是让学生热烈的思绪归于静寂。展示中，学生对自己获得的新知非常用心地解释，努力地"输出"提升了自身理解的清晰度和解释的流畅度，深化了展示者与参观者的问答交流，展现了教师所希望达成的动态的、生成性的、交互的学习形态，同时给参观者带来新的艺术审美体验，实现了展示者和参观者的双赢。这是一个艺术项目创意实践的继续，也是对项目化学习整体效果最大化的不懈探求。

"后例"为上海市周浦实验学校宋老师设计的"周实英语校报创刊"项目。该项目结合教材报纸单元，引导学生先思考"如何创编一期学生们感兴趣的主题英文校报"，然后以小组为单位组建该报编辑部，在校园内开展调研，征集话题，经历报纸选题策划、英文文稿撰写、后期排版、审稿校对等过程，最终完成一期特色英语校报的校内出版与发行。这个项目展示是在一间教室内独立进行的，给了每个小组一个摊位。除了本班的学生之外，还有外校的校领导和教师进来与小编辑们对话，这可以被称为"沉浸式的展示方式"。访客在交流后惊讶地发现，他们的来访与交流活动很快登上了那份当场出版的报纸：

现场编辑出版——原来"过程"也能展示！

上海市周浦实验学校　宋一辰

"老师，请看看我们的报纸吧！"

"老师，请支持我们组！"

"老师，请投我们一票吧！"

展示现场的参观者不仅是报纸的阅读者，还成为学生作品的评价者。当参观者走进八年级英语学科项目"周实英语校报创刊"的成果展示现场时，这里的8个小组带着各具特色的8份报纸，为现场的参观者认真讲解各自报纸的设计理念与各版块的内容构思，并耐心地回答参观者提出的问题。当参观者看到当前最时髦的对话——与人工智能聊天工具进行的英语对话竟也图文并茂地出现在小报上时，不禁赞叹小编辑们尝试新鲜事物的好奇心和出版的即时性。

在教室一角还有一份特殊的小报，它是不成熟、尚未完成的报纸样稿吗？不是。原来，这个小组把报纸的"头版头条"留给了针对本次现场展示活动的报道。成果展示现场的这个角落就是这家报纸的编辑部，学生们分工有序地进行着采访、记录、排版等工作，于是项目参与班的最后一份英语报纸在现场展示中打印出版了，学生们不仅展示了成果，也分享了过程。

上述创新的成果展示方式启示大家：项目展示所呈现的并不仅仅是已经完全成形的成果，也可以是成果形成的过程。这种"正在形成"的成果展示，不仅让教师有机会观察学生小组合作探究解决问题的基本过程，更能让教师窥见在项目化学习中学生综合素养的提升。

上文两例沉浸式的展示也是更生活化更自然的展示，更多的自然交流有助于项目走出"演出"的思维定势，激发参与者的兴趣和热情，在现场生成更多思想碰撞和交流，从而为新的创造开辟更多新思路和新想法。

综上所述，新的项目展示除了可以采用多种媒体手段，如多媒体演示文稿、海报及视频以外，还能使用多样化的互动形式，如开展辩论、真实对话及项目情景剧。新的展示方式吸引了观众的注意力，提高了展示效果。虽然我们列举的仅是多样化项目成果展示中的一隅，但我们相信，随着项目化学习的深入推进，今后的项目成果展示必将随着内容变化和多种技术手段的应用，呈现教育项目"创中学"过程所能到达的激情与理智交融的高潮。

项目化学习本身是一个开放性的学习模式。它需要有一定的规则和流程，同时也需要注重创新和灵活性。因此，项目展示和其他环节一样，需要师生发挥能动性，根据实际情况来调整内容和形式，使之更有创意和更多样化。通过引导学生积极参与展示，激发反思和项目迭代，增强学生自己的自信心和成就感，培养他们的批判性思维和解决问题能力，充分展现项目创新成果附带的魅力，这些才是项目化学习展示的期望值。

第二节　观摩：项目展示的新挑战

在国内，项目展示环节常常可以分为两类：基于基本评估的展示和观摩性展示。我们不赞成因为有了后者就忽视、取消前者，因为前者是基础，也是本来意义上基于终结性评价量规的展示，其开展范围在班级或社团以内，每个小组的成果都应该获得展示和评价的机会。

近年来，出于学校和区域性项目化学习发展中各方互相学习的需要，观摩性展示应运而生，呈现出更多样化的成果展示方式，出席者可能是来自校内外的领导、行业专家或项目以外的师生。观摩性展示一般定位为校级或区域级展示，其具体冠名也可能是"研讨会""现场会"等。由于这类展示的目标和功能不尽相同，其评价主体更多元，方式更开放，给予学生的创造空间和挑战也更大，可能成为学生锻炼和成长的好机会。

但必须提醒教师：首先，要处理好两类展示的关系，完成基于终结性评价量规的展示不仅是一个完整项目中的必要环节，还能为后面的观摩性展示打好选拔、改进和再创造的基础；其次，观摩性展示并不意味着教师从学生那里收回了话语权或要学生一切听教师摆布，教师仍然应该尽最大可能发挥学生的主动性、创造性，发扬学生合作探究的团队精神；最后，建议在观摩过程中，尽可能让学生与来宾互动，并把来宾和专家的点评传递给参与或未参与观摩性展示的项目团队的全体成员。

如果说基于基本评估的展示要通过更多自主、交互、创新的方法去体现和评价项目的"创中学"，那么观摩性展示则要在更加开放的条件下，让学生获得新的创造和成长的机会，使学生和教师有更多的成就感和获得感。

对于教师而言，成功的观摩性展示应该坚持学生的主体地位，通过发挥学生的聪明才智和创造力，展示学校特色、项目化学习的特征及教师自身在落实新课标和培养核心素养过程中的经验和得失。下面介绍两个校级展示和1个区域级展示的案例。上海市洛川学校于2009年加入"英特尔®未来教育"项目的创新之旅营地，并开展了相应的教学实践探索。2018年，在新的教育改革形势下，该校在原先实践基础上继续有序推进项目化学习，每年召开年会，以年会的形式组织校内外教师观摩项目成果和实施经验。

第一届年会的主题是"改进教研生态，构建学习共同体"，各教研组集体汇报研读课程标准的体会，找到本学科教学中的薄弱环节和学生在学习能力、学习方法方面的不足之处。第二届年会的主题是"项目化学习促进问题解决，提升核心素养"，各年级组集体汇报——每个年级组汇报一个本年级的项目化学习成果，交流对项目化学习的新认识和教学活动中的新体验。汇报显示，教师们感受最深的莫过于学生潜力被发掘后带给教师的惊人收获。第三届年会的主题是"核心素养背景下教与学设计创新"，年会总结了全体教师在再次培训、设计中的优势与不足，还推选出优秀设计案例进行交流分享。第四届年会的主题是"迎接新挑战，探索新教学新评价"，年会回顾了全体教师在项目实践中的酸甜苦辣，并分享了精彩的实践片段和体会。

沉浸式展示的年会分享——观摩推动学校项目深化

2019年6月26日，上海市洛川学校举行了"项目化学习促进问题解决，提升核心素养——2018学年上海市洛川学校项目化学习总结大会"，活动同时向区内外兄弟学校的骨干教师开放展示。

学校七年级组的学生们酣畅淋漓地展现了前期问卷调查、科普体验、制作垃圾分类宣传手册等一系列项目活动的过程。八年级组的学生代表则分享和展示了自己班级的项目特色。学生还带领专家与教师体验项目的特色活动并由后者作出评价。年会上，刘校长也在总结发言中介绍了近一年来学校以年级组为单位开展

> 跨学科项目化学习的基本情况：学校全体教师通过专题培训、专家讲座及学习案例等形式深入学习和实践；学生则在一年的跨学科项目化学习实践过程中，不仅收获了知识，还培育了多方面的能力，发展了综合素养。

参加观摩的专家和教师亲切地把这种展示方式描述为"沉浸式体验学生项目学习过程"。上海市洛川学校四年四个台阶，一步一个脚印，学校领导将教师培训、教研活动整合到一起，带领全体教师、学生人人参与，"洛川人"以自己独特的方式实践了一个大项目"项目学习在洛川"，而他们心里的驱动问题是"如何培养学生成为面向未来的成功学习者？""怎样基于课程标准开展教学？""什么是项目化学习？""如何设计高质量的项目化学习？""如何在项目化学习的实施中提升学生的核心素养？"他们以行动实现了教育观念、教学方式和学习方式的逐步转变与提升。

上海市周浦实验学校推进项目化学习实践活动以来，每个学期都开展项目成果的集中展示。以下介绍2022学年下半学期的展示中，该校是怎样点面结合地展现全校推进项目化学习的完整风貌的。

点面结合，百花齐放——全方位的展示启动新发展

2023年5月18日，上海市周浦实验学校校内，"探索数字化转型，赋能项目化发展"项目化学习区级展示活动圆满举行。这次展示中，学校采用点面结合的方法，将学校近期实践的19个项目用不同的形式展现出来。

除了主会场集中展示的3个项目"周实英语校报创刊号""让课本火起来""国旗下讲话我来说"以外，学校把其余的16个项目放到了一间教室里。这间教室陈列着16个项目，包括"噪声治理""世界助残日宣传片""制作'家乡节日'视频""'武林'大会"等的海报。海报旁有学生负责解说，而且每个项目都配有视频以展示精彩过程与成果。参观者对项目的主要实施过程产生了浓厚的兴趣，于是向站在各项目海报前的学生频频发问。参观者与现场的解说员——从一年级的小学生到初中高年级的学生——积极互动，小讲解员也热情洋溢地向参观者介绍项目和回答问题。现场充满了共同复盘和探索项目化学习的热烈氛围。

项目化学习的观摩主会场通常不乏精彩的项目案例，但许多其他项目案例可能因为时间限制或别的原因而不能进入主会场或"登台"，这就可能在无形中导致那些项目的参与者产生被忽视的感觉，一旦教师处理不好这种情况就会影响项目的后续发展。而上海市周浦实验学校采用的"点面结合"的项目展示方式，既体现了学校项目化学习渐进式健康发展的主要特色，展示了有探索性的创新型项目，同时也没有忘记表现出学校项目化学习的全貌。更重要的是，这样的"点面结合"给了每一个项目一次创造和表达的机会，共同分享项目的成就感和快乐。

2023年5月19日，上海市静安区"素养引领，迭代创新"项目化学习实践研讨活动，在该区市北初级中学北校顺利举办。会议体现了近3年来静安区11所项目校在核心素养引领下，与JT项目专家共同深度开展项目化学习的实践探索，以及各项目校结合自身的发展特点，迭代创新，在项目化学习的校本化实践方面取得了一定的成果。为了总结经验，继续推动"双新"背景下的教与学方式变革，上海市静安区教育局、上海市静安区教育学院举办了本次区域级项目化学习实践研讨活动。

师生说课＋区内实践经验分享——项目实践创新和区域推进的一面镜子

展示活动的第一个环节是由东道主上海市静安区市北初级中学北校展示3个项目，该校大胆地让师生以同台对话的方式介绍项目历程和成果，这给了学生极大的鼓励。

第一个展示项目是"好吃的馒头是怎样炼成的"。学校科学学科的姚老师以"如何将控制单一变量思想用于日常生活"为基本问题，引导八年级的学生对"怎样制作好吃的馒头"进行了探究。学生以"馒头品鉴会"的形式，介绍了他们从发现问题、设计实验、实施实验到分析实验现象、总结实验结论的项目研究历程和科学探究中的思考过程。

第二个展示的是"解读校训，追溯校史"历史学科项目，刘老师从学生在校史馆参观活动中引发的对学校历史的浓厚兴趣与疑惑出发，引导学生围绕"我们如何为学校校史馆提出改进建议？"这一驱动问题展开探究。八（6）中队的队员们通过一场反思交流会展现和表达了他们搜集、分析、甄别史料的过程，以及对学校历史和校训的解读。

第三个展示项目是关于语文整本书阅读的"创中学"。"已出版的《西游记》

> 邮票共8张，假如设计出第九张'西游'邮票应该是什么样的？"围绕这一问题，八年级的学生们基于《西游记》这一古典名著的整本书阅读开展了项目化学习。本次项目成果展示中，各小组先分别出示了他们设计的邮票作品——《车迟国斗法》《真假美猴王》《祸起观音院》，进而阐述邮票设计理由和构想。他们还详细介绍了如何从小组自编自导的情景剧中为设计邮票而取材的过程。
>
> 展示活动的第二个环节是区域学校项目实践经验分享。8所静安区的项目化学习实验校分享了学校推进项目化学习的宝贵经验。项目化学习的切实有效推进，离不开教师、学校管理者与政策制定者的共同努力。实践证明，学校有效的管理、充分的资源保障、为教师提供学习资源等做法都有利于项目开展。
>
> 在展示活动的第三个环节，上海市静安区教育局领导总结了静安区推动项目化学习的三个特点：一是"发展学生的创造力"已经成为全区项目学校的共识和主旋律；二是多数项目学校已经进入迭代发展的新阶段——关注与新课标结合，与学科深度融合，实现项目的升级进阶；三是在项目实践过程中学校教师和学生有了获得感、成就感和价值感。同时，有关领导围绕校本发展机制、项目化学习的理念与元素融入常态课堂等方面提出新的要求。

项目化学习观摩型展示对项目化学习的健康发展有着重要的作用。它不仅是造势，还创造了实效；它让各所学校的教师和学生互相了解项目研究内容和实践过程，而且通过这种形式的校际（区际）交流与合作，各校在共同推动基于国家课程标准的课堂改革中迈出了新的一步。

当然，我们还愿意看到观摩型展示对学生创造力的培养产生更大更积极的影响。事实上，真正成功的展示必然是一个师生协同创新的过程：教师可以从学生的创新思路、展示形式中获得新的启示和灵感，而学生也可以从教师的专业指导和建议中获得更多的知识和教益，最终形成互相交流、合作及教学相长的氛围，使学生在更大的舞台上发挥自己的创造性和想象力，为自己的发展获得更多的学习经历和丰富经验。

第二章
用好终结性评价是展示的重头戏

项目评价标准背后站着这个项目的目标，支撑项目目标的是国家课程标准。设计项目时，教师要先把国家课程标准转换成更适合教材中相关内容、更具体的学习目标，然后再把学习目标转换成可检验本项目目标达成程度的评价标准。项目化学习的过程评价包括形成性评价和终结性评价两部分，这两部分评价对学生的项目参与行为起到了引导、督察、鼓励和评估的作用。

那些已经用心做好过程性评价的教师可能已经发现，项目化学习中评价的恰当应用就是让评价自然融合于项目实践中，成为学生学习的一部分。当然，终结性评价量规（包括成果评价和展示评价）并非在项目"终结"时才现身，它在项目启动和实施中也都在给学生团队的工作指引着方向，它也是之前众多形成性评价的工具之一，这是项目化学习"以终为始"特点的具体表现。在形成性评价获得前所未有的关注的今天，并不意味着教师对在项目"终点"时实施的终结性评价可以有任何懈怠。

也许，终结性评价量规常使人联想到常态化教学中的期末考试。有人或许会问："那项目结束时，为什么教师不会用试卷来替代项目终结性评价？"这是因为在项目化学习中，成果展示评价量规与常态化教学中的考试相比，前者的评价内容不仅包含了知识和能力考核，还包含超越知识、能力的那些与项目育人目标相关的学科素养、创造性实践能力、批判性思维能力及社会与情感能力等的评估。

正是以上这些容易被习惯性忽视的重要内容在提示教师，在展示阶段的终结性评价量规应用中，应该怎样实现对学生实践能力、创新精神、人格特质等综合素养的考查；怎样在实施体现共性的评价标准的同时，关注学生个体差异和个性化发展；怎样实现评价主体的多元化和评价方式的交互化；怎样发挥终结性评价的导向、诊断及反馈作用，以检测学生项目成果和探究过程达成学习目标的程度，进而引发学生反思和驱动学生获得新的成长发展。以上都是单一的卷面期末考试所无法企及的。以下是一些建议，希望教师能通过发挥自己的创造性用好项目成果评价量规：

- 由于终结性评价量规准确地表达了重要的项目目标，所以它必然成为衡量学生成果价值和展示表现的主要准绳。对于在项目实施过程阶段和展示准备阶段所发现的量规缺漏，要容许师生共同讨论加以调整，因为这样做有利于实现对总结性评价要求的统一认识。
- 终结性评价量规不是用于恫吓学生的武器，而是学生的学习工具和朋友。不要因为时间仓促而忘记让学生成为评价的主体。让学生积极参与项目最后的评价，这不仅会帮他们真正理解自己的成果的价值和意义，同时也有助于触发学生进行优质的总结性反思。
- 动动脑筋，采用多样化的评价方式，这样真的能激发学生在展示阶段的创造性和主动性。除了传统的书面或口头评价之外，还可以考虑使用其他评价方式，例如用图像分析和视频辅佐。此外，建议使用数字化工具，如在线问卷调查平台、可视化思维工具等。多样化的方式会增强学生对评价的兴趣和参与度，让项目给他们留下珍贵的记忆。
- 千万不可把量规的结果藏在教师自己的笔记里，而是一定要做好评价的反馈工作，即给学生提供具体的反馈和建议，帮助学生更好地发现自己的错误和不足，并提出相应的改进措施。同时，也要向家长、其他教师和学校管理者等相关人员进行反馈，让他们更好地了解项目带来的绩效。

教师应该为展示阶段终结性评价量规的应用找到一条符合项目化学习理念、恰当而有效的途径，最后能让终结性评价帮助学生全面评估自己在项目中核心素养的修炼，为未来成长开辟自主发展的路径。

第一节 让评价聚焦素养目标

终结性评价也是项目化学习开发学生高阶思维、落实素养目标的过程。在终结性评价量规帮助学生检测项目目标达成度的过程中，展示和评测双方都在总结项目中习得的知识和经验，自测个人内省能力和综合素养，他们的独立思考和实践能力因此得到加强。

项目展示活动并不会因为进入项目收官阶段就变得平稳和波澜不惊，种种意外事件和不确定因素仍然大概率会发生于展示阶段。所以，教师有必要继续保证学生的主体地位，引导学生在展示前、展示中和展示后重温终结性评价量规（包括成果评价和展示评价），研究各组成果展示是否与核心素养要求相符，是否还有更具创意的提升空间，使终结性评价发挥最大效能——以评促成果完善，以评促合作表达，以评促总结反思，让立足于核心素养的项目目标真正转化为立德树人和学生的全面发展。

假如说展示阶段来临，学生们因为成果初成而激情澎湃，那么终结性评价则犹如一贴清凉剂，可能会帮助学生们保持理性态度，回归目标要求，以下案例就是如此。

上海市金杨中学的校训是"像树一样成长"。校内有一棵高大的雪松，与学校同龄，它见证了金杨中学的发展，金杨中学也见证了它的成长。记录这棵"校树"的成长进入了阳老师的"记录雪松的成长"项目，但在项目小组展示他们测量的树高时，暴露了方法上的缺陷。看看阳老师是如何帮助学生重新建构理解的吧。

当疑点出现在展示中——评价导出问题的价值

上海市金杨中学　阳吴宝

在"记录雪松的成长"项目各小组进行项目成果展示的过程中，出现了因测量计算错误而导致的偏差。在4个小组的数据中，第一、二、三小组的计算结果非常接近，而第四小组的结果与前面3个小组的偏差比较大。于是学生们提出了疑问，也分析了造成问题的可能因素。

对于各小组计算出不同的结果，怎样去汇总最终结果呢？学生们对照评价表的8项评价指标，发现其中有3项涉及测量和计算，见下表：

表3-1

"记录雪松的成长"项目成果展示评价表（部分）

方案的制订	制订的方案便于测量，能通过数学建模解决目标成果问题。
操作的过程	测量过程操作正确，科学严密，尽量减小误差，测量结果记录详细。
成果的质量	测量结果在误差允许范围内相对准确，计算过程正确，计算结果无误。

评价表在测量方案、现场操作、数值计算方面有明确规定，那么从量表到结果一定藏着导致错误出现的原因。阳老师认为，暴露出问题和不足也是展示和评

> 价的意义之一。
> 　　首先要确认测量过程中是否出现测量不准确，是否出现测量数据记录错误。为了解决上述问题，第四组的同学再次实地测量。他们坚持以下观点：除了精确度带来的误差外，没有出现测量计算错误。那么又是什么导致数据有偏差呢？学生们对此踊跃发言，质疑，各抒己见，甚至产生了争论。最后他们就第四组的数据出现问题的原因形成了基本一致的意见：
> 　　一是因为测角仪器是自制的，测量的角度不够精确。
> 　　二是所选的两个测量点之间的距离不够大，导致了结果的误差较大。
> 　　大家认为，第四组的方法看似在理论上行得通，但失之毫厘，谬以千里，出现一点小失误就可能造成数据出现巨大差别。

在上述项目成果展示后的反思中，学生们表示："解决数学实际问题，有助于我们认识数学基本图形。本次项目化学习还将实际问题转化为数学问题，我们从中体会了数学建模的魅力。"他们约定3年后——在高中毕业时，再来测量雪松的高度。

具体来看，上述案例的情况发生在一个关键时段——小组成果展示到班级最终成果发布之间，此时，阳老师则展现了一位资深教师的深厚底蕴和从容不迫。当发现项目中的一个小组的测量数据存在问题时，阳老师把问题摆到全体学生面前，鼓励他们一起用评价量规来寻找问题产生的原因和解决办法。这种民主讨论的过程体现了教师集展示、思辨与评价为一体的果断处置，由此也告诉其他教师，项目化学习中的学生展示课并不能等同于一场仪仗队的检阅，因为师生随时可能发现问题，此时教师应引发学生的学科思维，把活动导向对学科概念的理解和成长性思维的发展。

终结性评价完全不同于只有一次机会、一种量尺的考试，它尊重学生的智慧，理解学生的差异性，为了让展示阶段变成一次特殊的学习机会，对于展示中出现的差别，教师可以：

- 观察各组之间最后成果有明显差别的成因。这类差别的背后有时是不同个性的展露，有时是正确与错误交杂。要让个性表达出来，尤其是有创意的成果应得到鼓励；也要让概念或实操中的错误得到矫正，并上升为项目团队的新经验。
- 提供有个别化指导意义的反馈和建议，帮助学生找到适合自己的学习方法和策略。也可以为重点人群制订有针对性的学习计划，帮助他们更好地掌握知识和技能，进而在自主学习中寻找适合自己的方法。

总之，项目化学习的终结性评价，是对于学生在真实情境中解决真实问题所取得成果的评价,而量规应用的目的也并不是对学生作出终结性的裁决,而是让学生建立有理有据、客观坦诚的学习态度和思想方法。因此,教师应该营造鼓励学生坚持正确和纠正错误的评价氛围,让终结性评价帮助学生留下进步的足迹。

上海市静安区市北初级中学北校的戴老师遇到了与阳老师相似的问题。她的项目主题为"西游邮票我设计":学生在结合西游记中的精彩情节研究"如果在现有的8张西游邮票的基础上再增添1张,那么我会选择哪段相关情节作为'第九张邮票'?如何设计'第九张邮票'?"项目过程中,学生借助"回目",厘清结构主线,确定现有8张邮票中体现的《西游记》情节发展的节点;分析邮票对情节、人物性格、构图、色彩等方面的表达,总结8张邮票的文学内容与画面结构,确定"第九张邮票"应该表现的情节,并开展设计。而就在即将登上展示舞台以表演"西游情景剧"并汇报本小组的邮票设计理念前,师生却一度纠结于"展示哪些内容更为合适"。下面是对观摩日学生表现的记录:

把什么搬到舞台上?——用评价量规校正方向

上海市静安区市北初级中学北校　戴匡洁

舞台上各小组的项目成果展示分为以下4个环节:邮票设计—备选场景—选择理由—反思小结。现在是第二组的组员进行汇报。

学生B:"我为大家介绍邮票的设计思路。我们选取了《真假美猴王》中的情节。我们首先探究了用怎样的艺术形式来展现小说中对人物形象的文字描写。从对两个猴王的面部表情的刻画我们不难读出,左边的目光炯炯气势更胜,右边的则比较吃力。当然,仅仅通过面部表情来区分真假悟空还不够明显,于是我们在邮票细节方面也做了别出心裁的设计:一个美猴王头上的雉鸡翎是橘黄色的,另一个则是紫红色的,而这也恰恰对应了我们在情景剧演出时对于道具的独特设计。"

学生C:"在邮票配色方面,我们与前8张一样运用了冷暖对比,使整个画面显得特别亮眼,烘托了两猴王相争时的激烈场面。在本次邮票设计中,我们也有一些创新想法,例如在对于人物的设计上,我们大量运用中国传统戏剧元素,拟人化地表现了打斗场面——两个美猴王身披红色披风,显得威风凛凛;戏剧脸谱的设计更加贴合真假难辨的主题;一个正面一个背面的站位使画面有了纵深,从而更富有动感。"

学生B:"其实,邮票场景是经过小组多番讨论后才敲定的,接下来,我给大家介绍两个备选场景中的一个——'菩萨念经两只猴子都喊痛'。《真假美猴王》告诉我们,要战胜自我,人最大的敌人就是自己。其实假猴王,应该就是孙悟空身体里的那个自私自利的私我。这一备用场景就恰好反映了本章主旨,因而我们把它作为备选场景。不过,前8张邮票都侧重体现孙悟空的嫉恶如仇,而在这个场景的画面中,我们并不能读出这一精神。何况,邮票画面不能仅仅停留在对真假的分辨上,更应该着重于善恶的对抗,以反映邪不胜正的真理。因此,我们决定不选择这一场景作为首选。"

学生D:"第二个备选场景是:孙悟空一棍子把六耳猕猴打死,我们通过原文可以直观地在这一画面中感受到孙悟空的嫉恶如仇。这种性格与《西游记》前几回所要反映的人物性格特点相同,因而我们把它作为备选场景。但考虑到这样设计邮票的话会显得画面有些血腥,这从邮票配色的角度来看就很难与前8张邮票保持统一。另外,'孙悟空打死六耳猕猴'的场景只是这段情节的结局,为了突出邮票的戏剧性,应该选取高潮部分,也就是真假美猴王正面抗争的画面,因而我们决定不选择这一场景作为首选。"

学生E:"我们认为,孙悟空在这一情节中体现出了与前8张邮票中相同的特点,即叛逆的性格及嫉恶如仇的精神,这一点通过《真假美猴王》中的原文也可看出。当然,我们对于名著的阅读并非仅限于本章节,而是立足于整本书,以求对于人物有更加立体全面的认识。我们发现从'三打白骨精、大闹天宫'等情节中也都能读出其嫉恶如仇的性格。因此我们设计了这张邮票。"

学生B:"通过本次项目化学习,团队协作的我们对《西游记》这本书有了新的认识,也对蕴含在书中的人生道理有了更深的领悟,那就是敢于做梦,敢于挑战自己,自信的我们自带光芒,每个人都能做自己的英雄。"

上述小组完成展示后,台下热烈的掌声表达了观众对项目展示的认同。但观众不知道的是,学生们的热情准备工作差一点误入歧途。原来,戴老师发现有小组在准备时只专注于用情景剧来演出本小组选择的第九张邮票的内容,而忽视了对探究中的小组的思维过程和设计意图的介绍,从而偏离了终结性评价量规的要求。这时,学生们已经自己动手制作了不少服装道具。怎么办?戴老师面前似乎只有两条路,要么让学生的"西游戏"演下去,不扫学生们的兴,要么改弦更张,回归项目目标。戴老师最后怎么处理的?

戴老师与准备上演"西游戏"的学生商量:"我会把你们全部的表演都录下来,但咱们在正式展示时可没那么多时间，怎么办？你们是不是考虑先拍完整录像，然后从录像中选取一些故事片段来支持小组解读'通过阅读《西游记》设计出第九张邮票'的过程，咱们的重点还是要回归'第九张邮票设计评价量规'的要求。"戴老师的建议得到了学生们的认可和积极配合，这样的做法既保护了学生的积极性，又维护了项目目标的执行。为在执行终结性评价量规时教师采用的平衡艺术喝彩！

在上海市宝山区顾村实验学校胡老师的"穿越文艺复兴"历史学科项目展示上，"文艺复兴情景剧展演评价量规"中的"剧本设计"一项，明确了情景剧的选题方向必须是与"文艺复兴"关联的、有意义的历史人物和事件，并规定了剧本应有的结构要求；"史料证据"一项要求学生对多种渠道获取的材料进行辨析，必须依靠可信史料编制情景剧；"语言表达"一项提示学生不仅要将兴趣和注意力集中在情景剧的排演上，还要通过表演中的语言和动作表达出自己对文艺复兴历史的理解；"展演效果"一项则给学生的合作创新留出了空间。

成果及展示评价量规的指标和内容就这样直接对接了项目目标中的学科知识、学科素养和综合素养的达成要求。当项目终极展示大幕升起时，一起看看胡老师是怎样运用各种与评价指标"铆接"在一起的开放性问题，将量规的应用变成又一场互动学习的。

依托问题的支架——评价帮助提升学科素养

上海市宝山区顾村实验学校　胡艳菲

第一小组清一色由女生上场，她们从选题缘由、史料收集和参考文献等角度论述自己创作剧目的故事线及设计思路。在她们的戏剧故事中，文艺复兴时期的女画家阿特米谢·简特内斯基内心的挣扎与决断体现得淋漓尽致。第一个讨论题是："从我们创编的情景剧人物的表现来看，文艺复兴对个人产生了怎样的影响？"

结果证明，女画家阿特米谢·简特内斯基的故事对文艺复兴历史的诠释，激起了学生们分析和评价的热情。有学生认为，从评价指标中"剧本设计"一项来看，第一小组的作品的视角很特殊，是从女性权利角度切入的，而这一视角正好能够反映出文艺复兴时期英雄史观到个人史观的转变。但也有学生依据"史料证据"这一指标提出了异议，认为该情景剧的历史证据不足，而且其参考文献主要来源于论文，史料论证力度较小，这可能与国内对该画家的研究起步较晚有关。

第二小组选择的情景剧主角是意大利杰出艺术家拉斐尔。情景剧展现了文艺复兴时期的"欧洲与拉斐尔的对话"，拉斐尔创作风格的转变被巧妙地展现出来了。还是同样的讨论问题:"文艺复兴对个人产生了怎样的影响?"学生们对此普遍认为,思想转变可以带来社会改变,从禁欲主义到自由、开放的思潮,文艺复兴时期的思想运动不仅是女权主义的兴起,更是对个性自由的追求,因此文艺复兴是思想上广泛的解放。

笔者还引导大家转换视角,从舞台场景和情节角度设置了思考问题:"文艺复兴时期的艺术作品和中世纪的相比有什么变化?"有同学依据评价指标"展演效果"一项分析,认为第二小组的场景布置和情节布置巧妙而合理,有史料可以互证。还有学生讲到,拉斐尔作品的风格从呆板到活泼,细节上从禁欲主义到思想上的自由美,作品主题上从以宗教为中心到以人为中心的变化,都在该组的作品中得到了体现。

第三小组以马丁·路德为研究对象,他们演绎了教皇对马丁·路德的审判片段。片段的情节内容回答了以下问题:"文艺复兴是由什么领域的人发起的?它的影响波及了哪些方面?是什么促进了马丁·路德的宗教改革?马丁·路德为什么要与教皇为敌?马丁·路德作为文艺复兴时期的先锋人物,为什么是他发起了宗教改革?"学生们在看完第三小组的作品后又提出了一系列问题,班级内随即进行了热烈的讨论。

展示过程中,第三小组的学生结合"语言表达"的评价指标,利用剧中人物的语言谈到文艺复兴不仅带来了思想领域的改变,更是波及了经济领域、政治领域及军事领域,彻底影响了当时人们的生活方式。笔者这样赞赏第三小组的情景剧:资料来源真实性较高,史料来源权威可靠,汉译文献充分,有史有论,并且能够提出自己的观点。

笔者抓住学生被展示激发起来的历史思维兴趣,利用"文艺复兴后,欧洲发生了什么变化"的问题引导学生深入思考项目的基本问题:"你如何看待思想解放在人类历史上的作用?"

学生们踊跃发言,认为文艺复兴让欧洲的经济、政治、思想、哲学和神学领域都发生了翻天覆地的变化——作为人,不再受制于教皇的专制掌控;文艺复兴时期是一个黑暗与光明并存的时期,是一段产生了很多巨匠的时期。还有学生发表感言,称思想解放能够解放人的本性,推动人类发展,思想解放运动也会伴随时代发展而发生变化,旧的思想不一定适合新时期的发展。

从项目化学习视点来看，项目情景剧的表演即是学生对知识基本理解和学科思维的可视化，但如果仅仅做一次打分就"了断"，那就是一种浪费——学生会错失继续深入学习的良机。诚然，作品量规是可以准确地对作品分等级、打分的，但对于一个教育项目来说，打分不是项目展示的最终目的，更不是终结性评价的全部任务。回顾项目的全过程，学生从合作探究到完成作品创建，大多是奔着成果及展示评价及展示量规所代表的学习目标而来的，他们热情、兴奋，期待获得好评或好分数是很自然的，但趁着学生在兴头上，教师借助评价的机会用问题引导和讨论的方式推动学生学科思维和综合素养向前跃进一步，才是正确的做法。所以，我们坚持展示中的重头戏应是终结性成果评价，而不是学生的展示表演。为了让终结性成果评价的效应最大化，我们建议做好以下工作：

- 用评价激发学生讨论问题和刨根究底的热情，鼓励学生从他人的经验中获得新启发，也鼓励主动追问、深化交互的评价活动。
- 让学生得到详细的评估反馈，让他们认识到自己的成长和发展潜力，并让学生填写好 KWL 表中的"L"（我学到），培养学生主动发展自我意识和自我评价的能力。
- 提供个性化的建议，满足在项目过程中生成强烈好奇心和主动性的那一部分学生的需求；刺激他们发现新的探究点，鼓励他们在项目结束后，继续自主深入研究。

总之，通过因势利导和因材施教，终结性评价不仅可以作为对学生学习成果的总结，也一定能成为学习的延伸和进一步发展的契机。

第二节　从评价中找到获得感

项目化学习实践中，学生很积极地主动付出，这是因为在项目真实问题的驱动下，好奇心引发了激情，角色参与带来了责任感，评价替代了全过程的目标引导。项目化学习希望让学生身上的这种学习积极性持续保持下去——不是为了完成单单一个项目，而是保持对不同项目的浓厚兴趣和持久的学习热情，乃至为终身奔赴有意义的探究与创新目标，积累"心理燃料"。

在项目化学习中，教师可以做许多事情，用好终结性评价这一工具的作用可能超乎想象。动机心理学家们尝试从神经化学视角看待激励，他们发现，当神经化学物质多巴胺这把"钥匙"与多巴胺受体这把"锁"相吻合时，信息就会被传递出去。他们还发现，多巴胺擅长驱动人参与，带来兴奋、热情感，以及引发寻求情境中意义的渴望，使人自然而然地全身心投入工作。他们认为，激励就是让人的基本生物机制起作用，"这种生物机制能够融合多种神经化学物质，激发人最关键的情绪能量，使人迸发出最强的动力。"[*]也就是说，从神经化学视角看，"获得感""成就感""愉悦感"等心理感受不是不可名状的描述，而是物质上的真实存在。

学习者需要心理动力来保持自主性和前后如一的目标追求。而展示阶段是项目的高潮，也是神经化学物质生成的高潮。这时，用好终结性评价，对学生将起到巨大的激励作用。教师可以做"不畏艰难困苦，展示小组最亮成果"的动员，更可以通过展示和终结性评价，让学生有真实的获得感，能享受自己付出辛劳换回收获的愉悦，能感受为他人为社会做一点实事带来的快乐，能通过反思照见自己成长的身影而产生自信、自豪。那么，教师如何借助终结性评价让学生的"基本生物机制"发挥作用，从而迸发出强大、持久的动力呢？

上海市浦东新区南码头小学马老师的"居家时光机，快乐不emo"项目所针对的对象是二年级的小学生，这些学生能够完成项目化学习就已经不容易，在项目展示环节再要让他们根据评价量规表达自己的观点并进行点评则是难上加难。项目实施中学生已经有过评价，一般学生的回答就是"挺好的"，具体的理由却讲不清楚，不同的意见就更少见了。那马老师是如何应对问题的？请看以下案例。

低年级不会评价？——先体验，后评价

上海市浦东新区南码头小学　马寅楚

本项目成果是设计一天居家学习的时间安排表。其中的"活动5"是体验各小组设计的时间安排表并进行交流与改进，活动内容与步骤包括每个小组成员选择一个其他小组感兴趣的时间安排表，并且根据自己的时间安排表，进行为期一周的对照体验，填写体验日记，寻找这两个时间安排表的优点和不足，将不足在成果汇报会上提出。

对于二年级的学生来说，这样的体验能够让他们独立地看待事物，培养质疑分析的学习能力。在成果汇报会后，小组成员重新调整时间安排表，将时间表中共性与个性的部分标注出来，同时还增加了弹性时间，使时间表更合理，更具操作性。

学生交流之后，笔者还请家长发表意见，家长的发言会更现实和生活化，学生听了之后往往会放下自己的主观感受，转而从实用性和科学性角度去作更多的思考。

---

[*]《跨越不可能》（电子版），[美]史蒂芬·科特勒著，李心怡译，中信出版集团，第81页，2021年11月1日。

帮助这些低年级的学生学会评价，让他们知道要评什么、如何评价，这是他们产生"获得感"的前提。上述案例中，为了提高评价的实效性，马老师在展示会前安排学生分别对自己小组和其他小组的成果（时间安排表），开展体验，并做好体验记录。这样学生就有了真情实感，展示会上的评价意见说得有理有据，因为他们切实感受到作为成果的时间安排表是否合理与舒服，包括两个小组时间表之间的相同点和差异也都能被评价。

在上海市浦东新区张江高科实验小学施老师的"童奥会设计"项目的成果展示准备阶段，施老师将评价的权利开放给其他年级的学生。其他年级的学生参与"内测"之后，从规则、器材、时间及难易程度等多方位给出建设性意见和建议。"局外人"评价的话语似乎对设计者来说有别样的说服力。另外，参与体验的跨年级的学生年龄大小不同，视角有所不同，这也会让项目参与者（被评者）获得更加新鲜的感受。

请其他年级的学生来测评——被评者有不一样的感受

上海市浦东新区张江高科实验小学　施宇铖

随着小问题被一一攻克，每一组学生都初步设计了一个童奥会游戏，但是三年级的学生意识到，这些项目的规则和组织还存在许多问题。为了能够寻找更多的改进思路和方法，学生们提议邀请其他年级的学生进行一场"内测"活动，实现在真正的组织过程中去发现问题。于是，便有了面向不同学段学生的小范围"试运行"。

在四年级学生体验童奥会游戏时，项目小组发现现实与纸上规划有很大的不同。比如，根据游戏最后的设计，只对输了的学生有惩罚，对赢了的学生则缺乏奖励；又如器材准备得不够充分，导致学生试玩时间较长，流转速度太慢。四年级的哥哥姐姐在体验的同时，也将自己的真实感受和建议告诉三年级的学生，随后大家一起讨论问题，商量对策。

等到二年级学生体验时，新的问题又产生了。二年级的学生年龄较小，对于规则的理解较弱，所以要将规则梳理得更简单易懂，并在每个游戏区设立一个大大的游戏规则说明。二年级的学生在排队时也遇到了一些困难，由于人流量大，排队秩序混乱。有学生灵机一动，决定要增设排队等待区，让二年级学生挨个坐着等待。

新一周的校园生活是从"国旗下讲话"开始的。一般采用的方式是教师上台讲，学生台

下听。如何才能使"国旗下讲话"更好地发挥育人功能，取得良好的教育效果？可以使用项目化学习。用项目化学习的方式能让学生有更真实的参与感，而终结性评价则改造了传统型的教育方式，使之更有吸引力，更有实效。上海市周浦实验学校语文教研组成员合作设计的"'国旗下讲话'我来说"项目，通过开放性时空中合作式的学习实践，达成培养初中生的语文核心素养、提高自我教育能力的目标。

谁将在国旗下讲话？——评价牵动学生学习
上海市周浦实验学校　语文教研组

在驱动问题"如何进行一次精彩的国旗下讲话？"的引导下，学生们经过讨论制订出第一份成果评价量规，设计了"演讲内容""语言表达""综合印象"及"现场效果"四个指标。随着项目的开展，学生们对项目内涵的理解不断加深，在此基础上对具体的评价标准进行了论证与修订，最终形成了有两级评价指标、等第分明的成果展示评价量规。

在完成了班级自选话题的演讲后，各小组评选出优秀选手，并强强联合继续合作，对标评价量规进行更为深入的理解与针对性练习，然后进行了年级组指定话题"清明·传承"的演讲活动。此轮，每班推选出的两名学生参加年级组的演讲比赛，最终选出的1名学生于4月3日登上了"国旗下讲话"的舞台。这个过程中，除了参加年级与学校登台演讲的学生以外，其他的小组与学生也根据评价量规被颁发不同的奖项。获得肯定与认可的学生们成就感满满。

在探索学科育人新路径的过程中，上海市周浦实验学校的语文教研组的这个项目获得了学校德育处的肯定和大力支持。与该校以往的"国旗下讲话"的教师讲、学生听不同，在本次项目化学习中，以动态的评价量规为指引，学生产生了强大的自驱力，他们主动地学习演讲词的撰写，讨论确定演讲主题，撰写演讲稿，项目还在班级和年级的演讲比赛中选拔出登上学校讲台的学生。该校德育处将这些优秀的演讲视频归入资源库，共享给全校师生学习。学生们获得的不仅是语言表达和思维品质的提升，更加深了对语言的影响力和自己应承担的社会责任的感悟与理解。相信不管最后是否上台，参与项目的每一名学生都能找到自己的闪光点和不足，而演讲稿撰写、现场演说等过程中渗透的德育同样给了学生多重收获。

最后介绍姚老师的项目终结性评价应用经验。她运用终结性评价的特点是"一个量规，多把尺子"，让更多学生得到鼓励：上海市静安区市北初级中学北校姚老师的项目"好吃馒头是怎样炼成的"，引导学生围绕"如何用科学方法探究出制作馒头的黄金秘籍"这一驱动问题，用科学的方法品鉴馒头，并通过编制"馒头感官评价表"，让学生在该活动中能够体验科学化的评价方式。而后，运用控制单一变量原则并设计实验，学生利用家中材料探究制作馒头的最佳发酵时间、最佳发酵温度、酵母菌与面粉的最佳比例及酵母菌与糖的最佳比例等。

让更多学生受到鼓励——量规包含着多把尺子

上海市静安区市北初级中学北校　姚晓蝶

由于项目过程中学生都展现出了自己的闪光点，因此笔者根据学生的具体表现颁发了不同的奖状。如有的学生在最后的汇报环节声音响亮，准备充分，笔者向其颁发了馒头宣传大师奖；有的学生在过程中勤于劳动，揉面十分认真，笔者颁发了劳动小能手奖；有的学生对实验现象记录得十分仔细，笔者颁发了最佳实验报告奖。此外，还设置了科学馒头达人奖及最佳馒头奖。最后，几乎所有参与本项目的学生都拿到了属于自己的奖状。

笔者希望通过这种方式挖掘学生的亮点并激励他们。还记得在最后的颁奖环节，有一组学生各项总分最高，获得了馒头研究金奖，有个组员在领奖后喜极而泣。课后询问原因，她这才告诉笔者，实验报告她写了两遍。因为第一遍写的实验报告后来找不到了，她急得连夜写了第二遍。本来想草草了事，但是一想到组内的组员也在同时努力，她就告诉自己不能影响到其他组员。她表示，如果自己帮助到了别人，她自己也会觉得很开心。她说："我会永远记得这天的荣誉，我永远记得这是我和我的组员们共同努力的结果。"笔者为学生们的团队精神而感动。笔者想，这也是项目化学习的意义所在，知识不是最重要的，更重要的是学生在这个过程中所感悟到的科学精神与团队精神。

在上述项目展示中，可以看到教师使用了评价量规作出评价。本来通过简单操作，可以对总评分最高的学生给出优胜奖，而姚老师为了让更多的学生获得表彰，鼓励他们在某一方面的探究中做出成绩，设立了多个单项奖。最令观摩者难忘的是那张照片，那张绝大部分学生拿着奖状的照片，可以看到学生们脸上灿烂的笑容，那正是内心充盈着成就感和获得感的写照。

某些人不支持"学校生活应该是快乐的"的观点。其实，学生在学习方面的快乐和专注总是相互支持的。专注于学习任务可以带来快乐和成就感,而快乐和成就感又可以进一步提高学生的专注度和学习效果。在展示阶段,创造、分享的快乐与心无旁骛的专注的交融,可能是学习最高效的境界。

另一方面,终结性评价量规的规范性和针对性有利于推动学生投入展示交互活动,提升其理性和内敛思维;开展评测的过程和结果,也会让学生获得正向引导和鼓舞。以下是用好终结性评价量规的小结:

- 建议在展示前,组织学生修订、补充成果展示评价标准和实施办法:让有些指标添加进来,标准会更具体。例如,有一所学校的学生曾要求在评价内容中加上以下指标:要观察台上台下是否保持眼神交流,台下是否倾听和主动提问、是否给予积极反馈等。总之,让学生取得共识,确保他们知道需要做什么才会更好。
- 利用一定的技术手段给予学生实时反馈:在项目展示过程中记录学生表现,并及时给予积极或建设性的反馈。这样可以帮助学生纠正不足并改进表现。
- 建立奖励机制,根据成果展示评价量规综合评定,让尽可能多的表现优异者和单项特长者获奖。
- 通过成果展示评价帮助学生建立对自己团队的归属感,对项目和项目所涉相关学科的认同感。

第三章
趁热打铁地反思：终结和新生

著名教育家杜威认为，学习就是经验加反思——获取经验后及时进行反思是促进学生学习的有效方法。"反思过程能够将一个复杂的、混乱的、不确定的情境转换为一致的、清晰的、明确的情境。"*反思有助于学生将新旧知识联系起来，从而产生系统的理性认识，促进深度学习。此前发布的《中国学生发展核心素养》也强调，学习者要勤于反思。反思是对知识、信念进行积极主动的思考，是一种从把握外在本质到把握内在本质的内化过程，是学生发展高阶思维的重要途径，也是学生面向终身发展和适应社会发展需求的关键能力之一。

项目化学习对每一名学生来说都是一种难得的历练，如果学生不能学会将这种历练转换成今后应对不确定性和复杂性的思维模式和深入的自我认知，那么这种历练很可能沦为"只是茶余饭后的谈资"。因此，教师应特别重视推动项目化学习中的学生展开主动反思，包括项目过程中的即时性反思和项目成果展示后的总结性反思，从而增强他们的反思意识，掌握有效反思的方法，养成良好的反思习惯。如果教师能用反思有效地支撑起学生一次次渐悟，那么一定能引发学生质的顿悟，促其走向自觉的成长。

本书第二部分已对即时性反思进行了阐述。总结性的反思与即时性反思都是运用反思性思维的学习，但两者具体情境不同——总结性反思开始于项目基本完成之时，虽然一般没有令人焦虑的混乱，但并非没有波动和不确定性，那些成果下掩盖着知识掌握的缺陷和团队成员之间的差异性，以及各阶段可能遗留和累积的争议、人际矛盾。此外，"学生自我感觉过分良好"也可能成为新的不确定性情境中的一部分。因此，总结性反思是巩固项目成果、留下成长印记的关键一步，有其必要性和意义。

本章将通过实践案例的剖析来帮助教师理解学生总结性反思的意义、内容、方式和策略，

---

* 《我们如何思维》（电子版），［美］约翰·杜威著，马明辉译，华东师范大学出版社，第315页，2020年1月1日。

以及教师自身如何进行项目化学习的自我反思。

教师需要把握好总结性反思的时机。终结性评价会对学生项目成果进行全面评价，检测项目目标在最后成果中的达成程度，而无论检测结果如何，终结性评价的开展都将成为学生反思的最佳触发点。因为学生在运用评价量规评估项目成果及其展示的得失的同时，也会自然、客观、坦诚地参与终结性评价的集体对话，进而内化为自我对话，回顾自己在项目全程中的参与度及对小组成果的贡献度。此时，教师如能趁热打铁地引导学生将所思所想完整且理性地表达出来，让终结性评价从对集体成果的评价转化为更深入的自我评价，就会对促进学生的个人成长有极大意义。建议教师从以下角度思考：

- 基于发展核心素养的目标，将对展示成果的终结性评价与自我成长的评价衔接起来，引发集体对话，形成"反思场"。（钟启泉，《解码教育》）
- 帮助学生从对项目事件的叙事回顾开始，分析得失；保护学生的自我达成感和团队一体感，分享他们的欣喜、愉悦。
- 引导学生对相关学科知识及核心概念（基本问题）的理解和表达，培养他们站在学科核心素养的高度审察的意识。
- 引导学生盘点项目实施过程中的学习方法和解决问题的策略，确定哪些方法和策略"下次可能还有用"。
- 引导学生对学习过程中工具和资源的应用进行讨论，依据切身感受确定它们在提高效率和改变学习方式中发挥的作用。
- 引导学生对项目收获新知的迁移和解决新问题进行讨论，并思考："假如项目继续做下去，或新开一个项目，可能是……"
- 引导学生开展对合作学习经历的情境化回顾，从而刺激成员个体对自我表现的互评与自评。

总结性反思可以通过回顾经验、倾诉感受、重新评价和形成新观点等方式开展。回顾经验是描述和解释发生的事实及过程；倾诉感受是描述当时的学习情感体验，如愉悦、满足或沮丧；重新评价是以批判性眼光分析形成学习现状的原因，进而重新作出判断；形成新观点是改变原有看法，形成解决问题的新见解。

总结性反思是项目成果展示中的重要一环，也是学生成长性转化得以发生的至关重要的一步。它不是普通意义上项目的回顾和总结，而是通过对知识获得的过程、方法及路径进行深度的思考和剖析，通过对一系列"是怎么发生的""如果……会怎样"的回溯和追问，将学生的体验转化为理性经验，将认知转化为自己的洞见，从而进一步加深学生对学科核心概念的理解和迁移应用，发展关键能力，促进深度学习，发展批判性思维。因此，总结性反思要"回头看",更要"向前看"。

第一节 反思支架,让过程和成长看得见

在项目化学习中,学生是探究的主体,拥有学习过程的主动权,但为了使学生在最近发展区内获得最大程度的发展,教师需要适时为学生创建有支援的学习环境:教师需对学生的主体活动进行观察,必要时,介入学习过程并提供学习支架;无必要时,则及时隐身,为学习者提供主动和自主解决问题的机会。进行有质量的反思同样要遵循以上原则。知名教育心理学家盖伊·莱弗朗索瓦兹就表示:"反思式教学方法依赖于一种哲学思想,即认为学习者是一个积极的发现者而不是一个被动的信息接收者——要把教师看成学习的推动者,而不是所有知识的来源。"

反思是否真正发生?如何进行有质量的反思?这些都是师生在项目实践中最常见的问题。除了选择恰当时机,教师把握重点活动和内化成长契机,采用合适的反思问题、优质的范例、反思工具等支架也是引发高质量反思真正发生的关键。教学实践中,教师可根据学习内容、任务、活动、形式、策略及需要了解的信息为学生设计各种反思支架,以引导学生进行反思学习,呈现反思过程。下面用实例介绍几条重要的反思策略。

1. 支架助力反思

知名教育专家罗恩·理查德认为,过程、困难、疑惑和收获这四个维度是学生学习过程中的四个关键点,也是最值得反思之处。当下不少教育工作者常运用ESP+I反思支架工具("过程—困难—疑惑—收获")助力学生反思,如图3-1所示:

图 3-1

ESP+I 反思支架工具

ESP+I 反思支架工具非常适合在项目中期或者末期使用。其中,"Experience 过程"反思的是项目过程中让自己及团队印象深刻、茅塞顿开的学习经历;"Struggles 困难"反思项目过程中遇到过哪些困难,以及是如何克服的;"Puzzles 疑惑"反思目前对于项目的推进产生了哪些值得思考的新疑惑。不同的小组如果从上述三个维度进行沟通交流,那么很可能出现以下情况:A 组目前的疑惑正是 B 组曾经克服过的困难,因而让某组茅塞顿开的学习体验也能让其他小组有所得。最后的"+Insights 收获"则是各组结合分享交流所得,并进一步反思和总结在该项目中意料之外的学习收获。

如果在项目中期使用它,那么这样的反思可以指导项目下半程的进行。如果在项目成果展示阶段将其运用于总结性反思,那么也可以帮助学生获得思考总结的方法,并将之迁移运用到其他事物、活动中,从而发展元认知能力。

在"演员请就位"语文项目进行到中期时,项目教师就充分借鉴了此支架工具,并组织各小组学生对项目前半程进行了反思。如图 3-2 所示:

图 3-2

"演员请就位"项目反思支架

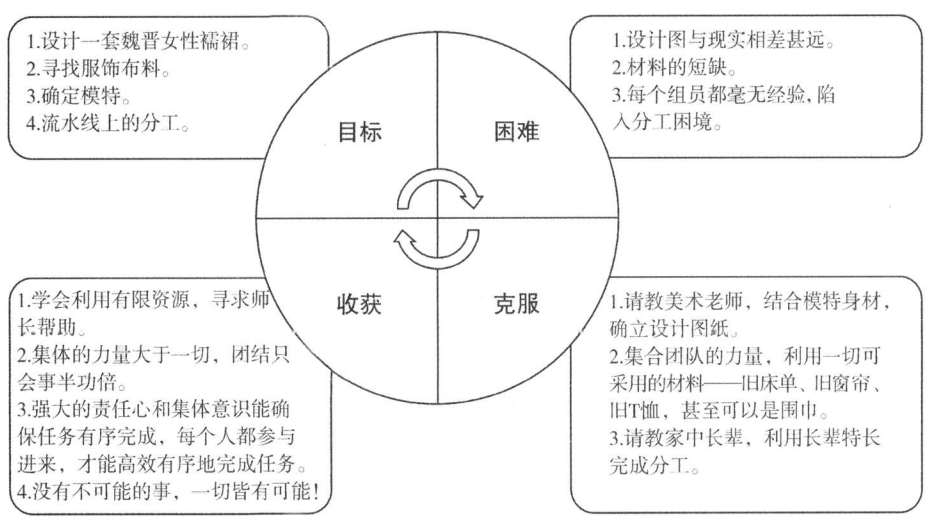

通过上述反思支架工具的运用,学生在学习的中途暂停下来,针对某个具体活动的开展现状进行反思,按照支架体系的四个方面,有针对性地梳理回顾活动的开展与目标的匹配度、过程中遇到的困难、克服困难的方法以及当前的收获,进而让学生能够明确下一步要做什么,怎么做更好。

除了ESP+I反思支架工具以外,还有很多反思支架工具,如"以前怎么想—现在怎么想"支架工具。该工具分成三个部分让学生填写:我以前怎么想＿＿＿＿＿＿＿＿＿＿＿＿＿＿＿＿,我现在怎么想＿＿＿＿＿＿＿＿＿＿＿＿＿＿＿＿,我转变的原因是＿＿＿＿＿＿＿＿＿＿＿＿＿＿＿＿。

该工具包括对最初想法和新想法的反思,通过以上三个部分的填写,能有效激励学生总结反思学习过程,探寻认知改变的原因。

还有"What? So What? Now What?"反思支架工具,该思维工具帮助学生回顾学习经历,思考学习的意义,激发学习自主性,并帮助学生反思下一步行动,架构起知与行的桥梁。例如,小组可以利用"What? So What? Now What?"支架进行讨论分享。首先是"What 是什么",即各组反思本单元学习过程和学习内容。然后是"So What 那又如何",即反思为什么要学习这部分内容及其意义。通过个人反思和同伴视角,能帮助学生理解这一部分学术学习的重要性。最后是"Now What 接下来如何",即反思这些内容学习对个体、群体、社区及社会生活的影响和意义。如下图所示:

图 3-3

"What? So What? Now What?"反思支架

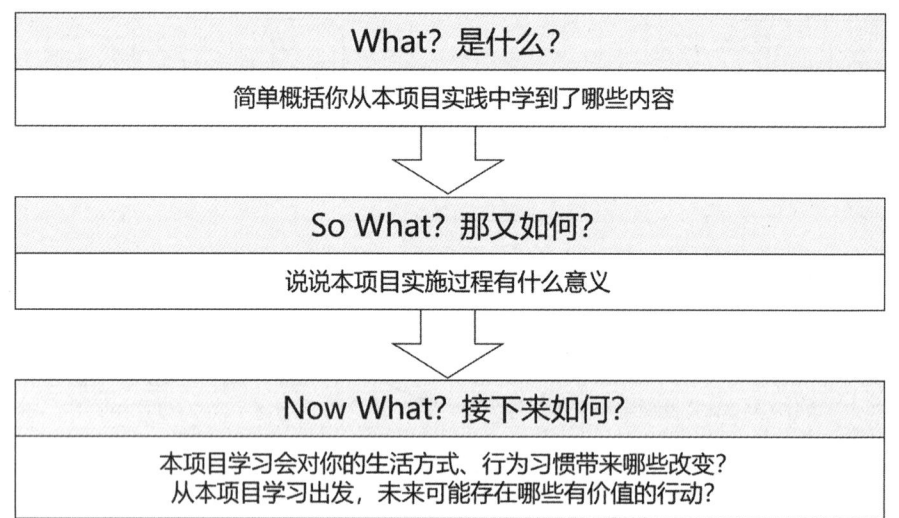

又如,在一个项目中,"鼓励自主与合作学习"是其中一项重要的项目目标,在项目成果展示环节,就可以借由以下检查表支架(见表 3-2),列出自主与合作学习的典型特征和关键词,让学生借助这张表中的提示项,找出具体事例,进而帮助他们认识和反思在自主和合作学习中自己的表现。

表 3-2

"自主与合作学习"检查支架

在我的项目中,我_____	三星 (在下栏中举例)	两星 (在下栏中举例)	一星 (在下栏中举例)
尝试新事物			
帮助 / 鼓励他人			
积极与他人合作			
主动提问 / 寻求帮助			
解决问题			
作出好的选择			
检查我的学习活动			
不脱离任务轨道			
即使陷入困境仍继续尝试			
尽全力			

"自主和合作学习"是项目化学习中需要重点培养的能力。如果只是泛泛地反思,那么学生对项目也仅有浮光掠影的印象和感觉,而借助于上述检查表支架,学生就可以回忆、寻找项目过程中的具体事例和片刻,进行自我检查,将自主和合作学习的反思落到实处。

2. 用问题自查"成长证据"

在组织学生进行总结性反思时,基于证据的反思是其中的关键和核心。所以,诸如"哪些证据能表明这些?"之类的提示问题,能促进学生去寻找和发现项目过程中的具体事实,而不是只对项目有笼统、模糊的印象。

下面的案例选自"居家时光机,快乐不 emo"小学数学项目的成果展示阶段:教师通过一系列有针对性的问题,引导学生对本次项目化学习进行全方位、深入的总结性反思。其中既包括对具体学习内容的认识和迁移应用,也包括对具体方法和工具的再思考,以及元认知的发展,可谓经过精心设计的反思活动。以下是摘录自学生 A 填写的反思问卷:

"居家时光机，快乐不 emo"项目反思问卷及回答

上海市浦东新区南码头小学　马寅楚

反思问题 1：通过本次项目化学习，你对"时间段"和"时刻"的数学概念有了怎样的新认识？你能举例说明项目化学习对你学习和理解数学知识有哪些帮助吗？它与我们平时数学课上的学习有什么不一样？

学生 A：数学课上在学习有关时间的概念时，我只是觉得时间跟表、钟有关系，通过表和钟我能知道现在的时间，但是时间具体是什么，以及它跟我们的学习生活有哪些关系，我的体会并没有太深。通过这次项目化学习，我对"时间段"和"时刻"有了更具体的认识，我们的学习生活都是由一个个时间段组成的。

反思问题 2：你觉得在项目启动阶段所收集的时间安排表和绘制的思维导图，对你们小组设计自己的时间安排表起到了什么作用？这种方法为你今后的学习带来了哪些启示？

学生 A：收集的时间安排表能让我们知道大家在某个时间段喜欢做什么事情，以及在这些事情上花费多少时间是最合适的。带来的启示是时间要花在点上，不能因为喜欢就一直做某件事，而是要看最合适做这件事的时间，这样才能安排好时间。

反思问题 3：在设计调查问卷过程中，你们小组改进了问卷的哪些地方？你们是如何发现这些问题的？在对调查数据统计与分析的过程中，你有哪些体会？想一想，调查与统计的方法还可以用在生活的哪些情境中？可以解决哪些实际问题？

学生 A：调查问卷可以帮助我们收集大家的意见和建议，知道大家的需求。如果以后我们需要在学校帮助大家完成某件事情、需要知道大家的想法时，就可以运用问卷调查，这样得到的数据会真实、有效，最大效率地帮助我们完成任务。

反思问题 4：是直接用评价量规来评价各组的时间安排表好呢？还是在体验和比较自己小组和其他小组的时间安排表之后再进行评价好呢？为什么？

学生 A：我觉得在体验和比较后再进行评价好。就像我们这学期所学的《小马过河》这篇课文中说的那样，别人的评价只代表别人，而每个人都不一样，感受也可能不一样。我们只有通过自己体验和比较之后再去评价，才能更好地完善

> 自己的观点。
>
> 反思问题5：你担当小组内的什么角色？你们小组遇到过什么样的问题和困难？你们是如何自主解决问题的？你们小组在合作学习方面有哪些好的经验？
>
> 学生A：我这次担任了统计员和时间规划师。在完成统计图的时候，我不太会用图表的形式来表达多样性的数据，所以我求助了爸爸，爸爸帮我分析了数据跟图表的关系，从而帮助我完成了统计图表。
>
> 反思问题6：现在，假如让你安排一下你的暑假生活，你会如何运用本次项目化学习中获得的知识与经验来设计自己的暑假计划表呢？
>
> 学生A：我会把我的暑假计划表具体到"几点几分做什么事情"，而不是像以往"早上读英文，上午做数学"那样不具体。

以上反思问卷的问题设计呈现出如下特征：

（1）对于"如何"类问题的再思考是反思的关键。学习的目的不仅仅是知其然，更需要知其所以然，而反思是"知道'如何'"得以发生的关键环节。如第5个反思问题就是促使学生回溯项目过程，回顾解决困难和问题的过程，总结经验，发现需要进一步改进的地方，进而培养良好的思维习惯。

（2）教师针对项目重点活动和关键研究方法设计了反思问题。在这个项目中，填写调查问卷和绘制思维导图都是学生体验、应用的重点活动和重要方法。反思问题2和反思问题3就是针对学习方法进行的反思。学生做完上述两个活动之后，不是有个结果就结束了，而是要在反思阶段对这两个重要活动和方法的作用进行再思考："起到了什么作用"——为什么要采用这样的方法；"你们改进了问卷的哪些地方？你们是如何发现这些问题的？"——鼓励学生再次思考工具的作用。

（3）注重学生在深度学习、审辨思考能力和元认知方面的发展。如问卷第4个问题就引导得非常有深度——引导学生不要被动地接受和操作，不盲从，而是在实践之后再分析、再思考。诸如"这样安排是否最为合理？如果合理，合理在何处？如果不合理，原因是什么？"这样的质疑和反思，能够培育学生自主、审慎和辨析思考的意识和态度，从而发展学生的批判性思维。

（4）在反思中发展学生对知识和方法进行迁移运用的能力。学生在项目化学习中获得的，不是死的、僵化的，而是活的、可迁移、可应用的知识和能力。"想一想，调查与统计的方法还可以用在生活的哪些情境中？可以解决哪些实际问题？""这种方法为你今后的学习带来了哪些启示？""现在，假如让你安排一下你的暑假生活，你会如何运用本次项目化学习中获得的知识与经验来设计自己的暑假计划表呢？"通过上述问题，教师引导学生将其在本项目中获得的知识、对方法的理解进一步迁移到其他可能的情境和实际生活应用中。

有效而深入的反思，离不开高质量的引导问题。泛泛的引导问题会导致学生只作表面化应付式的总结，难以达到真正反思的目的。一组高质量的引导问题则会引发学生较深入的思考，并锻炼严谨的思维方式，久而久之，便会养成良好的思维习惯，提升思维品质。那么如何设计一组高质量的反思引导问题呢？教师要以"引导学生去发现、探索、分析、评价、综合"为目标设计问题，来刺激学生对自己或同伴的学习活动进行反思。以下是一组典型的提示性问题。

（1）对项目化学习的整体反思问题

① 你对这个项目的感兴趣程度如何？投入程度如何？

② 在项目整个过程中，你印象最深刻的活动（或收获最大的活动）是什么？你从中获得的重要启示是什么？是如何获得的？

③ 如果你的学弟学妹来进行该项目，那么你给他们的三条建议或提醒会是什么？

④ 有哪些因素妨碍你把这个项目做得更好？如果再来一次，可以清除这些障碍吗？如何清除？

（2）对重点学习内容、学科核心素养方面的反思

① 通过参加这个项目活动，在 ×× 方面（如创新素养、鉴别信息等学科具体核心要求和能力），你是否觉得有所突破或提高？能否举例说明？

② 针对 ×× 内容（如项目最后的竞选稿/海报），你还想在哪些方面进行提高？

（3）对成长性转化的反思

① 在这个项目中，你觉得自己在哪些方面收获了成长？具体是什么？是怎么发生的？

② 在这个项目中，你获得的最大经验是什么？试着结合过程描述。

③ 如果重新再来一次，你觉得在哪些方面你（们）可以做得更好，使这个项目有更高的质量？试举例说明。

通过以上提示性的引导问题，学生可以知道从哪里开始反思，反思什么。在组织学生反思时，要特别关注两类反思：一类是方法类反思，如"是如何进行的？是什么促进或阻碍了你现在的学习？你最大的难题是什么，为什么？打算如何克服？"；还有一类是基于证据的反思，如"通过这个活动，在创新思维方面你是否觉得有所提高或突破？可否举例说明？反思你获得的进步、作出的努力以及活动中的强项、弱项，并举例"。

由此可见，精心设计的、高质量的反思支架既能促进学生对知识内容的深度学习，也

是助力学生成长性转化的关键的证据链。它犹如球场上的临门一脚，将项目过程中的片段经验内化为学生成长中的重要积淀。需要再次强调的是，虽然引导问题是教师设计的，但所有的问题都应指向学生的自主性。学生始终是反思的主体，他们在回顾、总结、深入思考和分析的过程中，积极主动地投入和参与，因此，深度学习得以发生，学生的素养和能力也在反思中得以进一步培育和发展。

总之，反思是一种需要培育和逐渐成长的能力。在具体培育的策略和方法上，希望各位教师能够根据项目目标与学生学习的实际情况灵活应用，而不是机械地套用某些策略及方法。教师在引导学生开展反思时，还应避免出现如下常见问题：

① 反思呈形式化、表面化、泛化及简单化，学生只说一些笼统的收获和问题，没有深入地回溯和剖析。

② 学生对于总结和反思，只谈感觉和结论，缺乏支持性的证据描述。

③ 反思仅局限于知识学习层面或泛泛的能力上，而忽视了与核心素养和成长性思维发展相关的关键点。

④ 只关注学生个体的反思，不关注学生集体的反思；没有做到用个体反思带动集体反思，用集体反思深化个体反思。

第二节 把握新的成长点

在进行项目化学习教学设计时，教师会将项目中的学科核心概念、知识及关键能力等目标放在优先位置予以考虑，并在实际开展项目的过程中通过支架问题引导和开展相应活动加以落实，同时使用个性化的评价工具和方法指引学生去开展自评或互评来检查达成的结果，但学生最终的收获还是需要通过总结性的反思活动才能进一步深化和内化。

举例而言，"信息的提炼与整理""信息的创造性表达"是某个信息科技学科项目中指向学科核心素养培养的重要内容，但在教师组织的一般总结和评价活动中，往往难以对上述重点学科概念的获得过程进行深度的分析和提炼。其他如对"合作与沟通""批判性思维""创造力"等关键能力的总结与评价也都可能遇到同样的挑战。所以，需要通过一些特别的反思活动而非一般的总结与评价活动，让学生梳理过程，剖析作品，具体分析自己作品的形成过程和最终结果是如何达成项目目标的，这样不但能加深学生对素养指标的理解和掌握，更让学生对自己掌握的方法和途径进行客观的认识和评估，进而促进了元认知的发展。

总之，在项目化学习的总结性反思中，如果把握住了反思的关键点，也就把握住了学生发展与转化中的新的成长点。

1. 反思基本问题（学科核心素养目标）

上海市宝山区顾村实验学校的初中数学教研组，基于六、七、八年级的学科单元教学内容设计和实施了"红绿灯设计"系列项目：引导学生在校园中开展调查活动，在发现出操、回操时的拥挤问题后，以学生提出的最感兴趣的问题"是不是可以将校外的红绿灯'搬进'校园？"为切入点，引导六年级和七年级学生以校园交通管理员的身份，研究"如何设置'红绿灯'以管理全校性活动进退操场的秩序"——在实地调查、数据整理与分析、问题梳理、初步预想、分享与评价以及修订与展示的探究过程中，学生学习并运用数学的图形、周长和面积计算，代数式表达，比和比例等知识设计了校园"红绿灯"的高度、大小、位置、变换时间及造型等，并在形成合理方案后向学校提交。

八年级学生则探究"如何优化学校周边道路交通信号灯的时长设置"，对学校周边交通状况进行调查，在数据整理与统计、资料查询与讨论的过程中分析问题；针对不同时段道路的交通状况，运用数学建模知识完成红绿灯时长分配方案，并向有关管理部门提出建议。

在项目成果展示与评价活动中，六、七年级的学生以小组为单位分享了对校园"红绿灯"设计的奇思妙想，并基于数据有理有据地阐述了设计思路和目的，还运用评价量规对本组和他组的成果进行评价。教师不断用问题引导学生讨论，陈述评价理由，促进学生思维碰撞，并抓准时机提出基本问题"数学如何使我们的生活有序化？"，进而引导学生开展总结性反思。参加系列项目的学生们在经过热烈的展示活动后，意犹未尽地写下了自己的感悟：

"红绿灯设计"系列项目反思（一）

上海市宝山区顾村实验学校　陈媚　杨华娇　陈彦祺　邱嘉宝

学生 A 的反思：总而言之，此次数学项目化学习让我收获到与平时书本上不一样的知识。我明白了遇到困难时切不可自乱阵脚，而是要冷静思考，从容面对，这样问题才能迎刃而解。同时，分组展示的课堂也激发了我们学生的竞争意识和好胜心，让我们在面对困难时有了更多的动力。

学生 B 的反思：在平时的数学课堂上，站在讲台上的是老师，而在项目化学习中，讲台的主人是我们学生。我们把知识与知识、知识与现实中的问题结合起来，用数学思维在现实环境中解决问题，而且会对每个环节每个数据反复计算核验。我在了解红绿灯的相关知识之外，还获得了一个真实完整的学习过程。在探索实践中,我们真正感受到生活中的数学。

学生C的反思:在选择计算队伍长度的方法时,我们小组成员间曾有过分歧,但经过讨论,我们最终找到了当下最优的方法。在计算队伍速度时,我们小组的估算与其他小组的结果曾有明显的差值,原来是测量时的单位选取有错误,我们及时沟通发现了问题并改正错误。这些经历让我意识到我们会遇到很多问题,但只要我们所有成员团结一心,这些问题都将成为成功的垫脚石、团队的黏合剂。

项目化学习的课堂里,我们每个人都在释放自己的想法,发散思路,相互交流,争取更好。刚开始我们都以为完成这个项目很简单,可当我们真正做起来的时候,发现并不容易,我们在实践中的每一分努力、收获的成长与数学知识对于我们来说都是最珍贵的宝藏,这不就是学习的意义吗?学习需要反思,才会有进步,相信下一次我们都会做得更好。

"我们在实践中的每一分努力、收获的成长与数学知识对于我们来说都是最珍贵的宝藏,这不就是学习的意义吗?"是的。从这些六、七年级学生的反思中,我们能够感受到他们通过对项目化学习的实践,不仅自得其乐地扮演好了自己的角色,还在纷繁复杂的现实世界中用数学知识观察、思维、解释,交出了答卷,获得了意料之外的收获。此外,学生在从项目化学习实践曾经的无序中找到了自身有序成长的轨迹。

再来看看参加项目的八年级学生是如何思考以下基本问题的:数学如何使我们的生活有序化?

"红绿灯设计"系列项目反思(二)

上海市宝山区顾村实验学校　陈媚　杨华娇　陈彦祺　邱嘉宝

学生A的反思:这次项目化学习让我体会到,原来生活中的许多问题是可以用数学建模的方法来有序地分析和解决的。我们小组在前期调研时忽略了司机的反应时间和等待汽车启动的时间。一开始,我们觉得这两个因素影响不大,可以省略,但后来代入数据之后发现,计算结果和实际相差挺多的。为了使模型更准确,我们增加考虑了司机的反应时间与等待前车启动的时间,并设一个周期内路口的一个方向上所有车辆的平均等待时间,利用等差数列求和公式算出路口所

> 有车辆的等待时间，推出四个方向的所有车辆的平均等待时间。然后利用四个方向的结果代入数学模型公式，推出一个周期内东西、南北路口所有车辆的总等待时间。
>
> 　　我们通过建立数学模型，并将经过实际观察后得知的数据代入模型，计算得出苏家浜路宝荻路路口东西向的红绿灯的最佳分配时间是：红灯61秒，绿灯54秒，黄灯5秒。南北向绿灯61秒，红灯54秒是最佳时间分配。
>
> 　　学生B的反思：经过对生活中实际交通情况的测算和检验我们发现，目前的数学模型适用于车流量相对稳定情况下的所有十字路口的直行道，可以把结果直接代入我们的公式。但我们没有解决车辆转弯时长的问题，且现有公式不适用于南北向和东西向车流量差别较大的极端情况。在今后的学习中，我们小组会继续探究。

"我们小组在前期调研时忽略了……""但我们没有解决……且不适用于……"从以上两段围绕着基本问题的反思中，可以知道八年级学生在本次项目化学习的过程中并非一帆风顺，他们在真实情境中遇到了许多复杂的生成性问题，经历了计算结果和实际数据相差甚远的挫折。在总结性反思中，他们并没有报喜不报忧地忘记和回避这些挫折，而是坦诚地回顾出现挫折的原因和解决的过程，并直言不讳地指出了自己在项目成果中的不足，为下一步的学习设定了目标。

像以上这样的反思才真正具有成长性转化的价值和意义。因为学生真正的成长就是经历多次失败和挫折后，面对现实，在找出解决问题方法过程中，养成不畏失败的勇气和对充满不确定性的人生的热爱，并能够享受其中的磨练和愉悦。这是一种坚毅精神，它是培养创造力的关键指标之一，而反思正是连接起每一段学习经历，促成学生的思维品质和行动力发展的催化剂。

上海世外教育附属闵行区浦航实验中学的张老师，从九年级学生对造纸产生的黑色废液如何处理产生的疑问和浓厚兴趣出发，设计实施了"探秘造纸'黑液'"化学学科项目。基于真实问题的解决，学生们合作探究造纸厂排放"黑液"的现状和相应措施；进行实验调查，分析"黑液"中有机物和无机物成分；查询相关资料，整理总结排放标准，比如"近中性，才可排"；探索科学可行的"黑液"处理方案，为减少环境污染献计献策。在项目成果展示与评价之后，张老师组织了一场反思交流会。一起作为观众听一下师生们的对话吧。

"探秘造纸'黑液'"项目反思(一)

上海世外教育附属闵行区浦航实验中学 张沈尧

教师(张沈尧老师,下同):在解决造纸"黑液"问题的过程中,你认为需要运用到哪些学科知识?你认为化学学科中有哪些知识对解决"黑液"问题至关重要?

学生A:我认为要用到化学、生物学科的知识。搞清楚"黑液"中的成分会与哪些物质反应且不产生污染是非常重要的。

学生B:主要运用的是化学知识。造纸"黑液"是一种工业生产的废水,属于有害物质。"黑液"中最关键的是化学物质,对于化学物质的处理,应采取最安全的措施,无论是对有害物质的降解还是对其他物质的回收,都离不开对化学的研究。我认为要解决造纸"黑液"问题,就需要先充分观察和检测"黑液",这样才能得出一个有效的处理方法。

学生C:我认为需要用到物理、化学、生物知识。其中,化学学科中有关酸碱盐的知识最重要,因为它涉及物质间的转化。

教师:经过自主设计造纸"黑液"的处理方案,你对物质间的转化或者资源的利用有怎样的认识?

学生A:物质的转化要考虑相关过程中是否会产生新的物质以及操作是否便利。至于资源的利用,可以循环利用从实验中生成的一些物质。

学生B:我们可以使一些看着是废品的化学物质变废为宝,比如可以回收木质素、氢氧化钠,并理解垃圾只是放错位置的资源。

学生C:可以利用化学试剂进行物质间的转化,同时实现资源的循环利用。

学生D:反应物中有的元素,生成物中一定也有这种元素。

学生E:我的方案主要是将溶液浓缩,加入熟石灰优先回收苛性钠(氢氧化钠)与热能。回收资源必须建立在低成本、可操作性强的基础上,不能因小失大。

学生F:可以利用某些方法将废弃液体中的有害物质转化为可利用的物质,比如氯化钠,做好资源的回收利用。

张老师提出的前两个问题主要引导学生对所学的知识点进行反思。从学生们的回答中可以看出,他们对于"解决造纸'黑液'所需的学科知识是什么"已比较清楚;他们能够抓住解决问题的重点是物质间的转化与利用,这说明他们通过本次项目化学习已经能够基本理解物质的转化概念，并且该项目对学生形成"可持续发展"的大概念起到了促进作用。

"探秘造纸'黑液'"项目反思（二）

上海世外教育附属闵行区浦航实验中学　张沈尧

教师：在本次项目化学习中，你运用了哪些查阅资料的方法？你认为在使用文字稿和思维导图之间，哪种汇集资料的方式更好？请说明理由。

学生A：我找资料是通过查阅文献和在网络上浏览。我认为思维导图更好，它可以较清晰地将资料与资料之间的联系表现出来。

学生B：我通过查阅书籍和网络上的信息来收集资料。对于汇集资料的方式，我也认为用思维导图更好，因为思维导图是一个思维整合的过程，有助于我们理清逻辑关系。相对而言，文字稿内容较多且比较死板。

学生C：我主要通过上网搜寻、专家问答和书籍阅读等方式收集资料。我认为文字稿更好，因为文字稿可展现的内容丰富，比思维导图更清楚更详细，内容也更完整。在了解一个未知领域时，我们需要汇集大量的文献知识来填补知识的空缺。

学生D：我主要是运用网络查找资料，有时候也会在知名的论文数据库上查文献。我认为文字稿更好，因为文字稿更加专业和严谨。

以上的教师问题主要是为了引导学生反思资料收集与整合的方法，同时也在评估他们的信息收集和处理的能力。可以看出，大部分学生都是通过上网查阅资料的，也有小部分学生会去翻阅专业书籍和文献，这说明通过本次项目化学习，学生获取知识和信息的途径变得多样化起来，不会只知道盯着教科书找资料。从学生对信息归纳和呈现方式的选择上，可以看到他们的思维也开始活跃起来，有些学生认为使用思维导图汇集资料更好，这说明他们已经知道知识间的逻辑性非常重要，因为思维导图可以将分散的知识点串联起来，有助于学科概念的形成。而文字稿的几名支持者也能够提出他们自己的应用理由。

"探秘造纸'黑液'"项目反思（三）

上海世外教育附属闵行区浦航实验中学　张沈尧

教师：你担当小组内的什么角色？你们小组遇到过什么样的问题和困难，你们是如何自主解决问题的？你们小组在合作学习方面有哪些好的经验？

学生A：我的任务是记录实验现象。我们遇到的问题是组员们意见不统一，交流时坚持各自的意见。但后来我们决定，一起讨论某一个人的方案，肯定对方的意见，找出其中的漏洞，提出问题并完善步骤。

学生B：我的任务是撰写实验报告。刚开始接触项目时，我们小组都无从下手，但后来通过一步步查阅资料和做实验，我们知道了"黑液"的成分、产生的原因与排放标准。我觉得小组合作学习时，可以通过更详细更明确的分工使工作效率提高。

学生C：我们小组一开始合作不是很默契，而且组员在实践活动中均不擅长动手操作，后来我们私下里经商量后重新明确了分工，并学习其他组的操作，积极地请教老师，慢慢地组员之间建立起信任关系，也开始互相尊重每个人的观点和想法。

学生D：我担任组长。我们组在体验造纸活动时正好遇到甲流暴发，有一半学生都生病不能来学校，所以剩下的学生任务非常重，但是好在我们团结一致，互帮互助，咬牙坚持下来，终于完成了实验视频的制作。所以我们得到的经验是不管遇到什么困难，都要相信团队的力量，只要人心齐，能把泰山移。

学生E：我在组内承担资料汇总的任务。我们小组在设计"黑液"处理方案时，对于处理方法的选择产生了困难。我们先查阅资料和请教老师，然后一起交流讨论出了解决办法。在合作学习方面，我们学会了在遇到困难时，先靠众人的力量，再结合每个人的长处，进而得到最优解。

以上教师提出的问题是评估团队协作情况。所有小组都能在进行项目化学习之后体会到团结协作的重要性，感受到团队的力量，形成了勇于克服困难的品质。合作与沟通能力也是发展学生核心素养的重要部分，很欣慰能在这个项目中看到学生的成长。接下来看张老师如何引导学生反思。

"探秘造纸'黑液'"项目反思（四）
上海世外教育附属闵行区浦航实验中学　张沈尧

教师：通过本次项目化学习，你对"化学"与"社会的可持续发展"间的关系有何理解？

学生A：化学的不恰当利用会导致环境污染和破坏，从而影响社会的可持续发展，而恰当、充分地利用化学可以带来多方面的好处，推动社会的可持续发展。同时，化学也有助于经济的可持续发展，可以在一定程度上减少成本，节约资源。

学生B：社会的可持续发展离不开化学知识，许多关于环境的问题要靠化学解决，两者关系密切不可分割。根据绿色化学发展理念，化学可以为环境保护作出巨大贡献。

学生C：化学可以保护自然，实现资源的回收利用，但有时也会破坏大自然。

学生D：在开发利用自然资源的时候，要认识到保护生态环境的重要性，践行"绿水青山就是金山银山"的理念，社会才有可能可持续发展。

张老师这样评论："从学生的以上回答来看，他们对可持续发展的理解主要着眼于生态环境的可持续发展，确实，生态环境的可持续发展是'社会可持续发展'中很重要的一部分，也有学生提到了经济的可持续发展。教师可以进一步引导学生针对'化学如何为社会开辟一条可持续发展的道路'这一基本问题，作更加全面而深刻的思考。"张老师最后围绕"未来职业"引导学生反思。

"探秘造纸'黑液'"项目反思（五）
上海世外教育附属闵行区浦航实验中学　张沈尧

教师：你以后会选择当一名造纸工程师或者从事化学化工类的工作吗？为什么？

学生A：若能成为一名化学系教授级别的人物，并可以参与和创造出新事物，为人类的发展作出贡献的话，我愿意尝试化学化工类工作，因为这是十分光荣且有意义的。

学生B：成为一名化学化工类的员工可以研究出比以前更环保的东西，可以改变生态环境使社会可持续发展。

学生C：会的。本次的项目化学习使我领略了化学的魅力，也让我体验了一次当造纸工程师，我由此对化学化工类工作产生了浓厚的兴趣。

学生D：可能会。因为我对化学学科的本质感到好奇，也喜欢亲手做实验，想要探究更多的新物质。

张老师在这次反思交流会后谈了自己的感想，她认为："化学学科想真正教给学生的并不仅仅是那些知识点，而是多年以后学生依然能想起来的那些东西，而这些东西就是我们希望学生所形成的核心素养。要学好化学，对化学有浓厚兴趣是必要条件。从学生的回答来看，大部分人都愿意从事与化学有关的工作，说明他们对化学是非常感兴趣的。未来世界的发展需要化学，化学的发展需要人才，我非常高兴他们愿意从事与化学相关的工作。"

《义务教育化学课程标准（2022年版）》指出，化学课程要培养的核心素养，主要包括化学观念、科学思维、科学探究与实践及科学态度与责任。从学科知识，到学习方法，到合作探究，再到基本问题，最后到提升到社会责任，张老师的提问在紧密围绕学科核心素养的前提下引导学生作答，这样的反思既目标明确又不空洞。学生接受并乐于开展这样的反思，将项目探究过程中的收获和形成的观点自信地表达出来，学会多角度思考和分析问题。

2. 过一遍"电影片段"——叙事式反思

在进行项目总结性反思时，引导学生通过回顾和描述自己在项目化学习中的具体收获和成长事例，可以帮助学生更好地认识到自己在哪些点上曾经面临了哪些挑战和问题，对于挑战和问题进行了怎样的处理，以及最后的结果如何。这样具体深入的反思是激发学生元认知体验，提高思维能力，助力自主学习和深度学习的重要途径。学生会更清晰地意识到自己在哪些方面做得如何，哪些部分变化了、成长了，哪些地方还有待进一步完善。如在以下上海市闵行区纪王学校"清澈的水池"地理、生命科学跨学科项目的总结性反思中，学生就表述了自己的成长。

"清澈的水池"项目反思

上海市闵行区纪王学校　吴晓珏　张立平

学生A的反思片段：我们组选择了"生态浮床如何净化水质"这一研究主题。开始时，我们组织了一次小组会议，分派了各成员的任务，而我担任了电子演示文稿的制作员。在制作电子演示文稿时，我发现关于生态浮床的网上描述都是大段的文字，而我一开始也直接把文字复制了下来。但后来我发现，大段的文字使大家既看不清楚又不易理解展示内容。通过讨论，我们改变了电子演示文稿的展示形式，把语言改得更加精炼，再加上了一些图片，使大家能看得更清楚更生动，并且制作了简单的可视化模型，让大家更好更直观地理解生态浮床。在这次项目化学习中，我对如何科学地进行实验设计也有了一定的了解，在完善实验方案时，我既要严谨、全面地考虑到各种变量，也要考虑到各种影响因素，希望下次能设计出更好的实验方案。

通过上述反思经历，学生初步获得了回溯梳理、总结及思考的能力，这无论对于学习水平的提高还是自我认知发展都有一定程度的推动。

3. 反思创造力

项目化学习不仅帮助学生经历发现和解决真实问题、创建项目显性产品的过程，还关注学生隐性的内化成长，如反思"创造"的体验。在上海市静安区市西小学刘老师的"窗台上蔬菜的童话"项目报告中，一群二年级的学生在自己家里体验窗台种植的同时，还通过网络与小组的伙伴一起驰骋想象，创编童话故事。项目教师还带领学生们开展了一场充满想象力和创造力的反思活动。刘老师发现，在这次项目学习的总结与反思阶段，学生自己会问："我学到了什么？"学生心里的"学到"，很自然真实地覆盖了非常宽广的范围——知识、能力和综合素养在他们眼里是一个整体。

"窗台上蔬菜的童话"项目反思

上海市静安区市西小学　刘麟

学生们发现："写作很重要，表达也很重要，团结一心最重要。"

他们还发现"内容可视化"的好处——"学生们为故事配图和最后的视频展示让我（刘麟老师）印象最深，配图帮助学生在编故事时展开思考讨论，大家提的建议不乏奇思妙想。"

学生的许多领悟来自自身的项目（"窗台上蔬菜的童话"）经历："有一次，我们小组的成员之间想法不同，大家有一些小情绪，但在老师的开导后，组员之间能够互相理解，大家学会了耐心听完队友的建议，提升了想象的能力。在此前提下，我们的故事编得更有趣了。"

显然，小组和班级内成员之间的互相欣赏、互相学习大大增强了协同学习的效果。

项目"洋葱组"："我从小付同学的朗读中学会了用手势去表现朗读作品。""我最喜欢《一筐蔬菜成了精》这个故事，因为这个故事有趣，而且同学会边做动作边有感情地朗读。"

项目"豆芽组"："我最喜欢洋葱组编的故事——《洋葱两兄弟》。兄弟俩一个生活在土里，一个生活在水里。生活在土里的哥哥很谦虚，每天提醒弟弟晒太阳，可是生活在水里的弟弟不听哥哥的话，不愿意晒太阳，慢慢地叶子渐渐变黄而且越来越小……最后弟弟被主人扔掉了。这个故事告诉我们很多深刻的道理和

> 知识，比如植物既可以水培也可以土培，光合作用会帮助叶子长得又绿又好。"
>
> 当成年人还在讨论迭代和迁移时，学生们却很快奉献了特别具体的答案——当学生们被问"故事很成功，但还能不能在哪里做得更好"时，他们的回答是这样的：
>
> 项目"青菜组"："我觉得可以加入室外的环境或者小动物，比如太阳、云朵、风、小鸟等，让它们与窗台的青菜对话，这会增加更多趣味性和自然知识。"
>
> 项目"豆芽组"："避光组的水里可以再加点营养液，这样豆豆会长得更好。"
>
> 当问学生"你还可以用童话来展现生活中的哪些故事"时，他们作了以下回答。
>
> 项目"豆芽组"："可以给我的小宠物乌龟编个故事。还有'亡羊补牢'这样的成语也可以被改编成童话故事。"
>
> 项目"小葱组"："我今天买了一个生态瓶，里面有苹果螺、樱花虾、小兰草和水藻，它们组成了一个童话世界。"

从上述学生反思中，可以看到他们在培育植物成长的过程中获得了"陪伴成长"的生命经验。在项目化学习过程中，这些学习体验、亲密无间的合作经历，不断帮助师生调节心绪和激发创造力。"创造"还让参与项目的二年级学生展现出鸿鹄之志，并化作他们克服畏难心理、虚心求教、勤学苦练的动力。他们磨砺自己，学会思考，学会欣赏他人与自己。

那怎样让"创造"和"成长"真正进入互为媒介、相辅相成的融合过程？具体、深入、全面的反思正是串联起这一过程必不可少的驿站。

作为教师，要知道如何通过反思让学生的创造力被大家看到。正如知名教育专家谢利·肖特（Shelley Shott）女士说的："在培养创造力问题上，教师自己先要把握本质，突破思维局限，才能激活学生新的想法和新的解决问题的方式。培养以及发展创造力的责任在教师身上，教师需要创建一个比较友好的环境，鼓励学生用更创新的方式来思考。"

确实，引导学生反思的实践中，一线教师需要展示自己的智慧，因为在这个学生成长的关键节点上，项目不仅需要有规划，还必须有创造性的投入，这样才能营造和激发学生自我对话、师生对话及生生对话的环境，进而实现项目成果的最大化。

第三节 教师多视角的实践性反思

实践证明，学生的反思往往能为教师提供一些特别的视角，促进教师更深入思考项目化学习的价值和意义，并引发教师对课程、学科教学和育人价值观的更深入思考。因此，在项目结束时，教师趁热打铁地对整个项目开展的过程与结果、目标与成效进行总结和反思是很有必要的。教师通过比较教学设计和实践之间的差异，分析项目实施过程中出现的生成性问题及师生应对问题的举措和效果，总结实施过程中的成败因素，提炼出行之有效的教学策略和经验，在今后的项目化学习教学实践中不断验证和完善，进而提升自己的专业素养。同时，教师还应进一步思考项目化学习的教学实践经验如何迁移到常态课堂的教学中，使项目化学习的元素融入基础课程教学，真正落实育人方式的变革。

教师进行项目化学习总结与反思的主要工作包括：

- 对项目化学习中学生的过程性资料（如任务单、评价表、学习支架、对话记录、作品和即时性反思）、阶段性成果、最终成果以及总结与反思报告等进行系统的整理，形成完整的学习档案袋。
- 对项目化学习中的学科关键概念、重要技能和素养目标的达成度进行评估，通过回顾和分析查找不足，总结经验，反思改进方案。
- 从探究、协同、反思这三个关注点出发，思考项目实施过程中的应用效益，提炼教学策略与方法，形成实践报告（可参考本书附录实践案例），为开启未来的新项目做好准备。

这里要对项目化学习档案袋作具体说明。在项目启动之初，教师就应该设计档案袋的结构并告知学生使用方法及要求；在项目实施过程中，教师可以引导学生以小组为单位建立持续的学习档案，在其中不断增加有关他们学习进展和反思的资料，提升学生自主管理项目的能力；在项目成果展示和反思阶段，教师可以对学生的档案袋进行系统的整理和归类，为自己的总结与反思做好实证材料准备。

下面重点讲解教师如何进行反思。反思对教师的专业发展至关重要，教育学者佐藤学就认为："教师是以经验的反思为基础、面向儿童创造有价值的某种经验的反思性实践家。其专业成长的性质是，在复杂情境下问题的解决过程中所形成的实践性认识的发展。"事实上，项目化学习中无论学生还是教师的反思，都具有"在行动中反思"的特征，即在所作所为中回顾、审视，从而获得发展。

项目化学习具有实施的不确定性——往往包含很多独特的、具有一定冲突性的复杂情境和不可预测的挑战。回应挑战是教师实现专业成长的契机，这时教师进行反思就更为重要，例如：本次项目化学习是否达到了教学目标？出现了哪些意想不到的新情况？教师是怎么处理的？在哪些方面我可以处理得更好？教师是否干预得太多或太少？每个学生都有效参与了吗？如果没有，教师该如何鼓励他们？以上都是一个项目在实施过程中和结束时教师需要认真思考和总结的问题。

教师在进行项目化学习的总结与反思时，还要用探究、协同、反思三个关注点来检查和评估项目实施的整个过程——首先，需要仔细回顾各个活动之间的逻辑关系，活动中问题、评价、支架、资源、技术工具的应用情况及效果，出现的生成性问题及应对方法、应对过程、应对效果等；然后，从素养目标和学生成长的角度出发，对实施过程中观察和把握到的关键教学事件进行梳理，并结合项目化学习的八大要素分析当时的做法和动机，提炼出重要的有价值的教学策略，总结促进学生核心素养发展的路径。

1. 反思项目化学习实践中教与学方式的转变

上海市民立中学的薛老师在"我是民立主播"项目反思中，谈及了"师生如何适应角色的变化"并提炼出实践策略。

"我是民立主播"项目教师反思（节选）

上海市民立中学　薛佳悦

（1）由学生的关注点入手。作为教师，笔者率先主动接过他们抛出的话题，并相应地临时调整原先的教学计划，重新规划学习内容和方向，意在解决学生真正关心、想要探究的问题。笔者享受这种拥抱未知和变化的过程，这样的调整也能够更充分地调动学生的学习兴趣和积极性。在较为宽松的氛围里，学生的学习热情和创造力可以尽情释放。

（2）巧用资源和提问代替指挥。在实施项目化学习的过程中，笔者不直接指出作品的问题，以免打消学生的积极性，而是灵活运用资源，给学生一个优秀的范本，让学生在探究、对比、分析中找出自己的问题所在，发掘提升空间。很多时候教师可以尝试从资料引出自己的观点，并用材料证明自己的观点，然后按此路径提出建议，学生往往更乐意接受。

另外，笔者设计的任务清单中的提示问题属于内容问题，它们都指向单元问题——一档好节目的要素是什么？如何策划一档英语谈话类节目？在实践中，学生的观察和思考让笔者感到欣喜。今后，笔者要努力完成的任务是设计更好的内

> 容问题、单元问题和基本问题，使其成为贯穿项目始终的支柱，给学生撑出更多的思考空间。
>
> （3）充分调动学生的自主性。笔者非常注意不直接告诉学生某种可行的表达方式，不刻板规定每一个时间节点，不代替学生作决断，而是在尊重他们的想法的同时，按照项目化学习的特征给予学生辅导，给予学生方法和思路上的引导，调动学生的主动性，让所教和所学变得可信、可靠、可体验。因为现实中很多事并不存在标准答案，也不只有一种实现方法。为了呵护他们萌发的新奇想法和学习热情，笔者十分注意建议的分寸和方式。"退一步"的背后反而是更多更精细化的设计和考量，比如设计学生的自评互评量表，定期地检查、监督和提醒。
>
> 英语是一门实践性很强的学科，要想让学生熟练地掌握英语知识，必须不断地进行语言实践。而在传统的教学中，教师是课堂的"主人"，学生很少有实践的机会，这在一定程度上阻碍了学生语用能力的发展。如何转变传统的教学方式，努力将课堂转变成交际活动的场所，为学生提供更多表达的空间，进而落实学科核心素养的培养，成为笔者一直思考并努力实践的课题。

对教师而言，反思不是一般意义上的回顾，而是教师对自己的教育教学活动进行审视从而发现问题、分析问题并解决问题的过程，因而具有研究性质，其本质是一种理解和实践之间的思维对话。对于薛老师的反思，既能感受到一名一线学科教师对"聚焦育人方式变革"的理解，又能看到她在教学实践中体会项目化学习的"以终为始""用以致学"的特点，将学习过程翻转，通过驱动性问题的引导，把知识学习、能力提升、问题解决及产品创建整合到一起。这样的教与学，与本书所追求的学科核心素养以及综合素养的培养目标不谋而合。显然，薛老师找到了一种既正确又适合自己的教学方法——项目化学习的教学方法。

2. 聚焦项目化学习要素的应用开展深度反思

上海市静安区市北初级中学北校的陈老师通过回顾和体会，概括和提炼，围绕"学生如何进入研究者的角色"主题，对"畅想未来机翼的发展"项目中学生角色的应用作了深度反思。

"畅想未来机翼的发展"项目教师反思（节选）

上海市静安区市北初级中学北校　陈斌

（1）在项目化学习的前期就让学生进入角色其实非常重要，教师可以从学生感兴趣的活动出发。教师在活动中还需要设计矛盾点以引发学生讨论，加深学生对知识的理解，为进入研究者角色打好专业基础。在项目前期笔者还让学生对评价量规进行讨论，使学生对量化评估有更深的认识，并进一步理解控制变量法的实际作用。项目前期活动还有一个现实意义：推广科学化的语言表达和研究方法。学生通过一场纸飞机的飞行比赛，学习使用科学语言和方法开展交流和研讨，渐渐地向科学研究方向靠拢，进入研究者的角色。

（2）在航宇科普中心的参观学习过程中，笔者想到要从学生实际学习中产生的真实问题入手，培养学生的问题意识、提问能力，发展其科学探究素养。有时，项目化学习的问题可以不全由教师设计，而是在项目过程中多多发现学生真实的问题，从中筛选出有科学价值的研究性问题，并不断优化这些问题。但务必注意，学生的提问能力也是要培养的。可以在每个研究阶段设计出一个矛盾点或者困难点以激发学生提出问题，教师则根据教学目标进行筛选，找出有价值的学生问题，让学生拥有螺旋式上升的机会。通过筛选问题，可以让学生更加明确什么样的问题更具科学价值，从而让他们在下一个研究阶段提出更聚焦的科学问题。

（3）教师作为项目化学习的研究者，要总结如何实现从个别学生到全部学生参与的经验。学生是有个体差异的，因此项目化学习的表达方式和活动设计也可以多样化，让不同优势的学生都能在本次项目化学习中获得成就感。在整个研究过程中，学生们自己采集数据和资料，合作设计试验方法，并一起向笔者请教有关函数和向量的知识——这是传统课堂教学中所没有过的现象。尽管学生们的试验略有偏差，表述也略显稚嫩，但不得不承认，这种发自内心的求知欲是传统课堂相对较难激发出来的。

上海市洛川学校的杨老师在一个线上开展的项目的实践报告中，对怎样的项目成果能够激活学生的探究兴趣作了反思。

> **"隔空共演,战疫中的你我他"项目教师反思(节选)**
>
> 上海市洛川学校　杨洁
>
> 　　创新成果具有激活学生的魔力。线上学习状态下,成果是学生跳一跳能够摘下的果实。成果取决于学生能跳多高,跳了够不着不算好的任务,不跳就能摘下的也不是好任务。本项目设计中,笔者曾纠结于最终成果是到剧本还是到情景剧摄制为止,现在看来,定于后者产生了更强更持久的动力。
>
> 　　此外,线上项目活动打破了"旧规则"。网上交流包含的不确定性带来一定程度的混沌,但小组成员在适应环境变化的过程中也带动了自身的变化,给线上学习规则的建立和自身的转化创造了新的机会。此时,教师的有效作用不是照搬课堂上的条条框框,而是灵活关注并催生项目组织在新环境下的自适应性。教师要为线上的、以学生为中心的活动做好扎实的准备。那些任务单、按时间节点准备的支架范例、驱动问题和评价指标,就是屹立于"变"中的"不变"。

虽然杨老师的反思内容并不长,但从关键点("给线上学习规则的建立和自身的转化创造了新的机会")的把握,到具体的策略应用("那些任务单、按时间节点准备的支架范例、驱动问题和评价指标,就是屹立于'变'中的'不变'"),再到教师有效作用的真正体现("不是照搬课堂上的条条框框,而是灵活关注并催生项目组织在新环境下的自适应性"),对每一点她都有着自己的深入思考。

同时,杨老师反思了线上状态下项目化学习实践所面临的不确定性,并关注教学过程中生成的故事,诠释其中的意义,强调自己是如何感知和理解教学的。她在建构教学活动中所体现出的反思深度令人印象深刻。

上海市奉贤区南桥小学(恒贤校区)李老师在"文游小园丁"项目反思中谈到了问题链的动态形成过程。

> **"文游小园丁"项目教师反思(节选)**
>
> 上海市奉贤区南桥小学(恒贤校区)　李梦蝶
>
> 　　在项目驱动问题"如何提高学校种植园的樱桃萝卜产量"的指引下,学生经历了实地考察、园艺配土、选种播种及种植养护等过程,而一次意外事件的发生——某名学生向种植盆内"施天然有机肥"的调皮操作,使那盆樱桃萝卜长得特别茂盛。这引发了学生们的好奇心和探究欲,其他小组的学生都特别想解开这

盆樱桃萝卜为何如此茂盛的秘密。

笔者马上组织了一次探究活动,帮助学生分析了这种"天然有机肥"的成分及作用。没想到这次活动彻底打开了学生的问题盒子,他们又提出了许多新问题,例如从光照、营养、播种等角度提出"如果晚上继续开灯照射樱桃萝卜,是否可以增产?""不同湿垃圾的堆肥是否也会对萝卜的成长产生不同的影响?""怎样的种植盆内种子密度才是最佳状态?""施肥的成本和增产比例的效益怎样可以最高?"……学生提出的新问题一个接一个,越提越专业,这形成了一连串有生命力的问题链,激发着学生自主地解决问题,再找出新问题。

上海市实验学校西校的王老师在反思中,讲述了"我的学堂我的乐歌"项目中"生成富有思想和活力的实践共同体"的故事。

"我的学堂我的乐歌"项目教师反思(节选)
上海市实验学校西校　王雅琪

当项目化学习进行到了创编阶段时,有的小组会因为歌曲的主题内容发愁,而这类问题的解决,有时要依托于学生之间的友谊。正是这些真实发生的故事和真实的情感,赋予了他们创作的动力。

"最好的我们"小组,是由几位男生组成的,正如他们的作品名《最好的我们》那样,他们是好兄弟组合。其实在最初分组探讨时,他们并没有什么特别想表达的内容,但其中有个活泼爱闹的组员过来跟笔者说,其实他们小组已经有了一首唱着玩的歌曲,歌曲中的主角就是他们小组中的一员。"那很好啊,来唱给我听听看"。"老师,其实我们只是闹着玩的时候随便唱的。"组内负责"主唱"的学生很不好意思地跟笔者说。在不断交流后,笔者了解到这名"主唱"与歌曲中的主角学生之间曾经发生过一些不愉快的事件,但最后也正是因为这个事件让他们成为歌曲中所唱的那样——"情比金坚"的好兄弟。

"这个歌曲主题非常好,那你们小组就用歌声来唱出你们自己的故事吧。"那么旋律方面的安排呢?笔者建议他们学习小组成员都喜欢的一首歌曲,即在这首歌曲的基础上进行改编再创作。在反复的交流中,笔者和学生们一起探讨了如何编写歌词,如何将词曲结合,以及以怎样的方式融合。在歌词创编过程中,学生选用了课堂上所学习到的表达友情的诗句,同时,他们还将喜欢的说唱元素加入其中。即便是一小段说唱，他们小组也是不断地试唱，并琢磨如何才能更好地押韵，歌曲情感怎样展现才能达到高潮。他们还讨论起了歌词的含义。看着他们如此认真地沟通、尝试，笔者觉得这就是最好的他们。

"游京"小组是个有些特别的团队，因为每个组员都是"音乐大师"，有的特别痴迷于嘻哈音乐，有的特别喜爱古典音乐，还有的特别喜爱古风音乐。总之，组员们都有各自擅长的领域。

事实上，让那些对音乐非常热爱的学生凑成一组，共同合作去创编一首作品是很有难度的。首先，在选曲方面，每个组员都想用自己喜欢的风格。尤其是有个学生本身就有些自傲且很有个性。在初步的小组沟通中，他就找到了笔者并说："老师，我真没有办法跟他们一起合作了，他们喜欢的音乐太土了，真的，我实在没办法！"笔者建议他可以先把自己的想法和音乐试着写出来，并安慰他："大家的想法一开始不一致很正常，后期你们可以看看是否可以通过巧妙的设计进行想法上的融合。"然而，再次与他们小组沟通时——笔者还在为他们小组的合作而操心——他们的想法和创意令笔者惊讶。他们很巧妙地将各自喜欢的音乐进行了融合：以歌曲《游京》为主旋律，在保留古风的同时还加入了说唱元素，来了一个中西结合。这个组的一个学生跟笔者说，在与小组同伴的合作中，感觉到很多学生都在贡献着自己的智慧，这让他知道了合作的重要性、必要性。在这样的合作中，他的想法改变了，愿意尝试不同风格的音乐，并在他们的乐器配置环节中非常积极地贡献自己的智慧。

笔者的具体反思心得如下：

真正的合作小组是一个经验共同体，一个责任共同体及一个沟通共同体。只有在拥有共同的目标且一致努力的前提下，每名学生才能在合作中不断地发展与成长。

在项目化学习的过程中既有学习方式的转变，也有学习组织形式的转变。学生们在各小组中共同合作、创作，在这个过程中，他们不仅对如何创作音乐作品能够产生思考和提高，更重要的是对团队、对学习以及对人与人之间的关系和合作有了更深刻的认识。

从上述反思中可以看到教师实践的心得。当学生面对创编难点时，教师通过与学生的对话，敏锐地发现原来学生玩笑中随便唱唱的内容就有可能成为他们创编的契机和内容，进而转化为创编的突破点；教师还适时对一些摩擦事件加以引导，以实现学生情感层面的升华，让学生真正体会到团队合作是多么重要。这样的叙事反思显然会增强教师对关键事件的敏感意识和对教学契机的捕捉能力。

3. 反思不确定性

正如本书导言中的论述："不确定性和复杂性是项目化学习实践活动固有的属性。好奇心是孩子的天性，从某种意义上来说，项目化学习的实践是孩子的天性与客观环境中包含的不确定性、复杂性问题碰撞、调和，进而解决问题的过程。"同时，本书在各章节中也引用了大量案例来证明项目化学习实践中不确定性的存在。

好的项目有意释放学生的创新能量，好的教师为了激活学生的学习动力和学习热情，也会给学生开辟更多自由发挥的空间，而学生在主动学习的进程中常常会因为出色应对不确定性引发的事件收获意外的回报，这让许多教师感到惊喜。所以，抓住不确定性引发的事件，分析事件的内在原因、应对过程和取得的成效，也是教师深度反思的关键点之一。

下面介绍两个教师反思案例，一个是反思项目实践中意料之外的学生个体变化（控制下的波动），另一个是反思项目外环境变化引发的"危机"处理（控制外的波动）。

班级里有些学生平时的表现并不突出，但他们在项目化学习中的表现往往令人刮目相看。原来，当一个学生被点亮、被激活、专注于学习时是这样可爱。

"中华小当家"项目教师反思（节选）

上海市徐汇区华泾小学　冯琳

笔者要讲述的这个项目化学习实践故事还得从我们班的王同学说起。

在学生们即将小学毕业之时，笔者设计的"中华小当家"数学项目启动了。没想到，这一次短短的项目化学习实践让笔者重新认识了我们班的学生，尤其是王同学。

王同学虽然天资聪颖，但学习习惯欠佳，有时上课不能静下心来听课，甚至还会影响其他学生学习。他在班中的朋友也不多，原因在于他与同学交流玩耍时常闹矛盾，并常把所有的责任推给他人，不愿意承认错误也不愿意道歉，并会以哭闹收场。

在学生们自由分组分工环节，王同学竟然自告奋勇地要做组长。笔者心想，说不定通过这次活动能让他有所改变和进步，毕竟数学是他最喜欢的学科。于是便让他招募组员，组建团队。可想而知，一开始不少同学不相信他能担此大任，鲜有人愿意与他一组。最后，有3个同学成了他的组员，组成了这个看似奇怪的组合——一个个性鲜明的组长和3个沉默寡言、内向的组员。

在项目推进过程中，王同学会经常到办公室找笔者，向笔者吐露对组员工作状态的担忧。笔者耐心地帮他分析情况并讨论出了应对的方法。很快，便到了项目成果展示的阶段。在成果展示课上，王同学作为压轴组的组长，表现可圈可点，甚至让听课的教师纷纷对他刮目相看。

首先，他带头镇定自若地作起了自我介绍，并告诉大家他在组内承担的任务，王同学的自信给了组内其他3个成员一针强心剂。这3个平时内向的组员也跟着他面向全班学生依次作了自我介绍。在他的安排下，一个组员分享了自己搜集到的理财知识，另一个组员展示了自己梳理并绘制的数学知识点思维导图。

接着，王同学介绍起了他们组的理财计划表，正当他侃侃而谈的时候，投屏设备出现了连接问题，幕布因此突然黑屏了！笔者心想：坏了，这一组本来综合能力就比较弱，加上王同学平时较火爆的脾气，设备的故障会不会将他们好不容易积攒的信心击碎？但王同学接下来的一句话证明笔者的担心是多余的。他对笔者说："冯老师，您先处理一下电脑，我接着讲。"他的这句话，不但给了组员底气，也让笔者不再担心这些学生是否能继续完成汇报任务。在笔者处理电脑期间，王同学淡定地继续他的演讲，他强大的内心给在场所有人留下了深刻的印象。

最后，王同学还结合社会热点——大学生网贷现象，向大家讲解了网贷的真实利率，告诫大家非法网贷平台的危害，并号召同学们要树立正确的金钱观和财富观，理性理财，进而使得项目成果展示课的气氛达到了高潮。

可能传统的授课课堂上有较严格的纪律约束，且答题必须依据标准答案，因而限制了一部分学生的发挥。笔者觉得，在这个项目中有提高的不止王同学一人，他只是比较具有代表性。教师要认识到，并非每一个学生都有相同的天赋、能力和动机，但每一名学生都有相同的权利发展个人的天赋、能力和动机。要让每一个学生都能够转变和成长，教师就要给每一个学生一个公平的机会，不要太早界定一个学生的发展。当下他的所学和才能，不能代表他今后一定能做什么、会做什么，只要他为之努力过、奋斗过，就可以期待未来可能性的存在。

冯老师的经验是宝贵的。教师应更加关注每一个学生，针对不同类型的学生助力他们个性的发展，增进学习的自信心和内在动力，鼓励他们建立起自我导向的学习行为，让他们能够适性发展。

事实上，每一个学生都是多姿多彩的。只要教师多观察、多了解、多沟通，就会发现每一个学生的个性特征。教师应有目的、有计划、有步骤地制订科学有效的教学策略和实施方案，推动、促进学生的成长。跟踪剖析个体学生的成长，深刻体会学生作为学习主体的含义和巨大潜力，亦是教师在项目化学习教学实践细微处领悟育人方式转变的有效途径。

在另一个案例中，当线上环境下的项目成果展示遭遇突发情况（不确定性）时，上海市浦东新区南码头小学的达老师是如何扭转局势，让项目展示能够有惊无险的？她在"欢乐中国年"项目反思中作了记述。

"欢乐中国年"项目教师反思（节选）
上海市浦东新区南码头小学　达雯

本次项目成果展示活动是线上进行的，由于笔者之前就经常运用线上平台进行授课，从未遇到过技术问题，所以稍作准备就开始了活动。可没想到的是，当A组交流完他们的作品后，B组讲到一半时笔者的电脑出现了状况：电子演示文稿无法再播放。于是，展示活动只能暂停。

当时，笔者疯狂地按着鼠标和键盘，可电脑全然没有反应。于是笔者只能退出操作系统后又重新进去，但还是不能操作界面功能。笔者急得犹如热锅上的蚂蚁，当时的想法就是"暂停不上了或者择期再来"。由于这堂课是直播课，家长可以扫二维码观看，此时笔者看到自己手机上的班群里跳出了如下话语：达老师，慢慢来，我们等你！达老师加油！……这一句句鼓励的话语来自于学生也来自观看的家长。是呀，这次课对学生们来说是一座展现自己的舞台，笔者怎么可以把这座舞台轻易关闭呢！那样的话，学生们以及观看的家长会有多失望啊！

于是，笔者忙从上网课的女儿手中借过她的平板电脑。功夫不负有心人，在笔者的努力下总算成功登录线上平台，各种展示软件也恢复正常，最终顺利地完成了后续任务。

至今回想起这件事还会让笔者捏一把冷汗，笔者永远忘不了当自己成功再次登录平台后所看到的学生们的表现：他们依旧端坐在电脑前，没有左顾右盼，更

> 没有一人离开网络教室，他们坚信达老师一定会回来为他们上课的。真庆幸自己坚持了下来，否则该伤了多少学生的心啊！
>
> 事后，笔者进行了自我总结与反思，想到如果笔者事先把所有电子演示文稿文件传给平台技术人员，那么笔者就不用下线找替代电脑了，因为他们就可以帮笔者播放，笔者只要用耳麦上课即可。这件事让笔者领悟到在完成项目化学习的各个环节时，难免会遇到各种突发状况，而作为教师，自己一定要考虑周全，并预先设计一两个备用方案，这样遇到突发情况时，就可以代替原来的计划，进而确保任务的顺利完成。

线上的项目成果展示活动，最怕的就是突然出现网络或硬件问题，造成展示活动暂停。案例中，平时在线上授课得心应手的达老师也碰到了无法预料的不确定性，但这位教师在头脑发蒙的一瞬过后，在"推手"的助力下，使得项目成果展示活动重启了。

那这个"推手"又是谁呢？联系反思中的上下文，能找到达老师不愿辜负家长和学生的心意，以及重启展示后一个个端坐身姿的学生。因此，"推手"就是隐形于教师、学生和家长之间的融洽合作和信任的关系，这就是项目化学习从合作走向协同的产物。是意外的暂停让"推手"显形，使那些在项目启动后所形成的学习文化、合作氛围等"资产"转化为正面的力量与学生的项目成果一起展示出来。

另外，教师也可以通过对比教学设计和实施之间的差异进行反思，剖析实践中生成性问题的成因与应对过程，从而思考如何对教学设计进行灵活调整和迭代。教师反思不仅仅是对项目过程和结果的回顾，更是深入剖析所得到的经验、不足之处、教训和启示。

近6年来的项目化学习教学实践培训中，我们非常重视教师实践后的总结和反思，并将实践的反思和案例的撰写作为促进教师专业发展的重要抓手。很多实验校的教师从多方视角对自己的项目实践活动进行了深入的梳理和挖掘，凝练主题，如"拥抱不确定""学生如何进入研究者的角色""如何创建师生共同体""从表浅到深层的探究学习""师生如何适应角色的转变"，同时总结提炼出诸多有价值的体会和收获。

以下引用薛老师在她的"我是民立主播"项目反思中的一段话。

> ### "我是民立主播"项目教师反思（节选）
>
> 上海市民立中学　薛佳悦
>
> 　　在项目化学习中，学生和教师都需要有一个适应的过程。对于学生来说，项目化学习无疑是一次挑战，需要学生打破原来的学习观念，重塑学习路径，动脑动手，投入时间、精力、情感、态度及资源，指向最终的自我素养发展和提高。
>
> 　　对于教师而言，要让学生在做中学，突出他们的主体性，将指挥棒变为魔法棒，告别教条式说教，用趣味性和挑战性激发学生的学习动力，用任务驱动学生去思考、判断和选择，启发学生发现问题，引导学生自主解决问题。
>
> 　　笔者认为，发现问题是解决问题的第一步。笔者鼓励学生自己发现问题，分析问题，在这一过程中，笔者同他们一起探讨问题的解决方法，并在反复探究的过程中逐步找到最优的解决方案和表达，这样就更接近真实的生活。面对复杂多变的世界，师生都应当尽力去拥抱问题，在不断地反思和解决问题中学习成长。相关的磨合过程就是学生角色和教师角色慢慢发生转变的过程。
>
> 　　实施项目化学习促进了笔者育人观念的更新，笔者愿意从观念和行动上不断作出新的尝试，身体力行，感受动态变化的师生关系，体会其中的苦与乐，并希望通过自己的努力让项目化学习成为学生提升自我的有效路径。

　　像以上这样的反思，不仅是教师对于学生在项目中发展变化的总结，更是教师对于自身学生观、课程观及教学观所形成的理性思考与深刻领悟，这给教师带来了参与感、获得感和成就感。

　　10多年前，一位项目化学习国际专家曾说："受训教师在课堂上的一切体验，今后都会转化为学生的经历。"今天我们也可以反过来说："学生在项目化学习实践中所经历和表现的，也一定会转化为教师的项目策略和理念。"学生的反思，往往会触发教师对项目化学习的价值和意义有更深入的认识，并将由此获得的宝贵经验迁移到今后的项目化学习或常态课堂教学上，成为教师专业成长过程中的关键性转折点。

附：项目"成果展示与反思"阶段教师工作自查表

成果展示与反思，是项目的最后一步，也是事关学生和教师成长性转化得以发生的重要一环。在这部分的章节中，我们梳理了高质量项目成果展示的关键策略——自主、交互、创新，以及贯穿项目始终、推动素养目标达成的终结性评价的应用方法；还论述了趁热打铁地开展项目反思对师生成长发展的必要性和重要性，同时提供了一些切实可行的方法和范例。为更好地回顾本部分的主要内容，同时有质量地完成项目成果展示与反思阶段的工作，达成项目目标，请教师利用下面的"教师工作自查表"（见表3-3）进行有效的自我评价。

表3-3

"成果展示与反思"阶段教师工作自查

问　　题	0~10分
1.教师是否与学生沟通项目展示活动的初步构想，并鼓励学生提出更加可行且有创意的展示方案？（例如：教师可组织一次项目展示方案讨论会，从项目进展和特点、学生意愿和成果情况、展示条件和规模等方面与学生一起商议如何使项目展示更有新意、更可行、更能达成项目目标。）	
2.项目展示前，教师是否鼓励各小组自主创新地做好项目展示规划？（例如：教师可以综合评估各小组的成果特点，鼓励各小组能够从展示分工、展示内容、展示形式、展示评价等方面思考并制订有创意的个性化展示计划；同时，提醒学生小组做好展示中针对突发状况，如硬件故障、学生个体原因的应对方案。）	

（续表）

问 题	0~10分
3. 项目展示前，教师是否了解各小组的项目展示计划并做好支持工作？（例如：教师可以查阅学生小组的成果或参与小组讨论来了解学生是否能够清楚地表达自己的想法，展现项目过程和成果的优势、特点；根据各小组的实际情况，给予学生一些技能培训、心理辅导及场外专家的协助，同时也要保证展示的课时、环境及相关的物质条件。）	
4. 项目展示中，教师是否在鼓励学生发挥自主性的同时，用问题引导他们运用学科思维思考和解释自己的观点？（例如：教师可以预先设计一些与项目有关的学科问题——开放性问题或封闭性问题——在各组展示前公示，引导学生通过展示来解答这些问题；观察和倾听各组展示，发现偏离项目目标或评价要求时，用问题逐步引导小组回归正轨。）	
5. 项目展示中，教师是否运用评价引导学生达成素养目标，让学生从评价中找到获得感？（例如：教师可以邀请家长、校外专家、其他教师或学生等多元主体共同参与项目展示的终结性评价；使用对话、论辩、体验等多样化的评价方式来激发学生的评价兴趣，促进学生从成功、失败等多角度评价与反思；将评价指标细化，扩展一些单项奖，用多维度的评价指标使更多的学生有获得感。）	
6. 教师是否对项目展示中的突发事件进行积极应对和解决？（例如：教师在突发事件中能够保持冷静，及时通过各种渠道寻求帮助，并能够鼓励学生调整好心态，激发其勇气和信心去解决突发问题，继续完成展示，进而培养学生应对不确定性的能力。）	
7. 项目展示后，教师是否趁热打铁地组织学生开展总结性反思活动？（例如：教师可以提前规划反思活动，设计学生所需的反思工具和支架，为学生讲解使用方法；用反思问卷、问答、对话、反思交流会等多样化形式，从学科知识及核心概念、项目成果及过程中的成功之处、学习方法、合作学习经历和合作探究中的自我表现等角度，引导学生回顾项目实践过程，用证据进行具体且有效的反思。）	

（续表）

问　　题	0~10分
8. 教师自己是否在项目结束后及时进行总结和反思？（例如：教师可以通过回顾整个项目的各个活动，从学生表现、实施状况、项目过程性资料、技能培养、生成性问题的解决、项目目标达成度及育人价值观等角度去进行总结和反思，加深对项目化学习的认识，将有价值的教学策略迁移到今后的常态化课堂教学中去。）	
我在本阶段教学实践中的创新做法和感悟：	

附录

教学实践案例

我是民立主播

教师姓名	学校	涉及学科	项目实践年级
薛佳悦	上海市民立中学	英语	高一

项目概述

本项目的设计源于上教版《普通高中教科书·英语·必修·第一册》第三单元（Choices），旨在帮助学生意识到并展示个体独特的价值。

笔者希望在"我是民立主播"这个项目中，学生能够借助学校电视台，推出一档英语谈话/访谈类节目。他们以小组为单位，选取身边一种新兴的生活方式（如食品外卖、快递物流、移动支付、共享出行、直播销售、线上学习）为主题，讨论该新生事物的两面性，以完成一期节目的录制。节目呈现的内容不限，但必须包含英语访谈部分，可以加入英语情景表演、街头采访、数据统计等元素，有新颖的想法和创新点可加分。修改打磨后的成果可以分期由校园电视台播放，或者在英语组微信公众号上推送。

设计如此的项目内容，既基于笔者对学科教材内容的解读——单元学习的目标设定为引导学生关注社会现象，了解事物的两个方面，辩证地思考，做出明智、积极的选择来影响周围乃至世界，又源于笔者对学生在这一阶段学习、生活中一些表现的观察。通过该项目，培养学生英语语感，进而提高语言技能，深化对"选择"这一概念的理解——这是该项目的第一个学习目标。

高中学生正处于人生非常关键的阶段，他们要面对繁重的升学压力和复杂的多彩世界。对于他们自身而言，需要知道如何在现实生活中学会辩证地思考，作出正确的选择，应对复杂多变的问题——这是笔者希望通过这个项目达成的另一个重要目标。

教学设计几经打磨修改，终于走进课堂与学生见面了。但让笔者没想到的是，详细严谨的设计在遇到活生生的学生时，还是发生了几个"意外"。

从等待学生答案，到接纳学生创意

图 4-1

学生在参与项目准备活动

项目准备课上，笔者提问学生："生活中哪些新兴的事物能够引起你们的探究兴趣？"针对这一问题，学生在纸上写下了自己的想法。

分类汇总学生提议。根据收集到的学生反馈信息，最高频的关键词是"5G 网络""云课堂""共享经济""在线支付""人脸识别""直播带货""网络信息安全""无人驾驶轨交"等。这一系列话题都与迅猛发展的互联网科技密不可分，不得不说学生对于时代的潮流把握得很准。学生还提出了不少笔者事先未预料到的话题，例如"应急救护技能的普及""特殊教育""泡沫经济""综艺选秀热""维护女性权益"等。

从话题的多元化可以看出学生个体的独特性，以及学生群体对社会热点的敏锐感知力。另外，一些学生提到"如何适应高中生活""高考加三学科的选择""外貌焦虑""学生睡眠时间"等，虽然这些话题超出了笔者要求的"新兴事物"的范围，但它们非常真实，贴近学生的生活，源于学生对自我的认识和探索。笔者从中看到了高一新生对高中生活的憧憬、困惑、担忧与期待。确实，朋辈压力和人际交往这类话题很符合该年龄段学生的身心发展规律。

随后，笔者请学生依次简单谈一谈自己对于所列话题的观察和看法，笔者也会适当给出一些自己的看法和选题建议。在平等融洽的讨论交流中，笔者感受到了学生对社会时事的关心，以及他们对科技与人文的思考。通过这次调查，笔者捕捉到了学生思想中宝贵的光芒，这促使笔者改变自己的计划——应该选择一些学生真正感兴趣的选题。考虑到该年龄段学生的身心发展规律和特征，笔者从中挑选出了"外貌焦虑"问题，并联系"综艺选秀"现象，以"何为真正的美"为主题，组织学生开展了第一轮学习讨论。

确定学生感兴趣的主题后，笔者挑选了两篇英语文章供学生学习，其一侧重对"美"的观点的论述，其二呈现访谈节目的文本范式。在学习语篇的基础上，学生进行口语练习，用英语表达自己对于"美"的态度和观点，并说明理由。

随后，任务升级，学生完成一次与"美"相关的小组主题访谈，作为第一轮学习成果。

作为教师，笔者率先主动接过他们抛出的话题，临时调整原先教学计划，重新规划学习内容和方向，意在解决学生真正关心且想要探究的问题。笔者享受这种拥抱未知和变化的过程，这样的调整也能够更充分地调动学生的学习兴趣和积极性。在较为宽容的氛围里，学生的学习热情和创造力可以尽情释放。

让"开放性问题"真正开放起来

在第一次阶段性成果的分享课上。学生小组创编的"外貌焦虑"英语主题访谈节目，分别呈现了一位听众致电节目组讲述自己整形手术失败的遭遇，一名应届生以自己的求职体验表达了对外貌的焦虑，一位女明星谈到自己曾经为了控制体重而付出的代价。在"主持人"的引导下，他们还讨论了外貌形象和劳动力市场的关系以及是否存在理想美的标准，从而共同寻求问题的出口，找到社会接纳自己的平衡点。对话过程中出现了人物之间观点的碰撞，学生在设定人物和矛盾冲突时颇具新意。

虽然学生的奇思妙想带给笔者很多惊喜，但其实作品本身问题也不少，如内容不够充实，表达不够贴切，对话衔接不够灵活。这是笔者在教学设计时没有预想到的，那么如何通过这些实践中的生成性问题的解决来引导学生深入探究呢？

首先，笔者没有否定学生的作品和想法，笔者认为这些缺憾是再好不过的学习契机。

其次，笔者引导两组学生相互评价，指出可取之处和有待改进的问题。过程中笔者发现，大多数学生其实能够意识到自己的不足，或者在同伴的提醒下发现问题。

除了学生提及的问题，笔者还想补充一些建议，但笔者没有直接点破，而是在课后搜集了一段出自上海外语频道（ICS）的英语访谈类节目影像。笔者事先观看视频，仔细分析，并且设计了一系列的提示问题，为课堂讨论做准备：

- 本期节目的主题是什么？
- 开场时长多少？开场白包含哪些部分？
- 主持人如何介绍嘉宾？受邀嘉宾的身份与本期话题的匹配度如何？如果你有机会挑选嘉宾，你的嘉宾人选是怎样的？
- 访谈中，主持人提了哪些问题？问题的类型和作用是什么？
- 嘉宾发言中的主要论点和支撑性论据是什么？
- 嘉宾之间存在怎样的互动形式？
- 通过这期节目，主持人和嘉宾想要向观众传递的理念是怎样的？节目的宗旨是什么？

第二次阶段性成果的评价与修订课上，笔者组织学生观看范例视频，要求学生寻找节目中的亮点并表述。刚开始笔者没有用任何问题去限制学生的思路，他们可以指出节目中任何值得自己借鉴的方面。笔者鼓励他们表达自己的感受，每人至少说一点。

学生A注意到主持人用了重复的方式来表达自己的感叹或疑问，并引出自己的思考。

学生B发现嘉宾常常结合亲身经历谈自己的看法。

学生C指出，主持人在访谈嘉宾时非常注意不喧宾夺主。

学生D记得嘉宾用了很多口语化的表达，简单易懂。

导引短片让学生E印象深刻，他也计划在视频制作中加入图片和小短片。

学生F甚至观察到了直播间的布景和灯光，主动向笔者申请借用学校的活动室去录制视频，以提升节目的观感。

学生们的回答涉及了主持人的控场能力、嘉宾的语言表达、后期编辑等各个方面。

自由讨论后，笔者将事先列好的提示问题作为自查清单发给学生，让学生勾出已解决的问题，再思考剩下的问题。之后全班交流想法，由学生总结出好节目的要素。

初步归纳后，笔者引导学生针对原本提供的评价量规提出修改意见，进一步明确节目评价标准，以促进最终作品的质量。对照最新标准，笔者启发学生作比较分析，寻找原先作品中新的增长点，发现问题，归纳策略，从而进一步完善成果，并在修正过程中取得能力的进步。

在实施项目化学习的过程中，笔者通常不直接指出作品的问题，以免打消学生的积极性。笔者转而灵活运用资源，给学生一个优秀的范本，让学生在探究、对比、分析中找出自己的问题所在，发掘提升空间。

需要指出的是，很多时候教师可以尝试从资料引出自己的观点，并用材料证明自己的观点。按此路径提出的建议，学生往往更乐意接受。

另外，笔者设计的清单中的提示问题属于内容问题，它们都指向单元问题——一档好节目的要素是什么？如何策划一档英语谈话类节目？实践中，学生的观察和思考让笔者感到欣喜，今后，笔者要努力的任务是设计好框架问题，使其成为贯穿项目始终的支柱，给学生创建更多的思考空间。

呵护创新热情，保证学生角色的主体性

在启动项目最终任务时，学生面临的第一个挑战又是选题。笔者只给出一个大主题，即生活中的新兴事物。学生需要先用一周时间完成研究背景的调查报告。

每名学生需要至少找到5份与自选话题相关的英语原版文字材料或影像资料，然后按照模板填写相应内容，包括文章或视频内容概要、信息的来源等，这样可以有效地保证学生确实查证过信息，从而能够有理有据地说服同伴。

笔者把学生最终要交来的学习成果和过程记录称之为"基础任务包"，包括节目提案文书、剧本、采访提纲、视频等。规定了最终成果上交日期后，笔者要求每组学生商讨，完成小组计划图，图上要清楚标明"基础任务包"内每个板块的完成时间、主负责人、参与人员、担任的角色和负责的主要事项，并规划组内的节目实施方案。同时，笔者鼓励学生将"基础任务包"之外的创新点纳入计划，升级项目，赢得加分项。

准备就绪后，各组分头行动。在实施过程中，笔者注意到非常真实的一种情况——学

生写完初稿，就等着老师来修改。他们一贯的想法似乎是：等老师改好稿子，自己背一背，就能去表演了。这样具有依赖性的想法确实成为笔者推进项目中的阻碍。

其实，和学生反复协商比武断地替学生拿主意更费力气，但笔者坚持不包办代劳，保证学生在学习中的主体性，引导学生自己修改作品，适时给出建议，观察学生的下一步行动后再给出反馈，让学生再修正自己的行动。

有一次，学生提出自己无法进一步充实内容，因为找到的资源有限，某篇资料与主题趋同，但是能用的实质内容很少。针对她的困惑，笔者先同她把文本重读了一遍，再举例说明，提示她如何借鉴、化用文中的观点和表达，而非生搬硬套。她豁然开朗，转换思路，再次投入文稿修改的任务中。

在推进项目成果创建的过程中，笔者非常注意不直接告诉学生某种可行的表达方式，不刻板规定每一个时间节点，不代替学生作决断，而是在尊重他们的想法的同时，按照项目化学习的特征给予学生辅导，给予学生方法和思路上的引导，调动学生的主动性，让所教和所学变得可信、可靠、可体验。这么做，是因为现实中的很多事并不存在标准答案，也不只有一种实现方法。

为了呵护学生萌发的新奇想法和学习热情，笔者注意建议的分寸和方式。退一步的背后反而是更多更精细化的设计和考量，比如设计学生的自评互评量表，定期的检查监督提醒。

总结：项目化学习，在实践中学会适应

在项目化学习中，学生和教师都需要有一个适应的过程。

对于学生来说，项目化学习无疑是一次挑战，需要学生打破原本的学习观念，重塑学习路径，动脑动手，投入时间、精力、情感、态度及资源，指向最终的自我素养发展和提高。

对于教师而言，要让学生在做中学，突出他们的主体性，将指挥棒变为魔法棒，告别教条式说教，用趣味性和挑战性激发学生的学习动力，用任务驱动学生去思考、判断、选择，启发学生发现问题，引导学生自主解决问题。

笔者认为，发现问题是解决问题的第一步。所以，笔者鼓励学生自己发现问题，分析问题，这一过程中笔者同他们一起探讨问题的解决方法，并在反复探究的过程中逐步找到最优的解决方案和表达。这就更接近真实的生活，面对复杂多变的世界，师生应当尽力去拥抱问题，在不断地反思和解决问题中学习成长。

以上的磨合过程，也是学生角色和教师角色慢慢发生转变的过程。实施项目化学习促

进了笔者育人观念的更新,笔者愿意从观念和行动上不断作出新的尝试,身体力行,感受动态变化的师生关系,体会其中的苦与乐,希望通过自己的努力让项目化学习成为学生提升自我的有效路径。

想要了解更多本案例相关内容,请扫描下方二维码!

谁可能是唐僧的第五个徒弟？

教师姓名	学校	涉及学科	项目实践年级
邱凌艳	上海市周浦实验学校	语文	七年级

项目概述

《西游记》是《义务教育教科书·语文·七年级上册》（五·四学制）中的名著导读篇目。本项目以"《西游记》中谁可能是唐僧的第五个徒弟"为驱动问题，引导学生通读全书，做好四个徒弟的人物形象分析和人物档案，提炼出唐僧收徒的关键因素及其背景，以此为依据寻找第五个徒弟。项目中，学生通过小组合作探究，推荐自己认可的候选人并申明理由。学生要在问题驱动下，学会分析小说情节与人物形象，把握《西游记》主要人物特征，习得深度阅读小说的方法。在各项目活动环节中，促进学生听、说、读、写能力的提升，培养阅读经典文学作品的兴趣。在开放的学习时空中，引导学生自主探究合作式的学习实践，发展语文核心素养和创造性问题解决的能力。

你知道《西游记》吗？

"你知道《西游记》吗？"

面对这个问题，可能很多学生的第一反应是："哈！《西游记》谁不知道？"然而深究起来，可能脑海里更多浮现的是有关《西游记》的动画片、连续剧吧。学生对真正的《西游记》

原著又了解多少呢？

当笔者在课堂上抛出这个问题的时候，不少学生一度面面相觑。

作为一部明代的章回体长篇小说，《西游记》有整整一百回，共计87万字左右，语言文白夹杂，典故丰富，人物众多。七年级的学生要把这部作品"啃"下来，完成从对《西游记》相关动漫、连续剧到对《西游记》原著的认知，是颇有挑战性的。帮助学生坚持阅读，达成小说阅读的学习目标也是本项目设计的初衷。而笔者作为一名语文教师的"追赶之旅"也就此启程。

"你挑着担，我牵着马……"我们一起"赶路"

为学生找到一个合适的版本，尽量扫除阅读障碍是摆在笔者眼前的第一个问题。

在寻觅、比对一番后，笔者发现由一位知名学者校注的版本注释充分，是比较适合学生用来辅助阅读的。

解决了版本的问题后，如何落实"读"就是摆在笔者眼前的第二个问题。如果合适的版本是性能精良的车，那么恰当的方法就是提供精确位置的导航，能够确保学生沿着正确的道路行驶起来。于是，笔者设计了一张"《西游记》阅读记录表"（见表4-1）给学生，其中涉及了字词和文化常识的积累、语言的品读以及内容的思辨等，目的在于培养学生的阅读习惯，潜移默化地落实学生语文核心素养的培育。

表 4-1

《西游记》阅读记录

班级：	姓名：
阅读时间：	章节名称：
一、字词、文化常识	

（续表）

二、精彩语句	
原句	批注

三、本章主要内容

四、思考探究

五、质疑

刚开始时，学生反映没有头绪，不知如何落笔。所以，笔者就示范做了一份样表（见表4-2）。学生们渐渐能摸到门道了，他们能够紧扣文本，品读人物描写，敢于表达自己的想法。

表 4-2

《西游记》阅读记录表填写样例

班级：七（3）	姓名：XXX
阅读时间：2020.12.1—2020.12.3	章节名称：第一回 灵根孕育源流出 心性修持大道生

一、字词、文化常识	
①甲子：古代用甲、乙、丙、丁、戊、己、庚、辛、壬、癸十个天干和子、丑、寅、卯、辰、巳、午、未、申、酉、戌、亥十二个地支相配，来纪年月日。干支的第一个配合为"甲子"，故以"甲子"代指历日。	②挈（qiè）：携带，率领。
	③翠微：指青翠掩映的山腰幽深处。
	④人而无信，不知其可也：出自《论语》。意为一个人如果不讲信用的话，那真不知道他该怎么做人了。

二、精彩语句	
原句	批注
①金丸珠弹，红绽黄肥。金丸珠弹腊樱桃，色真甘美；红绽黄肥熟梅子，味果香酸。鲜龙眼，肉甜皮薄；火荔枝，核小囊红。林檎碧实连枝献，枇杷缃苞带叶擎。	"金、红、黄"颜色鲜艳，"绽""肥"写出果子饱满，"献""擎"，用拟人手法、对仗手法使语言工整，朗朗上口，多角度烘托宴会欢乐热烈的气氛。
②群猴尊美猴王上坐，各依齿肩排于下边，一个个轮流上前奉酒，奉花，奉果，痛饮了一日。	"肩排"有画面感，很多猴子肩挨肩；"依齿"是按年龄，有秩序感。美猴王的管理才能突出。

（续表）

原句	批注
③烟霞散彩，日月摇光。千株老柏，万节修篁。千株老柏，带雨半空青冉冉；万节修篁，含烟一壑色苍苍。门外奇花布锦，桥边瑶草喷香。石崖突兀青苔润，悬壁高张翠藓长。时闻仙鹤唳，每见凤凰翔。仙鹤唳时，声振九皋霄汉远；凤凰翔起，翎毛五色彩云光。玄猿白鹿随隐见，金狮玉象任行藏。细观灵福地，真个赛天堂。	环境描写，用"老柏带雨""修篁含烟"（修长的竹子）营造出仙境，又用"奇花""瑶草"等仙花、仙草进一步烘托。这部分植物的描写视角从高到低，从上到下；用"青苔""翠藓"给原本无生机的石崖、悬壁带来生机，又用"仙鹤""凤凰""玄猿""白鹿"等常见的神奇动物增添仙气。从植物到动物，从静态到动态，视觉、听觉齐备，营造出浓厚的仙境氛围，为下文猴王拜师作铺垫。

三、本章主要内容

东胜神洲傲来国海中有花果山，山顶上一仙石孕育出石猴。石猴在所居涧水源头寻到名为水帘洞的石洞，被群猴拥戴为王。又过三五百年，石猴忽为人生无常，不得久寿而悲啼，根据一老猴指点，石猴经南赡部洲到西牛贺洲，上灵台方寸山，入斜月三星洞，拜见须菩提祖师，被收为徒，其名曰孙悟空。

四、思考探究

请写一段文字，从不同角度分析孕育石猴的仙石"仙"在哪里。

五、质疑

优秀的阅读记录表会在班级内定期展示。每次展出，叽叽喳喳的小脑袋们就围了一圈。你用了圈点、批注的方法，我关注到了一系列动词的巧妙用法……学生们暗暗较劲，互相取长补短，阅读记录表（见图4-2、图4-3）做得一次比一次漂亮。

图 4-2

学生完成的单个章节阅读记录表 1

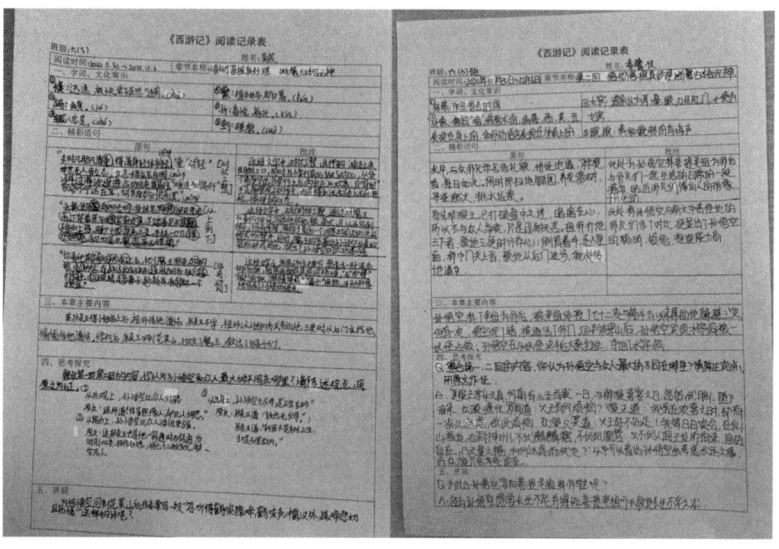

图 4-3

学生完成的单个章节阅读记录表 2

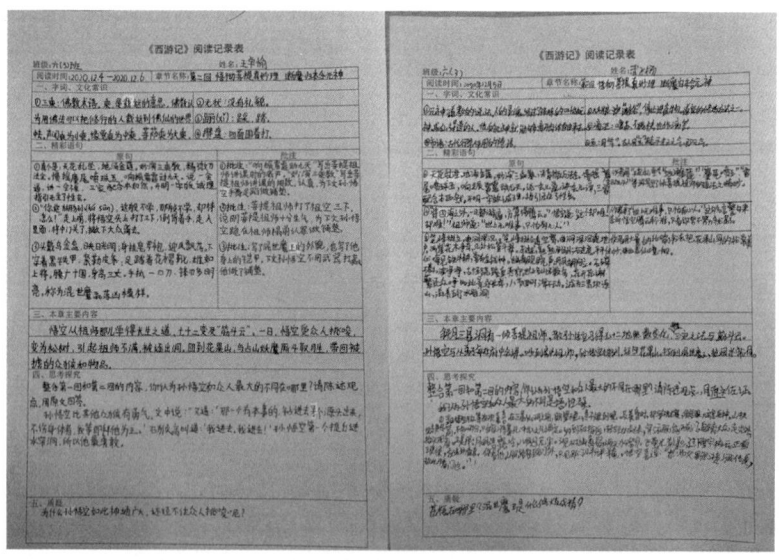

步入正轨之后，在学生的提议下，笔者和学生经共同商讨后决定：结合教科书上"精读与略读"的读书方法指导，将阅读记录表略作调整，由原来的每阅读一章完成一张记录表调整为每阅读三章完成一张记录表（见图4-4）。如此一来，学生能又快又稳地行驶在阅读之路上了。

图 4-4

学生完成的多个章节阅读记录表

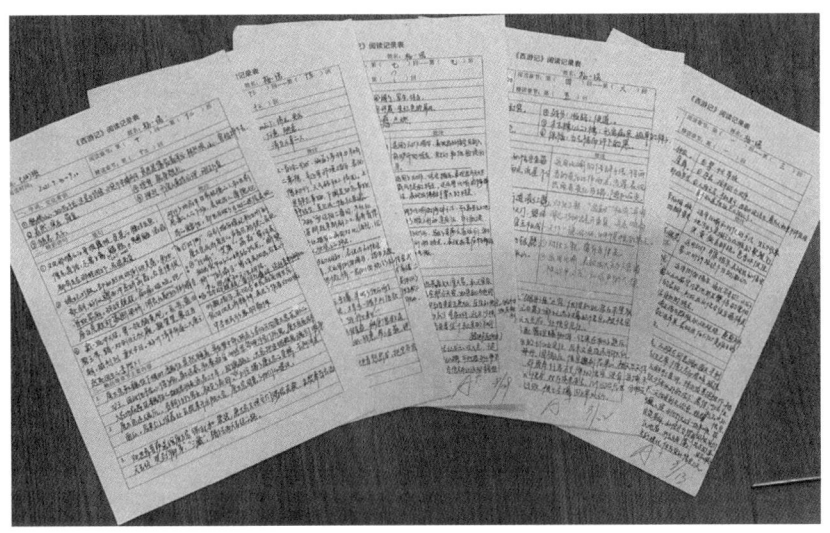

通读的过程中,在笔者的启发下,学生搜集并分享了一些有趣的小活动(见图 4-5、图 4-6),为同学们的阅读过程增添了趣味。学生们写写画画,"玩"得不亦乐乎。

图 4-5

学生搜集分享的趣味小活动 1

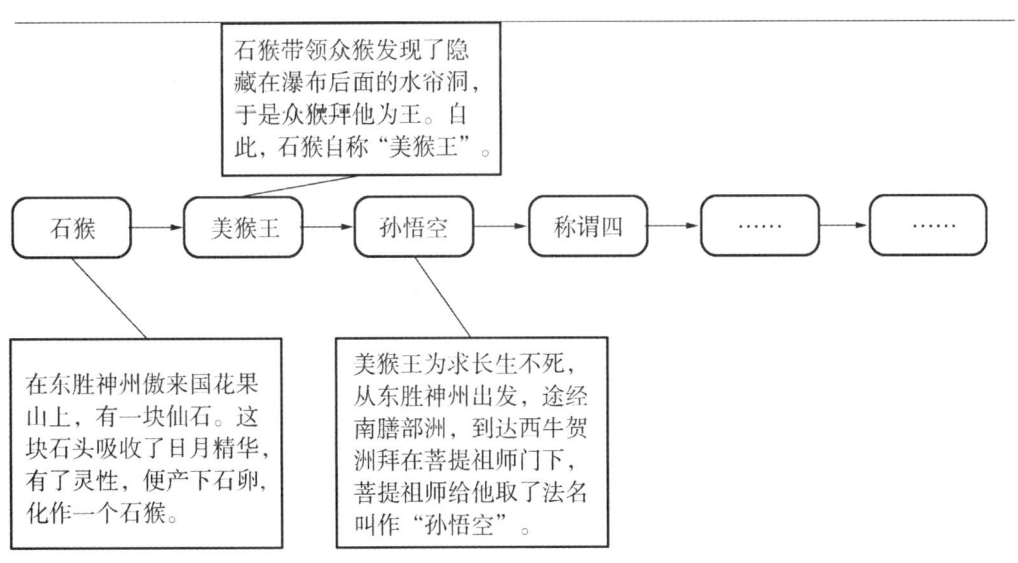

图 4-6

学生搜集分享的趣味小活动 2

追上踏着七彩祥云前行的学生

有几次,笔者刚走进教室,学生就迎上来问:"老师,我们这节课还是上《西游记》吗?"学生眼中满是期待。

对于"谁可能是唐僧的第五个徒弟"这个问题,学生们似乎是成竹在胸。"老师,我选红孩儿!""老师,我选牛魔王!"……学生们都迫不及待地想要回答这个问题。

"哦?是吗?你为什么选他呢?你的依据是什么?你从哪里能看出他的这个特点?……"多追问几个问题,学生往往就陷入沉默。然而,此时正是追上学生思路,将其引入正轨的好时机。

于是,笔者带着学生一起梳理了解决驱动问题的路径:首先需要调查之前4个徒弟的收徒情况和背景,提炼出收徒的关键因素,然后以这些关键因素来衡量小组推荐的人选,判断是否合适及为什么,最终选出新徒弟。根据此路径,学生又进行了组内任务分解——每名同学先初选出自己心目中新徒弟人选的前五名,每人再由前五名缩小到一名进行组内讨论,最终每小组选定一名推荐人选。

在一次头脑风暴中,学生的一个小举动令笔者激动不已:

当时课堂上正在讨论新徒弟应该具备的特质,学生们的讨论热火朝天,思维的火花点燃了课堂的气氛。小徐同学举手要求发言了——这是笔者记忆中不曾有过的场景。

他的眼睛里有光,眼神坚定,期待地看着笔者。笔者让他发言,他说"会做饭"很重要,因为如果有人会做饭的话,悟空就不用一次又一次地离开师父去化斋而陷团队于危险之中。

言之有理啊!更重要的是,小徐是一个平时不太自信的学生,课堂上更多的是保持沉默。而在今天的课堂上,他倾听了,思考了,甚至想要迫不及待地表达了。

学生的这种转变是多么可贵。一线教师都能理解笔者此时内心充满的感动。这种感动,化为一种教师的幸福感注入了笔者的心间。

在问题情境下,学生的学习动力与以往大不相同,呈现出来的学习效果也令人惊喜。在解决问题的过程中,他们通过合作探究掌握了小说人物形象特点分析的方法。学生们运用上述方法分析了师徒四人的人物形象(见图4-7、图4-8),制作了他们的人物档案(见图4-9、图4-10)。在活动过程中,他们的知识与技能得到了运用与巩固。

图 4-7

学生运用思维导图分析人物形象 1

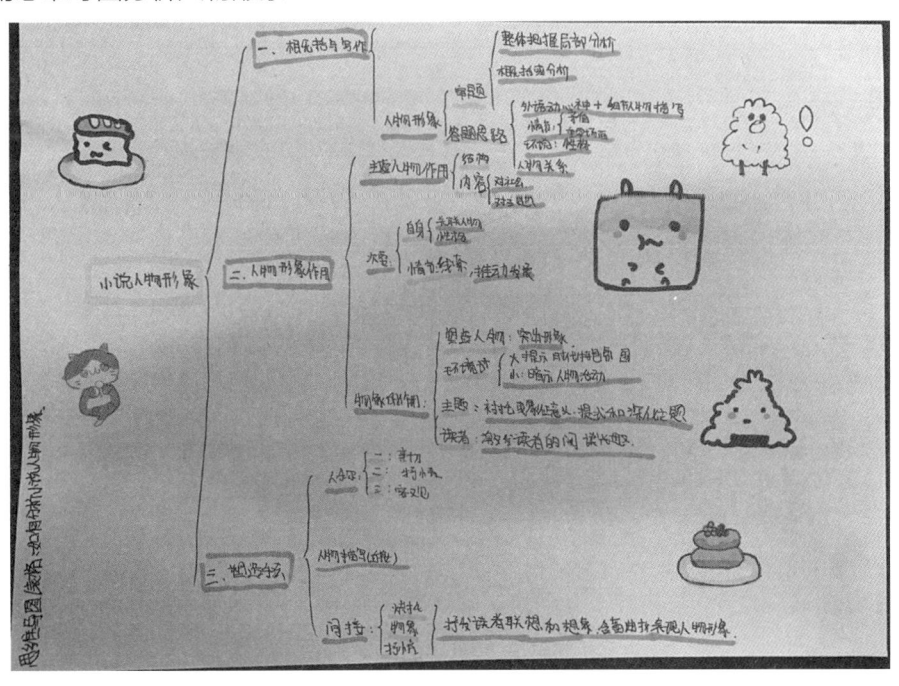

图 4-8

学生运用思维导图分析人物形象 2

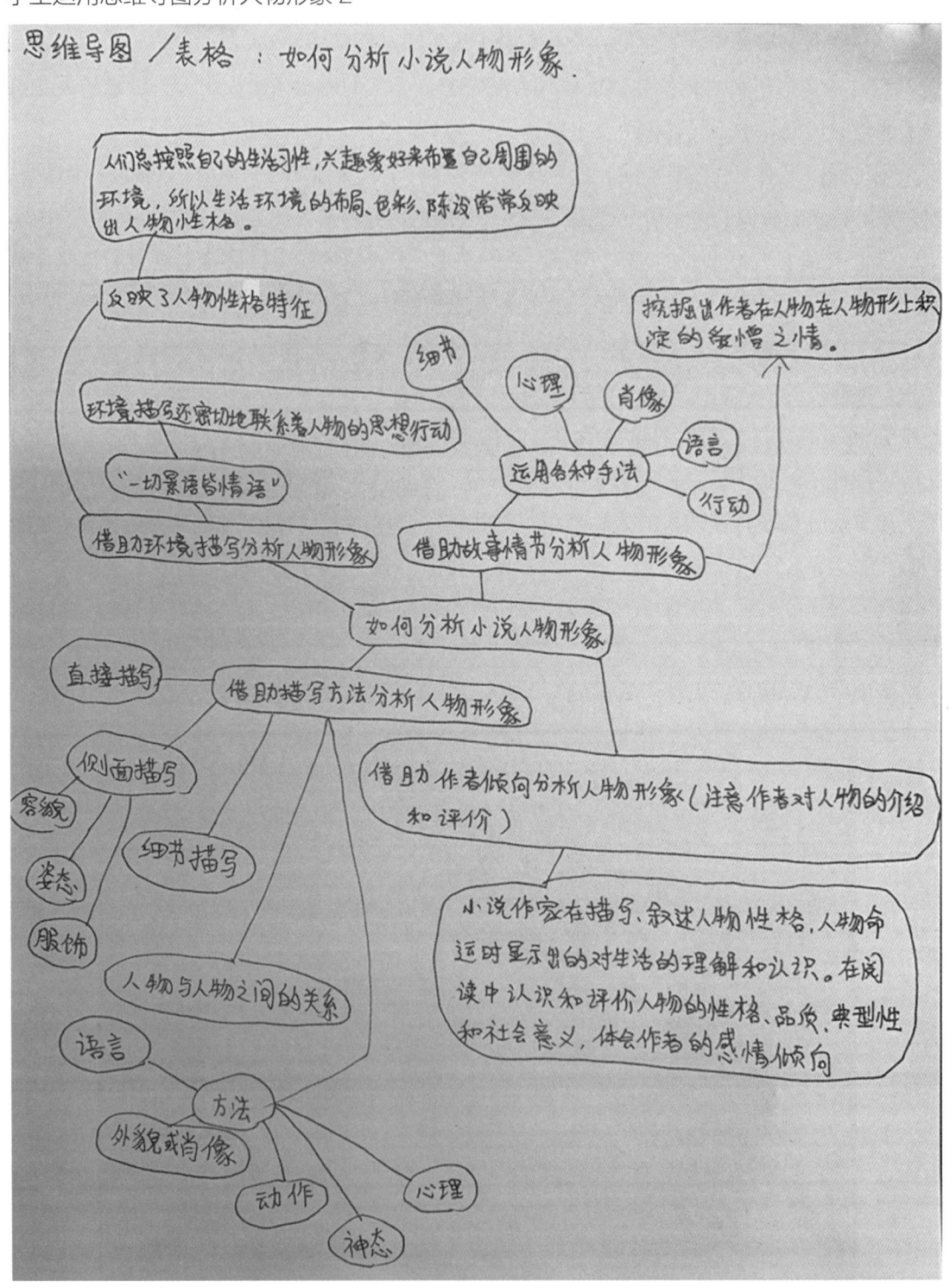

图 4-9

学生为唐僧师徒建立的人物档案 1

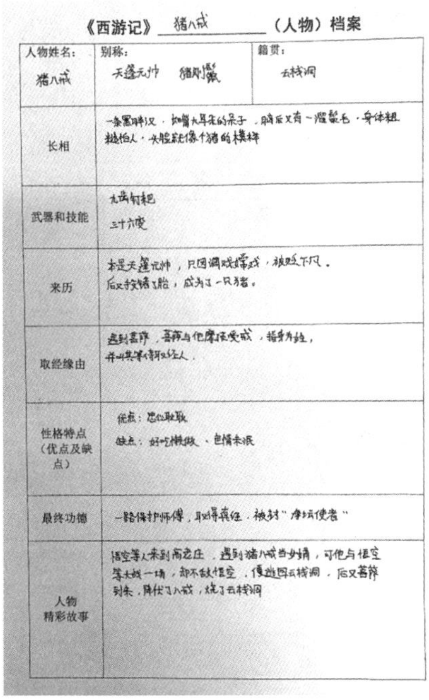

《西游记》猪八戒（人物）档案

人物姓名：猪八戒	别称：天蓬元帅　猪刚鬣	籍贯：云栈洞
长相	一条黑胖汉，如蒲大耳朵的呆子，脑后又有一溜鬃毛，身体粗糙怕人，头脸就像个猪的模样	
武器和技能	九齿钉耙 三十六变	
来历	本是天蓬元帅，只因调戏嫦娥，被贬下凡。后又投错了胎，成为了一只猪。	
取经缘由	遇到菩萨，菩萨与他摩顶受戒，指身为姓，并叫其等候取经人。	
性格特点（优点及缺点）	优点：忠心耿耿 缺点：好吃懒做、色情未泯	
最终功德	一路保护师傅，取得真经，被封"净坛使者"	
人物精彩故事	悟空等人来到高老庄，遇到猪八戒当女婿，可他与悟空等大战一场，却不敌悟空，便逃回云栈洞，后又菩萨到来，降伏了八戒，烧了云栈洞	

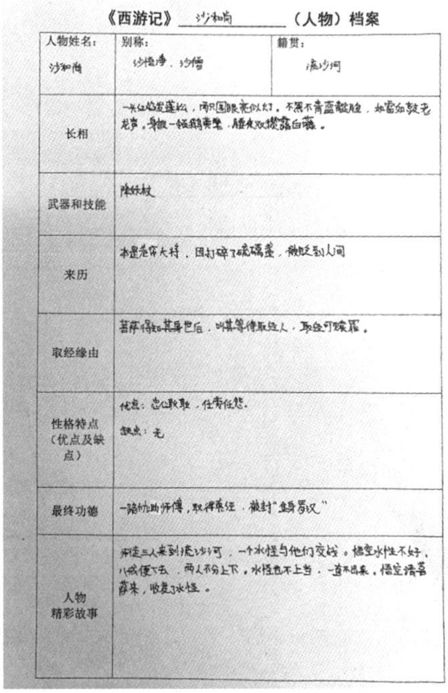

《西游记》沙和尚（人物）档案

人物姓名：沙和尚	别称：沙悟净，沙僧	籍贯：流沙河
长相	一头红焰发蓬松，两只圆眼亮似灯。不黑不青蓝靛脸，如雷如鼓老龙声。身披一领鹅黄氅，腰束双攒露白藤。	
武器和技能	降妖杖	
来历	本是卷帘大将，因打碎了琉璃盏，被贬到人间	
取经缘由	菩萨得知其身世后，叫其等待取经人，取经可赎罪。	
性格特点（优点及缺点）	优点：忠心耿耿，任劳任怨。 缺点：无	
最终功德	一路协助师傅，取得真经，被封"金身罗汉"	
人物精彩故事	师徒三人来到流沙河，一个水怪与他们交战。悟空水性不好，八戒便下去，两人不分上下，水怪也不上当，一直不出来，悟空请菩萨来，收复了水怪。	

图 4-10

学生为唐僧师徒建立的人物档案 2

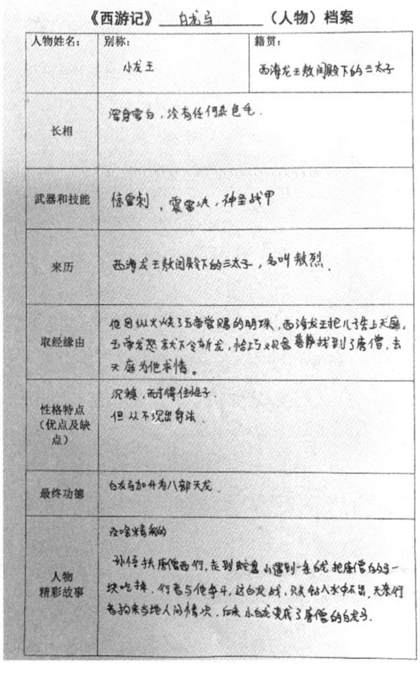

《西游记》白龙马（人物）档案

人物姓名：	别称：小龙王	籍贯：西海龙王敖闰殿下的三太子
长相	浑身雪白，没有任何杂色毛。	
武器和技能	惊雷刺，震雷决，神圣战甲	
来历	西海龙王敖闰殿下的三太子，名叫敖烈。	
取经缘由	他因纵火烧了玉帝赏赐的明珠，西海龙王把儿子告上天庭，玉帝发怒，就下令斩龙，恰巧观音菩萨找到了唐僧，去天庭为他求情。	
性格特点（优点及缺点）	沉稳，耐得住性子。 但从不说出身法。	
最终功德	白龙马加升为八部天龙。	
人物精彩故事	没啥精彩的 孙悟空扶唐僧西行，走到蛇盘山遇到一条龙把唐僧的马一块吃掉，行者与他争斗，这白龙战，败钻入水中不出，无奈行者拘来当地人问情况，后来小白龙变成了唐僧的白龙马。	

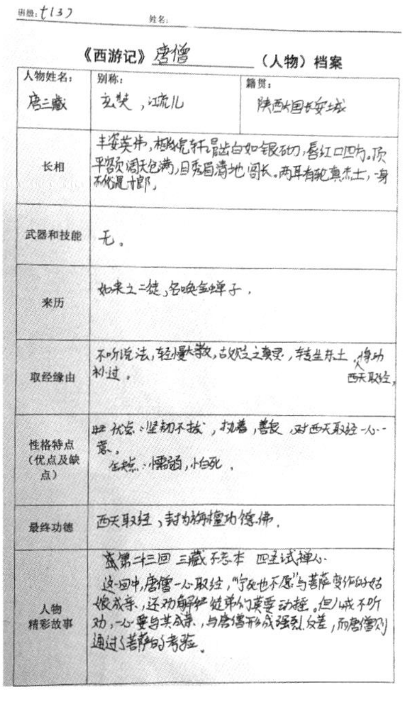

班级：七(3)　姓名：

《西游记》唐僧（人物）档案

人物姓名：唐三藏	别称：玄奘，江流儿	籍贯：陕西大国长安城
长相	丰姿英伟，相貌轩昂。齿白如银砌，唇红口四方。顶平额阔天仓满，目秀眉清地阁长。两耳有轮真杰士，一身不俗是才郎。	
武器和技能	无。	
来历	如来之二徒，名唤金蝉子。	
取经缘由	不听说法，轻慢大教，故贬之真灵，转生东土，修功补过，西天取经。	
性格特点（优点及缺点）	优点：坚韧不拔，执着，善良，对西天取经一心一意。 缺点：懦弱，怕死。	
最终功德	西天取经，封为旃檀功德佛。	
人物精彩故事	第二十三回　三藏不忘本　四圣试禅心 这一回中，唐僧一心取经，"宁死也不愿"与菩萨变化的好姑娘成亲，还劝解徒弟们莫要动摇。但八戒不听劝，一心要与其成亲，与唐僧形成强烈反差，而唐僧则通过了菩萨的考验。	

值得一提的是,学生在回答"唐僧与徒弟四人(包括白龙马)的形象和性格是怎么样的?在团队中分别承担什么角色?"的问题时,不约而同地用了列表格的形式(见图4-11)。笔者询问这几名学生原因,学生说是在前期的活动中,受到了老师提供的资料及梳理思路时用列表方法的启发。

图 4-11

学生运用表格分析和解决问题

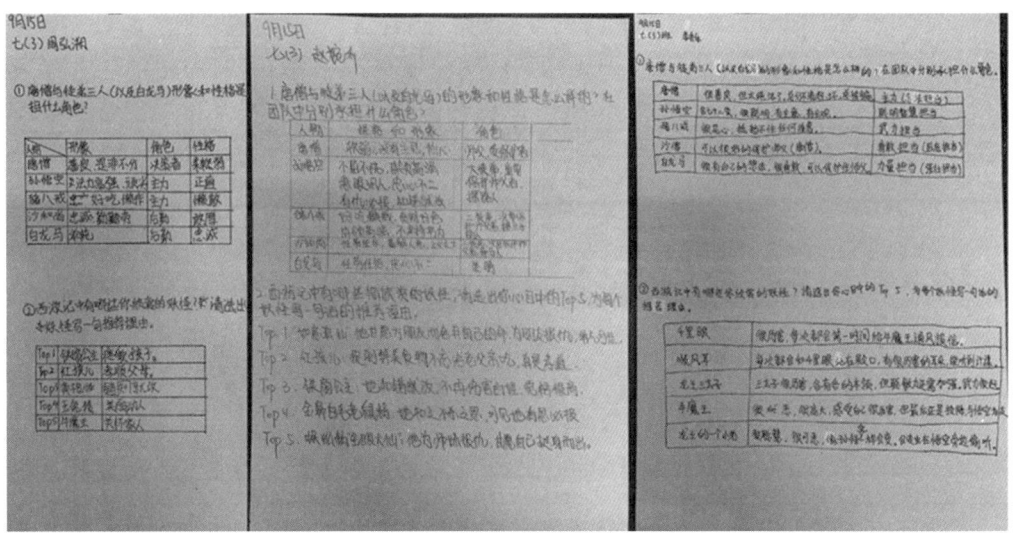

方法的习得何尝不是一种思维的提升呢?教师的幸福感油然而生。同时笔者也庆幸自己终于能够追上踏着七彩祥云前行的学生。

"一番番春秋、冬夏"尽在师生的合作探究中

长征小组在项目开展过程中与笔者进行了一次师生对话。

学生:老师,目前项目已经进行到了总结唐僧收徒关键因素的阶段。我们针对其他组刺探了一下军情,发现有一个问题。

笔者:看来小组之间交流很密切啊,你们发现了什么问题呢?

学生:我们发现每个小组提炼的关键因素都是差不多的,好像没什么新意,

我们觉得胜算不大，但又没什么从新角度发掘的头绪。

笔者：已经都有了哪些关键词呢？

学生：有颜值、武功、人脉及人品。

笔者：不妨先把这些关键因素分分类，看看是否能够帮助你们更有条理地解决问题。你们看可以怎么分呢？

学生：颜值、武功和人品归为一类，人脉是另外一类。

笔者：这样分类的标准是什么呢？

学生：第一类只和徒弟自身相关，而人脉则是涉及其他人。

笔者：那么现在与自身相关的因素数量上比较充足了。不妨从第二类——涉及到他人的因素来入手吧。

学生：涉及他人的因素？

笔者：换种说法，其实就是指人与人之间的关系。现在明确，选取第五位徒弟，最终目的是为取经服务。所以，要站在取经团队的立场上来看问题。这样的话，可以有哪些关系联结呢？

学生：这样的话，可以是取经团队内部人物之间的关系，也可以是取经团队与外部人物间的关系。老师，人脉应该就是属于这里的后一种了吧？

笔者：不错，同学们很善于思考。老师建议你们以此为切入点继续探究。最后，老师留一个问题和一个建议给你们小组。前面你们将颜值、武功和人品归为一类，这样分类是否妥当？希望你们对这个问题好好思考。邱老师的建议是希望你们能够再去阅读一些关于解读《西游记》的著作，看看是否能收获更多启发。

在后续的探究中，长征小组从"新徒弟应该更好地融入团队"的角度进行思考，从原有取经团队中几个人物的性格与形象入手，深入分析他们的个性及行为是如何促进团队合作的。通过拓展阅读，他们也发现《西游记》中主要人物的形象各具代表性（见图4-12）——唐僧是释家代表，孙悟空是无拘无束的道家代表，八戒是憨厚却又有着好吃懒做等小毛病的世俗人形象，沙僧是循规蹈矩但过于沉默的儒生，也是团队短板所在。由此，同样具有儒家气质的黄袍怪，又以其聪慧、能为团队出谋划策的优点获得了长征小组的青睐。他们另辟蹊径，在成果展示中选择了这样一个不那么热门的人选进行展示论证，完成了一次创新探究。

图 4-12

长征小组在合作探究中形成的独特观点

思想

道家：孙悟空（如逍遥散仙、无拘无束）
儒家：沙僧（遵守规矩、听从他人意见）
释家：唐僧（佛教、佛缘）
俗人：猪八戒（憨厚、好吃懒做）

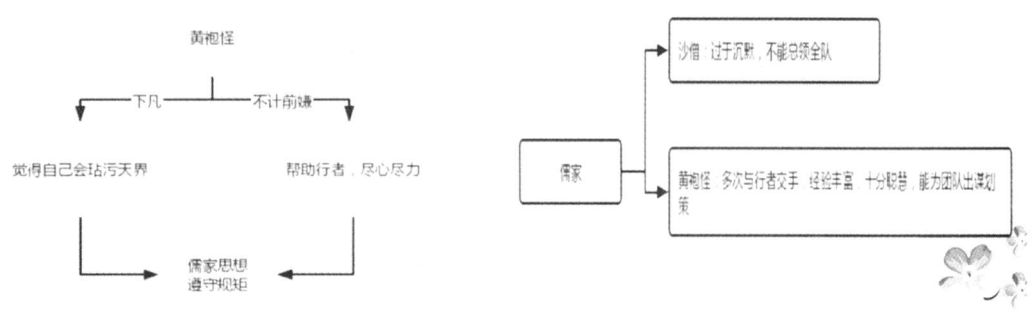

组内合作与组间竞争的气氛不久后达到空前热烈的状态。学生们实践过程中的收获是远超阅读《西游记》本身的。正如学生在这个阶段的反思环节中所说的：

"我为班级同学相互包容、其乐融融的班貌而骄傲。"

"通过团队合作，我们小组更团结了，同学们变得更愿意倾听他人意见。"

师生之间的"追"和"赶"转化成学生间、小组间的竞争与协作。学生们的专注、投入和快乐也感染着作为教师的笔者。

迎来项目的"日出"，留住探究的"晚霞"

成果展示准备阶段（见图4-13），学生们依据评价量规，互相提意见，不断调整。

内向的小女生逐渐放慢了曾因紧张而不自觉加快的语速，原来看向地面的眼睛如今能勇敢地与观众进行眼神交流了，大大咧咧的男孩子也沉下心来仔细地打磨演讲文案，为情景短剧的表演设计动作、制作道具……

原本天马行空、思维分散的学生们在既定路径的引领下有条不紊地推进着。

图 4-13

学生准备成果展示的文案

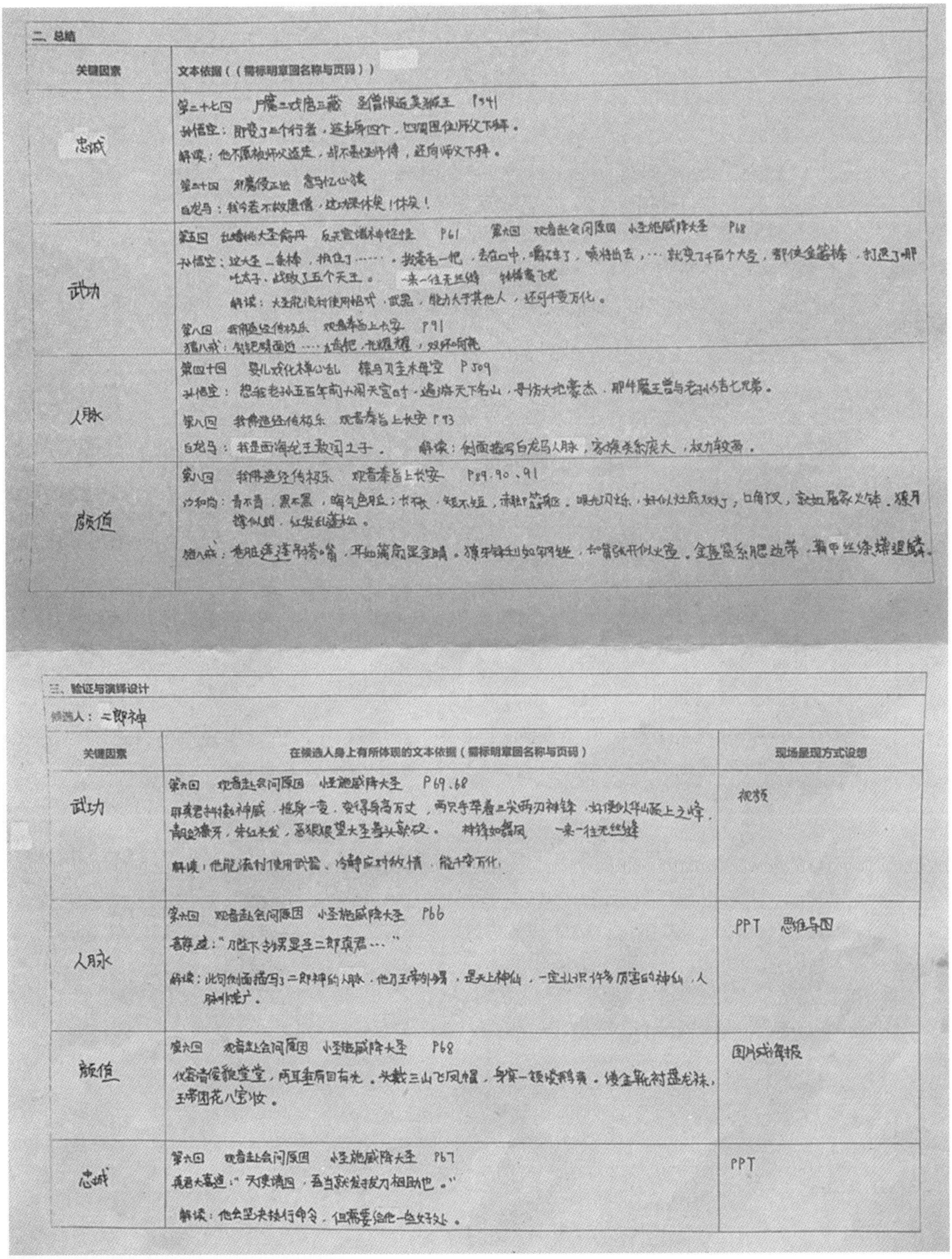

为了落实成果展示，每个小组编制了展示大纲（见图4-14），确定展示的环节、形式和分工。

图4-14

学生小组编制的展示大纲

天竺小组"《西游记》中谁将是唐僧的第五个徒弟"成果展示大纲

环节	形式	目的	负责人
1.展示收徒调查总结	PPT+讲解	使观众了解小组"关键因素"来源，显得有理有据	PPT及格式讲解
2.展示金银角大王的成功	视频	使观众了解推荐金银角大王的原因	
3.展示金银角大王的形象	海报	使观众了解金银角大王的实力和样貌	
4.(辅助)查阅资料	无	提供PPT和视频材料	

带罪的历九征小组"《西游记》中谁将是唐僧的第五个徒弟"成果展示大纲

环节	形式	目的	负责人
1.展示收徒调查总结	PPT+讲解 (7')	使观众了解小组"关键因素"来源，显得有理有据	PPT 讲解
2.与观众互动	互动小游戏 (2')	使观众记住虚拟物的性质	
3.展示虚拟版人物形象	海报	展现萁视座的融样性形	

_____小组"《西游记》中谁将是唐僧的第五个徒弟"成果展示大纲

环节	形式	目的	负责人
1.展示收徒调查总结	PPT+讲解	使观众了解小组"关键因素"来源，显得有理有据	
2.展示二郎神的各方面，与四个徒弟的这些方面联系起来	PPT+思维导图+视频+图片+海报	通过多种形式让人更加信二郎神适合作为徒弟	
3.表演：突出二郎神的武功与神奇武器	人物表演	以表演代入到情景之中把内容	

终于迎来了成果展示课，3个小组展示了自己的成果（见图4-15、图4-16和图4-17）。学生们不仅展示了最终的新徒弟，更是将自己解决问题的路径呈现了出来。

图4-15

第一组推荐新徒弟二郎神

关键因素——人脉

菩萨道："乃陛下令甥显圣二郎真君，现居灌洲灌江口，享受下方香火。他昔日曾力诛六怪，又有梅山兄弟与帐前一千二百草头神，神通广大。奈他只是听调不听宣，陛下可降一道调兵旨意，着他助力，便可擒也。"

（第六回 观音赴会问原因 小圣施威降大圣）

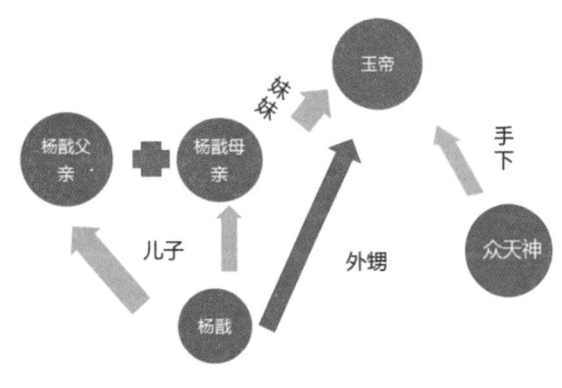

图4-16

第二组推荐新徒弟黄袍怪

黄袍怪的外貌、身份

你道他怎生模样：青靛脸，白獠牙，一张大口呀呀。两边乱蓬蓬的鬓毛，却都是些胭脂染色；三四紫巍巍的髭髯，恍疑是那荔枝排芽。鹦嘴般的鼻儿拱拱，曙星样的眼儿巴巴。两个拳头，和尚钵盂模样；一双蓝脚，悬崖——槎。斜披着淡黄袍帐，赛过那织锦袈裟。拿的一口刀，精光耀映；眼的一块石，细润无瑕。他也曾小妖排蚁阵，他也曾老怪坐蜂衙，你看他威风凛凛，大家吆喝叫一声爷。他也曾月作三人壶酌酒，他也曾风生两腋盏倾茶，你看他神通浩浩，霎着下眼游遍天涯。

神仙、妖精、二十八宿星君之一、百花羞的丈夫。

图 4-17

第三组推荐新徒弟金角大王

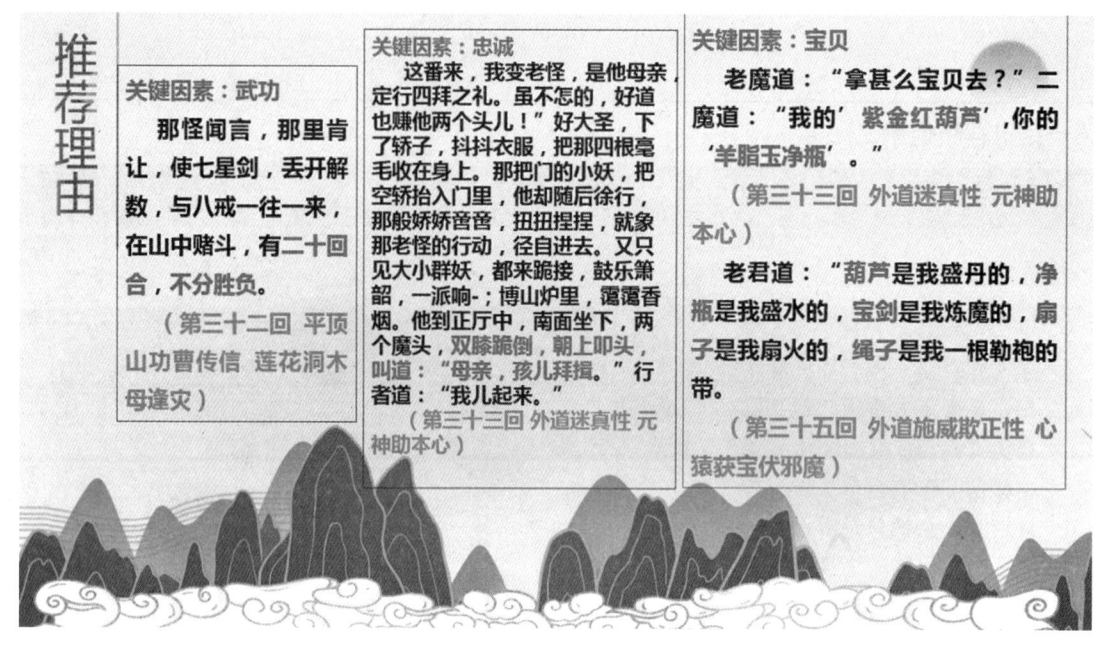

展示环节还设置了由学生扮演的唐僧师徒四人组成的评价组,与展示小组进行现场提问与答辩,让诸位同学更深入地了解推荐新徒弟背后的故事。

项目反思:敢问路在何方

著名教育实践家苏霍姆林斯基说过:"让学生变聪明的方法,不是补课,不是增加作业量,而是阅读,阅读,再阅读。"一部小说的阅读是有限的,其延伸却是无限的。

在项目反思环节中,有学生谈到对于《西游记》原著的理解——"通过小组展示,我了解到了许多之前没懂的细节,原先对于黄袍怪我没有过多的注意,也没有想到过从思想的角度去解读人物。现在,我对《西游记》人物的了解更深了。"

有学生谈到了对第一小组情景短剧的看法——"在表演中有一次冷场,应该要在冷场时即兴补一点台词。"

有学生提出了建议——"我建议情景剧演员的表演遵循这样的方法和步骤——把自己当作这个人物去了解其性格特点,了解他们的情感,再把自己代入到这个性格里面,凸显出人物的真情实感。在细节上还可以有些改进，例如：二郎神可以加入一些语音语调的起伏，妖怪的语言可以加一些霸气之感……"

有学生谈到团队合作——"我们组里的女孩们都很勇敢，都很自信。当然，我也为她们在过程中没有任何怨言，认真合练感到骄傲。我听到她们说晚上做梦都在说词、练习翻电子演示文稿的时候真的特别感动，真的想对她们说：'辛苦了，你们是最棒的！'……在合练的过程中有泪有笑，收获了知心的朋友。"

有学生对于文本与短视频这两种展示形式进行了深刻思考——"短视频带来的'立等可取'的快乐背后，却是注意力的减退，碎片时间的消逝……现在网上有句话叫'靠脸吃饭'，这不仅仅体现在人身上，很多线上文本也要靠有趣的动图才能博取别人的眼球。

那种几十秒的快乐，只会让我们渐渐觉得感到快乐越来越难了，但我们这次阅读《西游记》原著，以及进行《西游记》项目化学习的过程中所收获的快乐，却能让人感到充实、幸福，让人为生活喝彩！

让同学们喜欢小组的展示，并不是让大家随波逐流地沉迷于可视化的影视形式。让同学们喜欢小组的展示，也不是为了讨好他们，而是让同学们去培养耐心阅读、倾听的兴趣，就让我们先从有趣的文字开始吧！"

也有同学对新鲜的项目化学习产生了意犹未尽之感——"这种活动太少了，我希望下次还能有这种项目化学习。"

笔者想说的，学生都说了；笔者没想到学生会说的，学生也说出来了。这次，学生早已赶到了"取经路"的前头。

叶圣陶先生说："教是为了不教。"对于一位教师来说，还有什么比实现了这件事更幸福的呢？

项目化学习，敢问路在何方？应在笔者的学生们和笔者的脚下！

想要了解更多本案例相关内容，
请扫描下方二维码！

是谁杀死了武元衡?

教师姓名	学校	涉及学科	项目实践年级
周其力	上海市进才中学北校	历史	七年级

项目概述

本项目来源于七年级第二学期历史教材的第一单元第5课《安史之乱与唐朝衰亡》,是基于教材内容的拓展和深化。在项目实施过程中,学生首先将扮演"侦探",探究"是谁杀了武元衡"。他们查找相关史料,给史料分类,确定史料来源,判断史料价值,养成对史料的批判思维,进而形成史料实证的素养和论从史出的意识。

在调查结果的基础上,学生针对两组嫌疑人进行论证和定罪,强化了他们的历史解释素养和语言表达能力。教师继续追问"凶手背后受到了什么人的支持""刺杀武元衡的目的究竟是什么""还有哪些疑点是没有解决的"等问题,引导学生以小见大地认知唐后期的国家形势及中央政府与藩镇间的矛盾,让学生在对新问题的探索过程中扮演好"历史学家"的角色,不断实践和发展学科素养与技能。

赋予学生一个既有吸引力又有挑战性的角色

很多教师在设计项目时,喜欢从"项目最终成果"这一要素开始构思。"成果"并非项目化学习的唯一要素,教师不能因对成果的过多关注而忽视或轻视了对项目化学习其他要素的综合运用。例如关注"与角色贴切的职能"就很重要，由此带来的"角色视点"和"驱动效果"，能更自然地促进学生在体验中获得核心素养。因此，笔者在项目选题阶段就非常重视为学生选择一个合适的角色。

在本项目诸多的角色选项中，"侦探"无疑是一个将学生引入探究的天然角色。"侦探"与"历史学家"在探究问题的视角和方法上有着极高的相似度（见表4-3）：

表4-3

"侦探"与"历史学家"的探究对比

	侦探	历史学家	核心素养
依据	线索	史料	史料实证等
工作方法	假设、推理、验证		历史解释等
视角	作案动机	动机与后果等	家国情怀等

通过两者的对比可以看到，在研究过程中，侦探断案需要线索，历史学家也需要，即需要史料。侦探会遇到伪证，而历史学家则需要从众多史料中辨别哪些是可靠、可信的。在线索的基础上，侦探需要通过假设和推理揭露真相，在这一点上，历史学家也一样，特别是在史料有所缺失的情况下，单纯客观描述往往让位于针对晦暗之处的假设与推测。侦探需要考虑作案动机，而动机与后果也正是中学历史中评价历史事件所要考虑的。

于是，在学生扮演侦探调查一桩历史悬案的过程中，他们更能够理解历史探究的方法，比如证据是如何被严格运用以提出历史主张的，领悟历史的巨大差异性论点和解释是如何及缘何建立的。

事实证明，初中生对于侦探这一角色是感兴趣的，当笔者在项目启动时提出"你们要作为侦探去探寻一起历史大案的真相"这一任务时，学生们非常兴奋。

抛出一个有争议可讨论的历史问题

法国史学家费弗尔曾说："确切地说，'提出一个问题'，乃是所有史学研究的开端与终结。没有问题，便没有史学。"

史料离不开问题，因为史料的证据价值只有在解决问题的过程中才有意义，而问题的好坏直接影响到史料教学的成败。那么什么样的历史案件更适合让学生作为侦探去探索呢？

历史学科中有一些需要学生深度理解的关键概念，例如“身份”“利益”“立场”等。如何在项目中促进学生掌握并利用历史背景以更深刻地理解这些概念？笔者想到了著名的武元衡被刺一案。

在七年级下学期历史教材中，《安史之乱与唐朝衰亡》有这样一段描述：“唐朝中央权力衰微，安史旧将和内地节度使权势加大，逐渐形成了藩镇割据的局面。”当时唐朝中央政府与地方藩镇的矛盾逐渐扩大，而武元衡被刺案正发生于这一历史背景下（见图4-18）。武元衡作为当朝宰相，力主削藩，却在元和十年（公元815年）的一天被当街刺杀。

关于这一刺杀案的真凶，史料记载了这两种说法（见图4-19）。

图 4-18

“什么是藩镇割据”

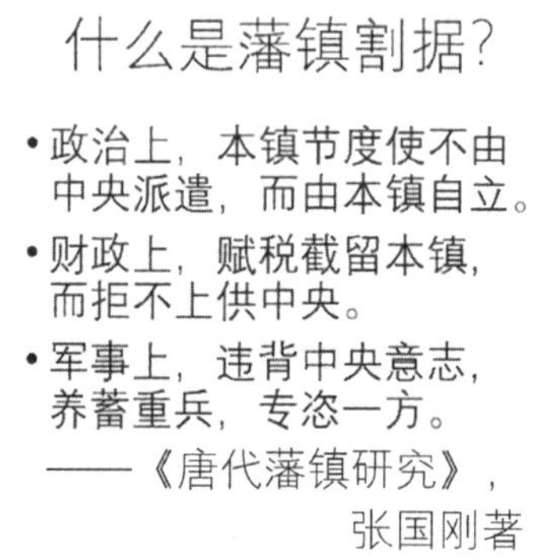

什么是藩镇割据?
•政治上，本镇节度使不由中央派遣，而由本镇自立。
•财政上，赋税截留本镇，而拒不上供中央。
•军事上，违背中央意志，养蓄重兵，专恣一方。
——《唐代藩镇研究》，张国刚著

图 4-19

史料记载的武元衡被刺案的真凶

史料
凶手
幕后指使
武元衡案
《旧唐书·张弘靖传》
张晏等
成德节度使王承宗
《旧唐书·吕元膺传》
訾嘉珍等
淄青节度使李师道

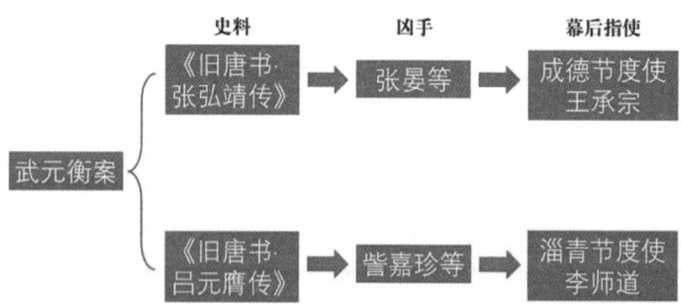

值得注意的是，无论真凶是何人，学生们都发现嫌疑人受到了藩镇最高长官的指使。因而这绝非一件单纯的刺杀案，而是唐后期中央政府与地方藩镇矛盾的缩影，对于这一事件的探索将有助于学生直观深入地理解这段历史。

穿越古今觅案踪——引导学生收集、阅读、整理史料

项目启动阶段既要激起学生的兴趣与热情，更要帮助他们保持冷静与理智。在公布完项目的目标和任务后，笔者就带领学生首先通过《元和藩镇图》了解唐后期藩镇林立的历史现象，然后通过阅读史料，初步认识唐中央与藩镇的关系、藩镇的类型特点（见图4-20）。有了这些历史背景作基础，接下来便进入了收集与案件相关史料的阶段。

图 4-20

唐后期中央与地方的关系

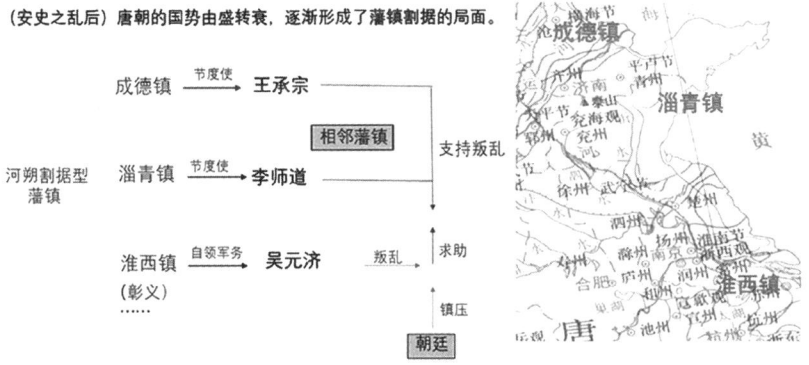

历史学科是讲究证据的学科，掌握的证据越多，就越容易发现历史的真相。证据从哪里来？

不同角度、不同来源、不同类型、不同时代、观点相近甚至相反的史料都可能成为掷地有声的证据。而寻找与案件相关的史料的过程恰恰有助于学生提升自己收集、阅读和整理信息的能力。

让学生大海捞针肯定是低效无益的，因此笔者也向他们提供了一些历史资料，里面既包括与案件直接相关、有效的资料，也包括干扰资料，这么做的目的就是锻炼学生辨析史料的能力。同时，笔者也鼓励学生展开小组讨论，思考还可以从哪些其他途径获取关于案件的相关材料。

笔者：你们组最终通过哪些途径，获得了哪些资料，它们的可靠性如何？

学生A：我们组主要通过上网和老师给的资料，获得了相关的文字史料、人物资料、当时政局的实况及皇帝诏令，可靠性较高。其中诏令还是原始史料，其

他的文献史料虽然不是原始史料，但因为是编年体史料，作者观点较少，所以比较客观，同时也体现出作者对武元衡之死的不满。从这些资料中能找到一些朝廷作出重大决定的原因，反映了当时各方势力明争暗斗，政局混乱的社会背景。

学生 B：我们组是通过老师上课讲述和课后拓展资料等途径获取资料的。获得的资料包括《唐代政治史述论稿》《唐代藩镇研究》《旧唐书》《资治通鉴》《全唐文》等。其中既包括一手文字史料也包括其他的文字性资料，可靠性较高，因为部分资料是当时的记载，其他部分有的是当代的学术著作，也有的是宋代著成的。

笔者：你们是否从这些资料中查到武元衡案发生在什么时间，什么地点？是谁杀了武元衡？案发之后，朝廷有什么反应？是怎么确定嫌疑人的？

在这些问题的引导下，学生结合长安城图，先概述案件发生的过程（见图4-21），明确行凶时间与地点，查找事件前后的言论，完成事件时间轴（见图4-22）。然后，明确被害者、嫌疑人及主要证人之间的关系，利用思维导图、画图工具等绘制人物关系图（见图4-23）。

图 4-21

史料收集与分析

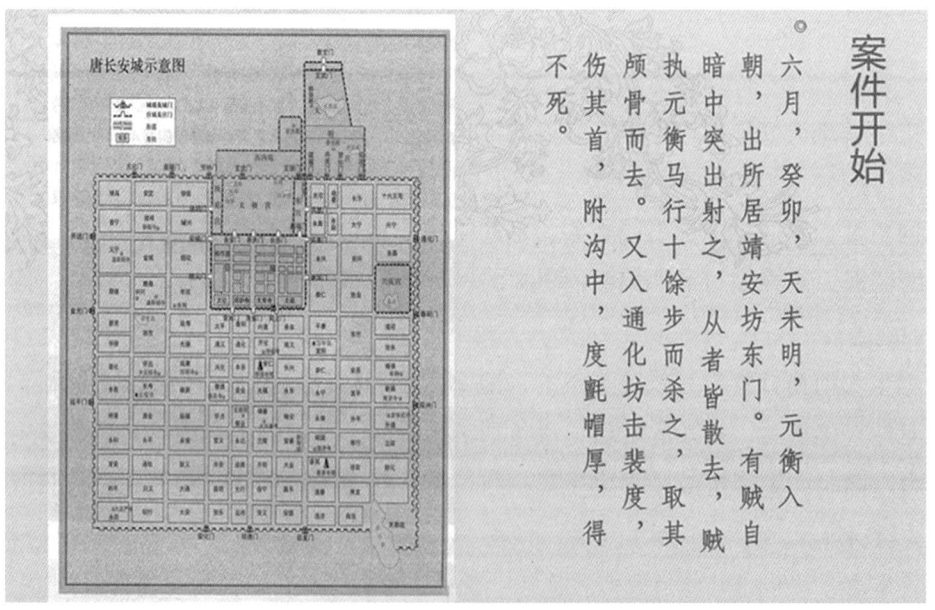

图 4-22

武元衡案时间轴

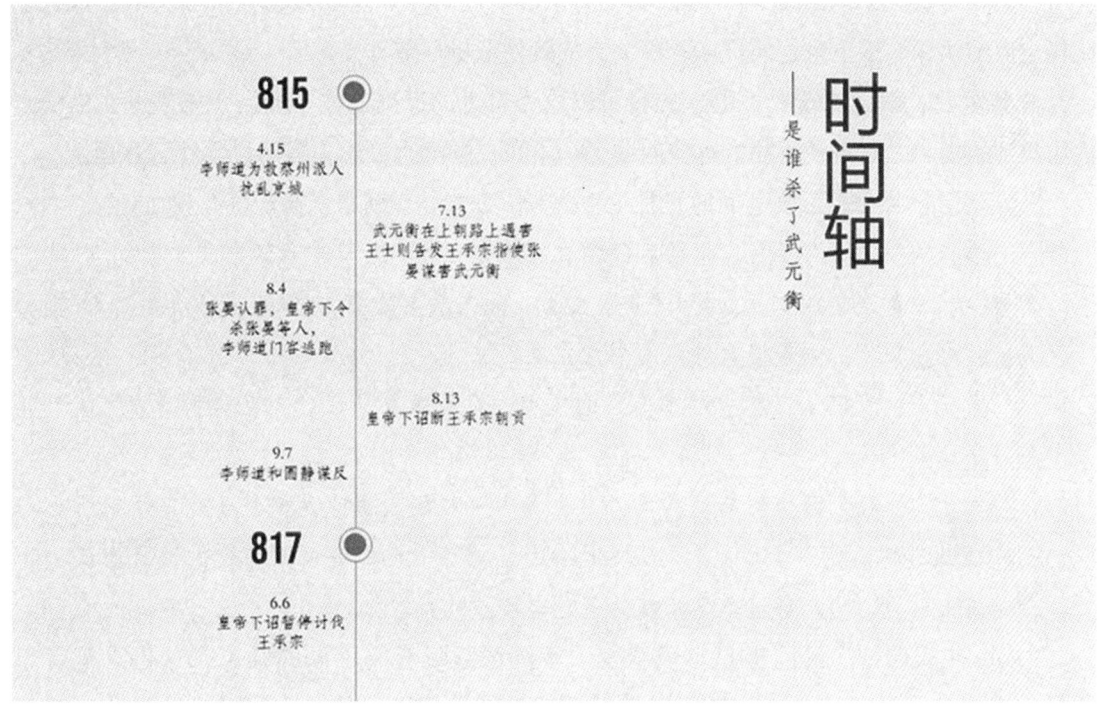

图 4-23

武元衡案人物关系图

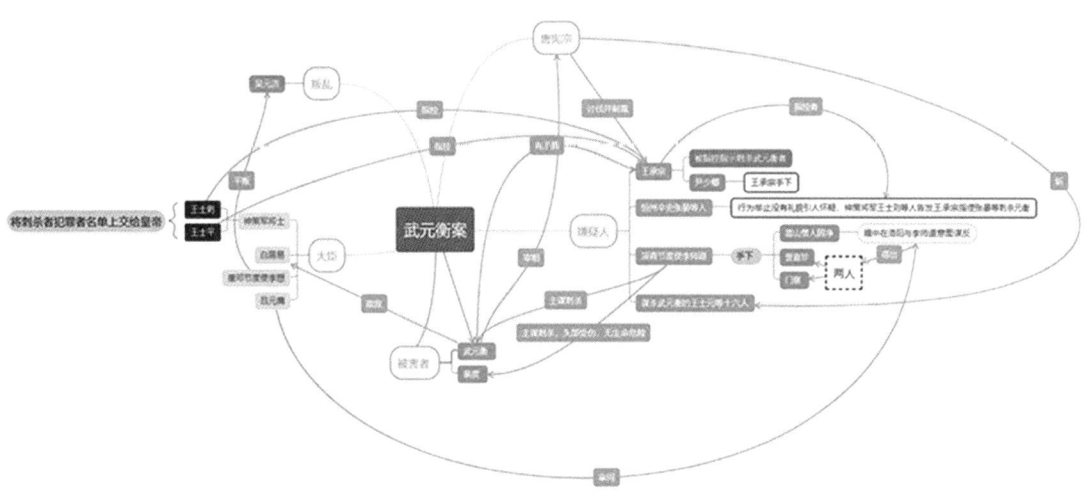

独立思辨，理性质疑——分析、比对、理解关键概念

至此，学生对武元衡被刺一案的历史背景、时间顺序、主要人物关系等基本要素有了比较全面的认识。接下来，便进入了最关键的案件分析环节。

史料重要，解读更重要。哪些史料可以成为有力的证据？你更倾向于相信哪些史料？你收集到的史料之间有矛盾吗？这些问题无一不在提醒学生反思史料的科学性、合理性。

笔者：目前已经收集到的资料中的叙述、证言、供词都来自于哪几种立场？

学生A：主要有五种，包括后代学者的中立立场、后晋学者的中立立场（《旧唐书》）、清朝学者的中立立场（《全唐文》）、北宋学者的中立立场（《资治通鉴》），还有搜索引擎上的词条搜索结果的中立立场。

学生B：我们从资料中解读出来的信息，主要源自皇帝、大臣及藩镇节度使的手下。

学生C：我们的资料有这样的一些立场——嫌疑人说武元衡之死是王承宗所为，李师道则是受门客和他人劝说才去做的，皇帝认为就是王承宗做的，大臣认为是二人合力而为。后世史学家偏向于是李师道做的。

"读史使人明智"的前提是审慎思辨。不同的立场会有不同的结论，这也是笔者想通过本次项目化学习让学生能够切实感受和理解的。因此，笔者引导学生大胆质疑，并寻找不同立场的观点和表达，进而得出结论，这将成为接下来探究的关键。（见图4-24、图4-25）

图4-24

武元衡案真凶分析

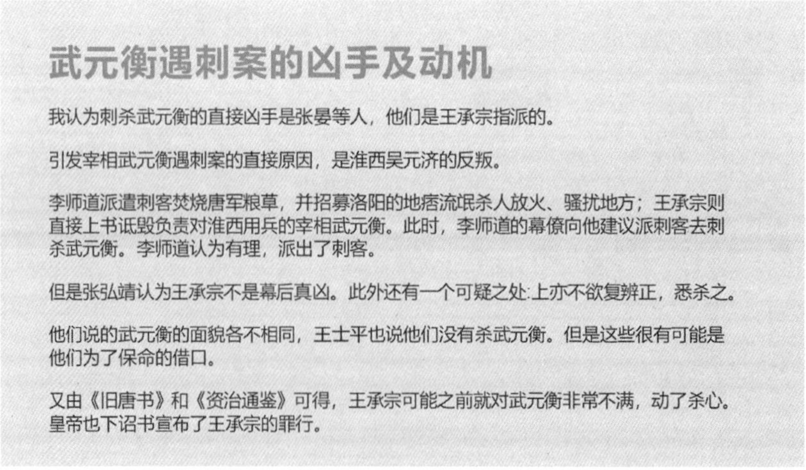

武元衡遇刺案的凶手及动机

我认为刺杀武元衡的直接凶手是张晏等人，他们是王承宗指派的。

引发宰相武元衡遇刺案的直接原因，是淮西吴元济的反叛。

李师道派遣刺客焚烧唐军粮草，并招募洛阳的地痞流氓杀人放火、骚扰地方；王承宗则直接上书诋毁负责对淮西用兵的宰相武元衡。此时，李师道的幕僚向他建议派刺客去刺杀武元衡。李师道认为有理，派出了刺客。

但是张弘靖认为王承宗不是幕后真凶。此外还有一个可疑之处：上亦不欲复辨正，悉杀之。

他们说的武元衡的面貌各不相同，王士平也说他们没有杀武元衡。但是这些很有可能是他们为了保命的借口。

又由《旧唐书》和《资治通鉴》可得，王承宗可能之前就对武元衡非常不满，动了杀心。皇帝也下诏书宣布了王承宗的罪行。

图 4-25

对武元衡案的不同立场

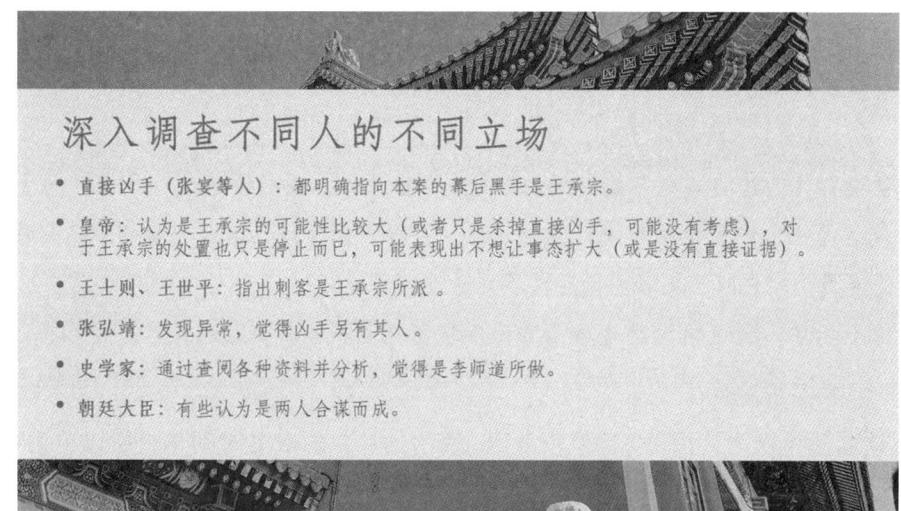

笔者：通过分析你们现在已经有的材料，还缺少哪些类型的史料或者哪种立场的表达？

学生 A：我们感觉还缺少事件的幕后黑手王承宗和李师道的观点。

学生 B：缺少唐朝当代的记载和当事人的立场。

笔者：你们的资料中有互相排斥的地方吗？你相信哪一种说法，为什么？

学生 C：有，部分搜索引擎搜索出的结果与史书记载的结果不一。搜索引擎搜出的结果之一认为是李师道的刺客抢先得手，但更多靠谱的史料均表明是王承宗的刺客先行得手。在经历了多方考证后，我认同史书的说法，因为史书年代离事件更近，编纂严谨，且有更多的证据，何况很多史书资料也明确指明了真正的凶手。相比之下，搜索引擎搜出的那条结果的说法结构不严谨，信息不官方，且孤证不立。综上所述，我最终认同史书的说法。

以上学生 C 的回答相当接近历史练习册的参考答案，但这些只是堆叠了一些上课时反复申说的原则，这样就难以将所学的历史学方法真正灵活地运用于解决实际问题。

同样是回答这个问题，另一个学生则从史料形成时间的方向进行了表述。

学生 D：有互相排斥的地方，比如说《旧唐书》中记载：武元衡于晚上被潜伏的盗贼所杀，后官兵逮捕张晏等人。而《资治通鉴》中所记为：武元衡于

> 早晨上朝时被贼人所杀且死相极惨，后官兵逮捕张晏等人。该史料还介绍了李师道的刺客等潜逃出城。
>
> 经分析可知，两份史料对此案的作案地点、作案手法、涉案人员等的表述均一致。《资治通鉴》中的描写更细，而两份史料的分歧在于作案时间。我相信《旧唐书》中的说法，因为该史料距离唐朝时间短于《资治通鉴》成书的年代，具有时间优势；其次，《旧唐书》中所记的案发时间为晚上，符合一般常理，若是发生在《资治通鉴》所述的清晨上朝之时，刺客埋伏后岂不更易被人发现？
>
> 综上所述，我认同具有合理性和时间优势的《旧唐书》的记载。

以上这名学生认为，由于《旧唐书》比《资治通鉴》的成书时间早，所以更为可靠。在日常的教学和考试中，往往强调距离历史事件时间较接近的史料的价值比较高。但是，真实的世界总会遇到特殊的情况，对于唐史，两者的价值并没有先天上的巨大差距。

还有学生作了其他回答。

> 学生E：我认为凶手是王承宗指派的。
>
> 《旧唐书》：庚戌，神策将士王士则、王士平以盗名上言，且言王承宗所使，乃捕得张晏等八人诛之。这是说他们是受到了王承宗的指使。
>
> 《资治通鉴》：王承宗遣牙将尹少卿奏事，为吴元济游说。少卿至中书，辞指不逊，元衡叱出之。承宗又上书诋毁元衡。这段记载表明：王承宗可能之前就对武元衡非常不满，动了杀心；皇帝也下诏书宣布了王承宗的罪行；张弘靖认为这不是真相。
>
> 还有一点可疑：元和十四年，秋七月，丁丑朔，田弘正送杀武元衡贼王士元等十六人，诏使内京兆府、御史台遍鞫之，皆款服。京兆尹崔元略以元衡物色询之，则多异同。元略问其故，对曰："恒、郓同谋遣客刺元衡，而士元等后期，闻恒人事成，遂窃以为己功，还报受赏耳。今自度为罪均，终不免死，故承之。"上亦不欲复辨正，悉杀之。
>
> 他们说的武元衡的面貌各不相同，王士平也说他们没有杀武元衡，但是这也很有可能是他们为了保命的借口。

为了让学生经历完整的从史料到史料证据的论证过程，笔者通过问题引导的方式帮助学生实现自我反思与建构。虽然有些学生的回答并不成熟，甚至也出现了明显的错误看法，但这真实地反映了他们已经开始具备从史料来源分析史料科学性的意识。

言必有据，据必有证——用科学论证助力创造性历史解释

"论从史出""史论结合"是历史研究的基本方法，也是中学历史教学要求遵循的基本原则。因此，根据前面发现的问题，要让学生对已经获得的史料进行真正科学的历史分析，形成最终的调查报告，而这还需要笔者作进一步的指导。

首先，笔者拓展讲述了两本史书上的两种说法来论证"姚崇加入相王府的时间"，以此作为示范。

姚崇加入相王府的时间根据《旧唐书·姚崇传》记载是长安四年（公元704年），根据《新唐书·宰相世系表》记载则是在长安元年（公元701年），这两种出处的来源都非常可靠。

笔者通过《唐太原节度使韦凑神道碑》和《故开府仪同三司上柱国赠扬州刺史大都督梁国文贞公（姚崇神道）碑（铭）并序》中的记载，论证姚崇加入相王府的时间应当在长安元年（公元701年）。以上强调了通过不同来源的史料互相印证的基本论证方法。

在笔者讲解之后，学生更加直观地感受到即使是来源最可靠的历史记载也会出现冲突甚至是错误。他们也更加明确了历史研究中论证的方法，那就是通过比较找出不同，再运用所学，收集更多不同来源的记载互相印证（见图4-26、图4-27），进而确定哪一种记载才是正确的。

图 4-26

武元衡案深入调查 1

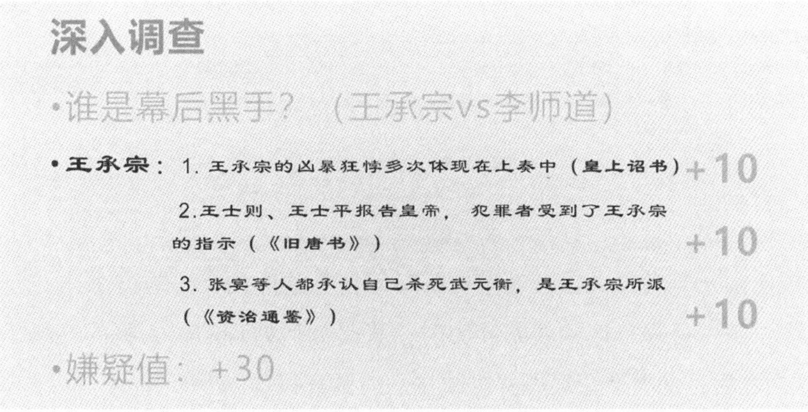

图 4-27

武元衡案深入调查 2

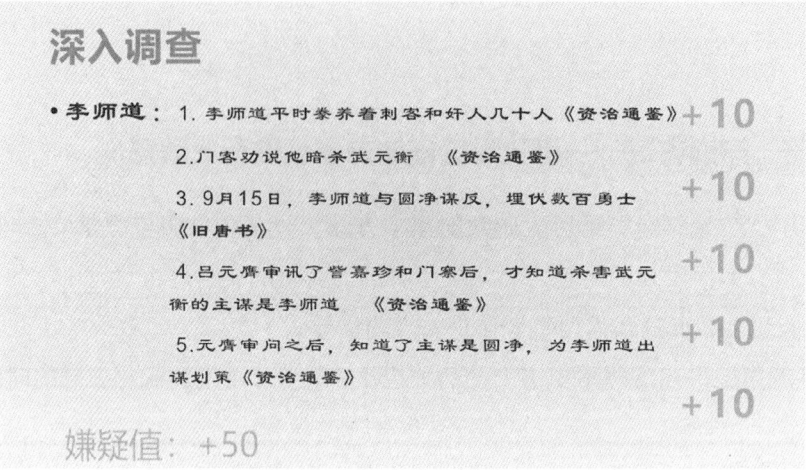

有了这样的基本认识，笔者又指导学生给予每个论据赋值，不同论据的说服力不同，佐证能力也就不同，最后通过论证工具得出最后的结论（见图 4-28）。

图 4-28

利用论证工具得出结论

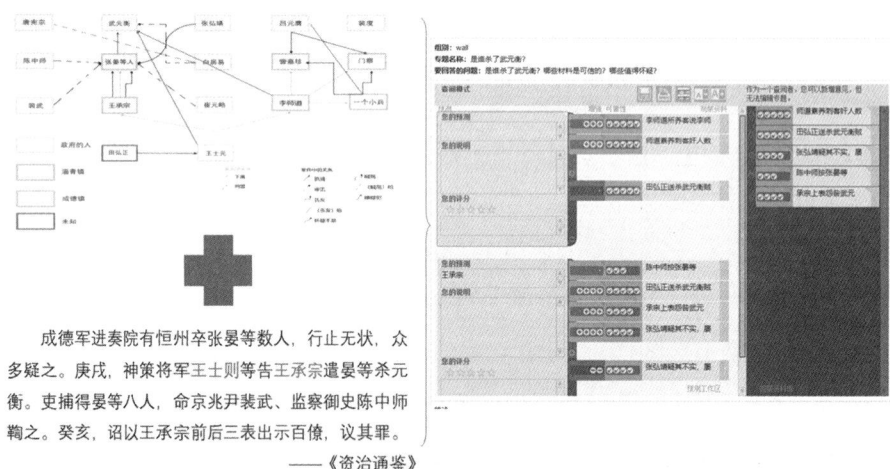

在成果展示前，笔者再次提醒学生要不断问自己这样几个问题："我的论证是否周密？我所依据的线索是否可靠？遇到线索冲突时，我是如何处理的？人物的立场是否会影响证词的真实性？"之后，学生进行反思并修改自己的调查报告。

各组经过讨论，对不同的假说进行验证和排除，形成了最终调查结果。在正式的案件论证会上，出现了令人较为满意的报告。

比如第二小组的调查报告从诏令、调查进展、嫌疑人供词等多个来源进行分析，考虑到事前嫌疑人与被害者的过节、事后出现的物证，并且以人物性格等作为旁证，进行了非常全面的论证，展现了学生的学科素养在项目化学习过程中获得的切实提升。

历史研究永无止境——学生在反思追问中再起航

更令笔者欣喜的还有成果展示后的反思。当学生在对"证人的立场是否会影响证词的可信度？武元衡案中的疑点都解决了吗？如何分析并且解决它们？"等问题进行讨论时，他们将之前制作的人物关系图与证词相结合，整理关键证词来源于哪些证人，由此发现了一系列新问题。

其中最有代表性的是，他们发现在案件侦办的初期最重要的告发人是王士平和王士则，这两人又是王承宗的叔叔，作为亲戚的他们这么做有什么意图？

学生就调查过程中发现的新问题，围绕着武元衡案的另一面，再一次进行了讨论。从王士则告发王承宗的原因入手，学生首先找到的是这两个出于个人利益的理由（见图4-29、图4-30）。随后，学生又发现王士则是被王承宗排挤出藩镇的，那两人之间原本就有恩怨。

图 4-29

武元衡案疑点分析

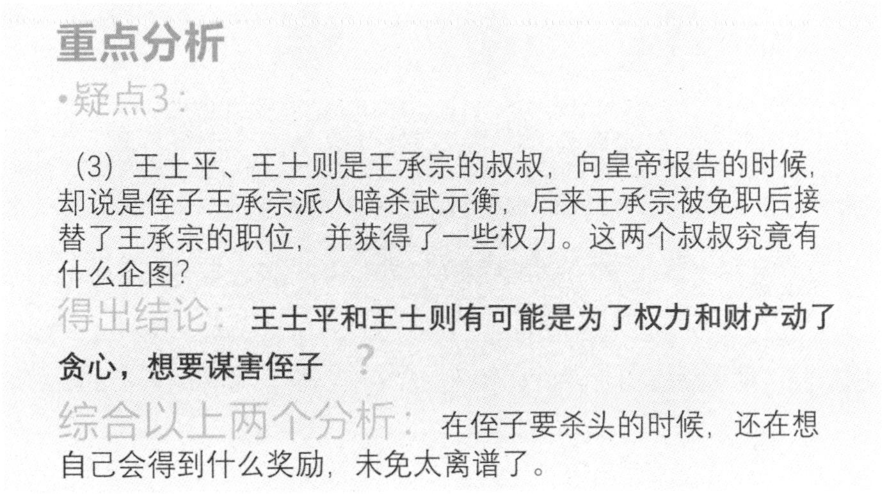

重点分析

• 疑点3：

（3）王士平、王士则是王承宗的叔叔，向皇帝报告的时候，却说是侄子王承宗派人暗杀武元衡，后来王承宗被免职后接替了王承宗的职位，并获得了一些权力。这两个叔叔究竟有什么企图？

得出结论：王士平和王士则有可能是为了权力和财产动了贪心，想要谋害侄子？

综合以上两个分析： 在侄子要杀头的时候，还在想自己会得到什么奖励，未免太离谱了。

图 4-30

武元衡案结论分析

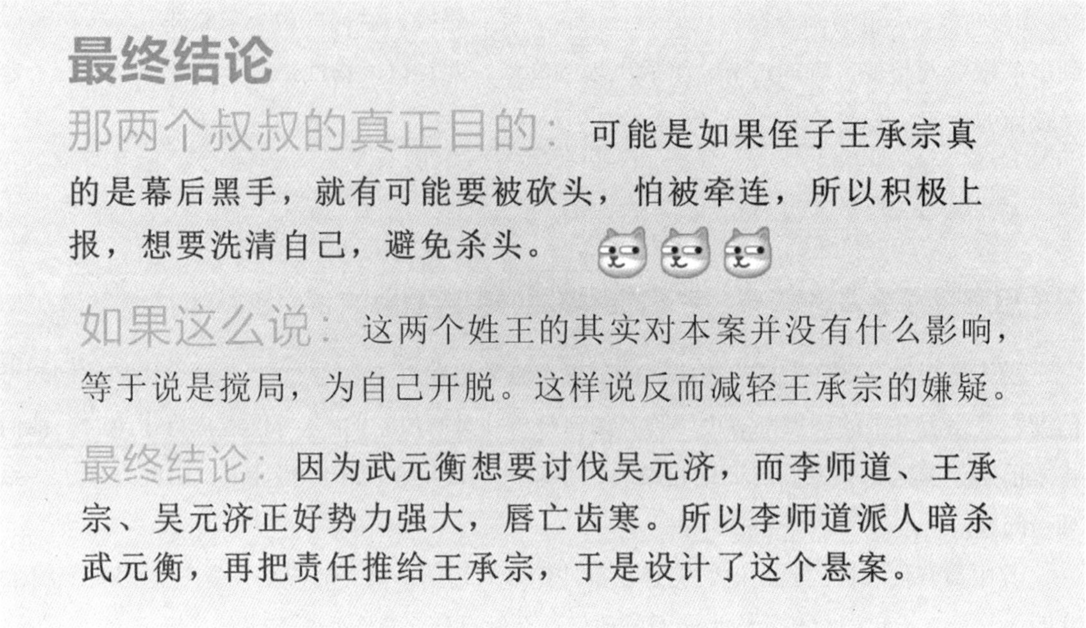

最终结论

那两个叔叔的真正目的：可能是如果侄子王承宗真的是幕后黑手，就有可能要被砍头，怕被牵连，所以积极上报，想要洗清自己，避免杀头。

如果这么说：这两个姓王的其实对本案并没有什么影响，等于说是搅局，为自己开脱。这样说反而减轻王承宗的嫌疑。

最终结论：因为武元衡想要讨伐吴元济，而李师道、王承宗、吴元济正好势力强大，唇亡齿寒。所以李师道派人暗杀武元衡，再把责任推给王承宗，于是设计了这个悬案。

以上发现的人物矛盾涉及一个更宏观的话题——"河朔故事"的形成。

所谓"河朔故事"，根据唐人李德裕的说法："河朔兵力虽强，然不能自立，须供朝廷官爵威命以安军情。"这是指出河朔藩镇虽然有割据的举动，但是无法完全脱离中央政府。

针对新问题的讨论，学生们最终整理成了论文《从武元衡案看成德镇的内部矛盾》（见图 4-31、图 4-32、图 4-33、图 4-34）。在这篇论文中，他们分析了目前学界研究的不足与疑点，比如很多人看待"武元衡案"都是从朝廷与藩镇之间的矛盾出发的，但其实"武元衡案"也反映了藩镇内部的矛盾。

图 4-31

反思后形成的论文 1

从武元衡案看成德镇的内部矛盾

一、问题的提出

唐宪宗元和十年（815），正当朝廷紧锣密鼓地讨伐淮西镇时，力主削藩的宰相武元衡却被当街刺杀。由于它发生在朝廷削藩的特殊背景下，加之后续调查中又陆续发现许多嫌疑犯，使得案件更加扑朔迷离，也引起了一些学者的关注。俞钢在《唐朝元和刺相案的始末》一文中指出："元和刺相事件的发生，是在朝廷以兵制藩政策威胁到藩镇生存的历史背景下，经诸强藩共同策划，由王承宗部下直接行刺制造的。"[①]秦中亮在《从两次兴兵成德看元和政治规范的形成》中也考察了这一问题，当然他的重点并不在于这一事件的真相，而是分析了唐宪宗在处理这一事件的举措，认为唐宪宗有意将罪责聚焦于王承宗，"并且基于这种考量宪宗才忽略事情真相而选择政治正确的第二次兴兵成德"[②]。

上述的研究都在朝廷与藩镇的矛盾这一视角下考察这一事件的意义，进行了深刻的阐发。然而若我们将视线投向案件初期，就会发现一些值得关注的细节。元和十年（815）6月3日，天还没亮，武元衡刚离开所住的靖安坊东门，就遭到了袭击，身边侍从四散逃去，贼人牵着武元衡的马跑了十余步，武元衡也随后遇害。案发后，凶手极为猖狂，扬言"毋急捕我，我先杀汝。"[③]搜捕者得知后心神不宁，案件许多天没有什么进展，这种情况也引发了朝臣的不满，兵部侍郎许孟容得知后愤然道："自古未有宰相横尸路隅而盗不获者，此朝廷之辱也！"[④]白居易也"上疏论其冤，急请捕贼以雪国耻"[⑤]。

唐宪宗对此事也非常重视，他下诏："中外所在搜捕"[⑥]，在大规模搜捕的同时，更是许诺"获贼者赏钱万缗，官五品"[⑦]此等厚赏。人们逐渐将目光集中与成德镇设置在长安的进奏院中：

> 成德军进奏院有恒州卒张晏等数人，行止无状，众多疑之。庚戌，神策将军王士则等告王承宗遣晏等杀武元衡。吏捕晏等八人，命京兆尹裴武、监察御史陈中师鞫之。癸亥，诏以王承宗前后三表出示百僚，议其罪。[⑧]

在陈中师的审问下，张晏等人承认是受了王承宗的派遣行刺武元衡。唐宪宗严惩了张晏等人，并追究王承宗刺杀当朝宰相之罪，绝其朝贡，又在"十一月戊辰，诏发振武兵二千，会义武军以讨王承宗。"[⑨]

我们可以发现，在武元衡案发生后，凶手极为猖狂。在大臣们一筹莫展，百姓们忧心忡忡之时，是神策将士王士则、王士平，告发张晏等人是受了王承宗的派遣行刺武元衡的，这一线索为破案带来了巨大进展。可以说是整个事件的转折点。而两人的身份并不单纯："（王武俊）子士真、士清、士平、士则，士真嗣。"[⑩]从可以看出，王承宗的父亲王士真与王士平，王士则是兄弟。可见，同为成德镇节度使王承宗叔父的王士平与王士则，竟然一起告发了他们的

[①] 俞钢：《元和刺相案始末》，《上海师范大学学报》1992年第2期。
[②] 秦中亮：《从两次兴兵成德看元和政治规范的形成》，《厦门大学学报（哲学社会科学版）》，2016年第4期。
[③] 《资治通鉴》卷239，唐宪宗元和十年六月癸卯条，北京：中华书局，2011年，第7836页。
[④] 《资治通鉴》卷239，唐宪宗元和十年六月癸卯条，北京：中华书局，2011年，第7836页。
[⑤] 《旧唐书》卷166《白居易传》，北京：中华书局，1975年，第4344页。
[⑥] 《资治通鉴》卷239，唐宪宗元和十年六月戊申条，北京：中华书局，2011年，第7836页。
[⑦] 《资治通鉴》卷239，唐宪宗元和十年六月戊申条，北京：中华书局，2011年，第7836页。
[⑧] 《资治通鉴》卷239，唐宪宗元和十年六月戊申条，北京：中华书局，2011年，第7836页。
[⑨] 《旧唐书》卷15《宪宗纪》，北京：中华书局，1975年，第455页。
[⑩] 《旧唐书》卷142《王武俊传》，北京：中华书局，1975年，第3876页。

图 4-32

反思后形成的论文 2

侄子。这又是何苦呢？其中的原因就值得进一步探究。

二、告发的原因

王士平与王士则的奇怪举动也许与唐宪宗的态度有关。此案发生后，唐宪宗当即下了严令："敢庇匿（王承宗）者，举族诛之。"① 王士平与王士则明白，与此案有着千丝万缕联系的王承宗一旦被捕获，他们俩也将受到严厉的处罚。为了自己的生命安全，两人决定向朝廷告发王承宗。

事后的发展说明王士平与王士则的担忧不无道理。朝廷在《绝王承宗朝贡敕》中宣布了对王承宗的处罚：

> 朝请郎守太子左赞善大夫赐紫金鱼袋王承迪、朝请郎守丹王府司马上柱国赐紫金鱼袋王承荣，国有彝章，亦宜从坐。承迪宜於归州安置，承荣宜於通州安置。仍并驰驿发遣，各委本道具到州府月日奏闻。云麾将军上护军王士平，忠武将军守左神武将军兼御史大夫赐紫金鱼袋王士则，并志乘恭德，家承茂勋，既中（阙）恶之议，亦以全功臣绍续之庆，示朝典殊别之宜，委中书门下即加奖授。②

其中所提到的王承迪、王承荣都为王承宗的兄弟。王承宗的亲属多少都受到了处罚，身为王承宗叔叔的王士平与王士则反倒因为破案有功受到了奖赏，一定程度上说明王士平与王士则之前的恐慌并不是毫无根据的。

两人的个人经历也为他们日后告发王承宗做了铺垫。王士平：

> 以父勋补原王府咨议。贞元二年，选尚义阳公主，加秘书少监同正、附马都尉。无和中累迁至安州刺史。时公主纵恣不法，士平与之争忿，宪宗怒，幽公主于禁中，王士平尚于私第。不令出入。后释之，出为安州刺史。坐与中贵文结，贬贺州司户。③

可见他虽然是皇帝的驸马，但是仕途不顺，多次被贬官，不为朝廷所重用。所以，在宰相刺杀案发生时，急于立功的王士平为了自己的前途，与兄长王士则一同当面上奏告发王承宗。

王士平此后也获得了回报。及盗杀宰相武元衡，旬日捕贼未获。士平与兄士则庭奏盗主于承宗，在张晏等人被斩杀，剥夺王承宗官爵后，"回赐武俊子右金吾卫将军士平，俾之袭承，无乏祭把"。④ 代表唐宪宗任命王士平承袭了成德军节度使。王士平得到了他所期望的权力。

而王士则对王承宗的不满由来已久。王承宗刚当上承德镇的节度使，"承宗既立为节度使，不容诸父，（王士则）乃奔于京师，用为神策大将军。"⑤ 从中可以看出，王士则是被王承宗排挤，并不在成德镇的权力中心，甚至有被王承宗暗杀的风险。无奈之下，王士则投奔朝廷，选择在武元衡案发生后告发他的侄子王承宗，一解多年被冷遇的苦闷。在王承宗投降后，唐宪宗也下令："其武俊实封，仍特赐士则承奉。"⑥

由上种种，可见成德镇中存在着内部矛盾，并且大大加速了武元衡案的侦办，为唐宪宗讨伐成德镇提供了理由，还一度影响了朝廷在讨伐成德镇时的安排。那么这种矛盾又是如何产生的呢？

---

① 《资治通鉴》卷 239，唐宪宗元和十年六月戊申条，北京：中华书局，2011 年，第 7836 页。
② 唐宪宗：《绝王承宗朝贡敕》，《全唐文》卷 61，北京：中华书局，2011 年，第 657 页。
③ 《旧唐书》卷 142《王士平传》，北京：中华书局，1975 年，第 3877 页。
④ 唐宪宗：《讨王承宗制》，《全唐文》卷 58，北京：中华书局，1975 年，第 3876 页。
⑤ 《旧唐书》卷 142《王士则传》，北京：中华书局，1975 年，第 3878 页。
⑥ 唐宪宗：《讨王承宗招谕敕》，《全唐文》卷 61，北京：中华书局，2011 年，第 654 页。

图 4-33

反思后形成的论文 3

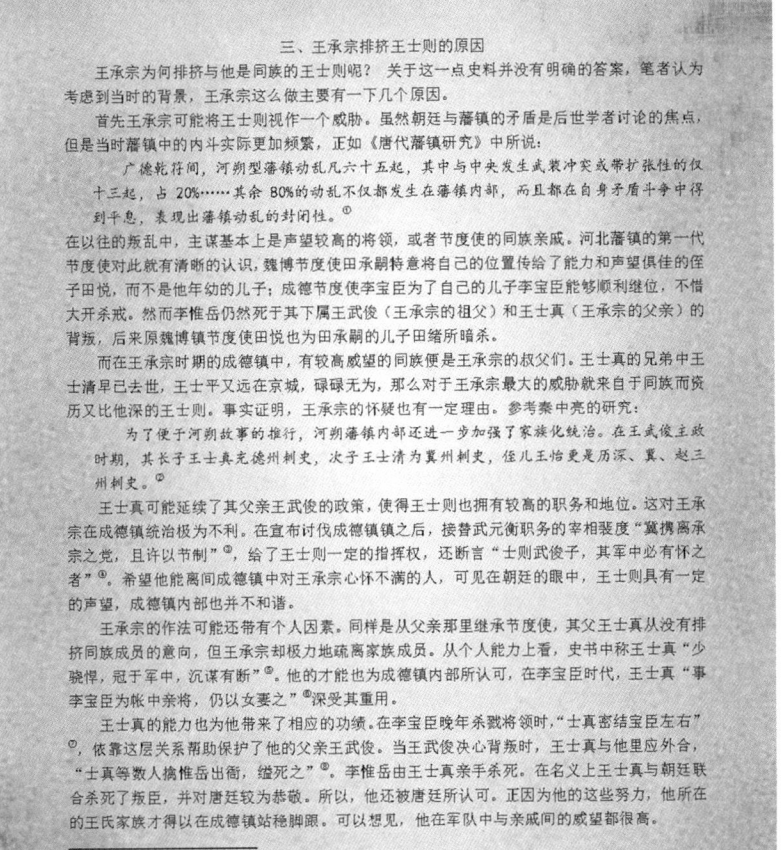

图 4-34

反思后形成的论文 4

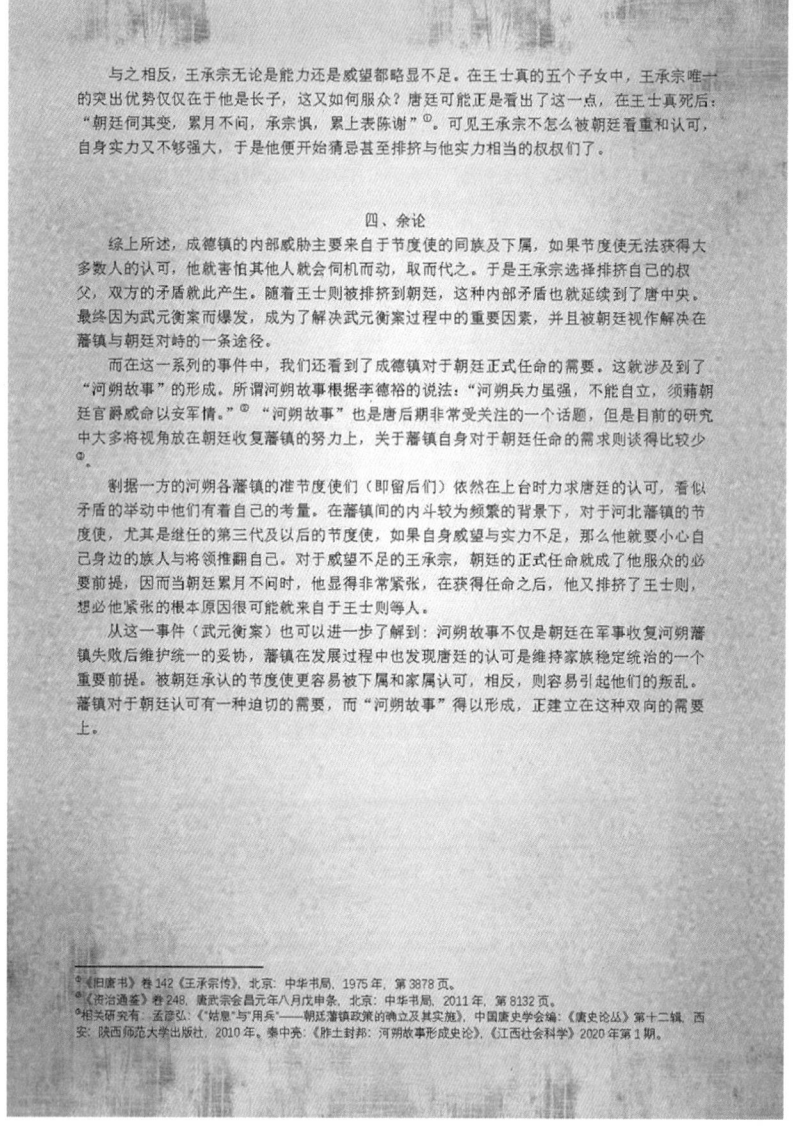

目前关于"河朔故事"的研究基本上还是从唐王朝的角度出发的,认为中央政府不得不通过这种方式维持统一。而学生们通过本次探案则认为,藩镇内部的矛盾让河北藩镇不得不谋求朝廷的认可来增强自身的合法性,于是他们也就更加明确地认识到这种政治默契来自双向的需求。

成果展示后的反思与再次探究,让学生对基本问题"历史学家如何通过纷繁错杂甚至互相抵触的史料揭开历史真相"的理解更加深入。

师生项目总结与反思

1. 此次线上进行项目化学习，让笔者更加深刻地认识了项目化学习教学设计与实践之间的差别。好的教学设计不代表好的成果，实际的教学环节在不断地依照教学进程而修改。例如原计划根据学生不同的调查结果组织辩论会，然而实际情况是学生在结论上并没有太大的差异，辩论会无法成立。当然，这也有利于笔者将目光转向学生的史料论证过程上。

2. 成果部分也进行了优化。在原本的设计中，笔者希望通过一次学生戏剧表演作为收尾，但这正是原始设计中一个并不完善的地方。因为剧本写作与表演和此次学习过程关系并不大。适合作为最终成果的自然是一项有所创新的研究，学生在研究中继续践行所掌握的素养和方法。只是刚着手设计时，实在觉得很难有什么新的发现，于是不敢将其作为最终成果。

3. 笔者感受到了学科的项目化学习在纵深上对教师知识结构的挑战。借着这个机会，笔者重新审视了自以为很熟悉的材料，并且也发现了新的问题。现在看来，内容问题中"唐后期中央与地方呈现怎样的关系"一问的设计存在明显的缺陷。它本身代表着一个不假思索的有限认知，自然限制了学生的思维，好在结果是学生在一定程度上冲破了这个限制。很高兴能够与学生们度过这样一段共同成长的时光。

4. 经过了项目化学习，学生们的能力也得到了锻炼，以下是部分学生的反思和感想：

> 作为我们组的组长，我觉得自己的组织能力得到了提高。组织会议的时候，我都会明确任务，根据上一次的情况提出意见。会议讨论开始时大家有些沉默，但到后来大伙儿纷纷各抒己见。我还意识到研究问题一定要熟读材料，注意细节，特别是要将说话人的立场和他说的话联系起来看。史书中的有些材料也是片面的。这次项目活动同样锻炼了大家从材料中提取关键信息的能力，以及如何通过线索推理出案件。人物关系是非常重要的物证。
>
> ——学生F

在探究武元衡案的过程中，通过对已知史料中的人物关系、事件背景进行分析，我明确了案件的真相，且进一步了解了安史之乱后中央政府（唐廷）与地方（藩镇）的关系，以及藩镇（成德镇）的内部矛盾。

通过这次活动，我还对唐后期的政治局势有了进一步认识，提高了对材料的解读能力与对事件的分析能力。同时，我了解了在探究历史问题时转换视角的重要性，从而对历史中透过现象看本质的方法有了进一步的体会。

——学生 G

想要了解更多本案例相关内容，请扫描下方二维码！

探秘造纸"黑液"

教师姓名	学校	涉及学科	项目实践年级
张沈尧	上海市闵行区浦航实验中学	化学	九年级

项目概述

在我们享受着使用纸张带来的便利之时,造纸工业造成的环境污染却鲜有人知。本项目引导学生利用"酸碱盐"的核心知识去探究造纸过程中产生的"黑液"的成分并进行思考:假如10年后,你成为某造纸厂的造纸工程师,会如何设计一份绿色化处理造纸"黑液"的方案?项目中,学生合作了解并体验造纸流程,探究造纸厂排放"黑液"的现状和措施;实验调查分析"黑液"中有机物和无机物成分;查询相关资料,整理排放标准,假设"黑液"成分处理方法,进行实验验证;最后,提出一份科学可行的"黑液"成分的绿色化处理方案,为减少环境污染献计献策。

以实验入项,增强思维活力

在项目启动活动中,为了让学生了解"黑液"的产生过程,深刻感受其对环境的影响,激发学生对解决"黑液"处理问题的兴趣,同时促进项目团队的合作。笔者鼓励各小组先确定造纸原料,通过实验完成一次造纸过程(见图4-35、图4-36)。

实验中,同学们发现蒸煮过程确实会产生"黑液",而且散发出刺激性气味。"黑液"若直接排放会对环境有非常严重的影响。笔者马上组织学生讨论，他们一致认为应该先探究"黑液"成分，只有确定了成分才能提出有针对性的处理方案。

图 4-35

学生参与造纸活动 1

图 4-36

学生参与造纸活动 2

通过回顾和分析造纸过程中的化工原料，学生提出猜想："黑液"中可能含有氢氧化钠、碳酸钠、氯化钠、硫酸钠、木质素等有机物，以及悬浮颗粒。

为了验证猜想，笔者引导学生们自主设计检验方案，并在组内、组间进行交流、评价与修正。在讨论活动中，课堂上时而爆发出一些有趣的争议，例如在设计验证氢氧化钠是否存在的检验方案时：

黄同学：可以直接加硫酸铜溶液并观察是否产生蓝色沉淀，这样就可以证明是否有氢氧化钠。

高同学：不行，如果存在碳酸钠的话，硫酸铜也会和碳酸钠反应，也是蓝色沉淀，这样现象就不唯一，也就不能得出唯一的结论。

王同学：那只要先加过量的稀盐酸来排除碳酸钠干扰就可以了。

张同学：但是加过量的稀盐酸会把氢氧化钠直接反应掉，也就无法检验了。

易同学：用硝酸钡溶液来排除干扰，这样既可以除尽碳酸钠，又不影响后续对氢氧化钠的检验。

大家纷纷对易同学的方法表示认同。以该思路为基础，更多小组针对不同物质提出了合理的检测方案。

思维可见可议可评

确定"黑液"成分之后，学生们根据成分中所含各种化学物质的性质来设计处理方案。他们又遇到了新问题：如何除去水中的有机物呢？有机物是造纸"黑液"中最主要的有害成分，而且往往会超标几千倍，这是一个必须克服的难题。但由于初中化学很少涉及有机物的性质，学生们一时间对如何处理水中的有机物无计可施。

此时，笔者引导学生经过讨论提出两种方法：一是自主查阅资料，制订处理方案，这种方法有一定难度，且可能不够全面；二是寻求污水处理专家的帮助，这种方法可能对问题解决更有针对性。

在学校的帮助下，笔者邀请到污水处理专家为学生们讲解真实的工业废水检测及处理方法等知识。在与专家面对面的访谈中，学生根据所学理论知识提出了一些具有创造性的做法，如"利用有机物的可燃性，能否直接采用焚烧法处理黑液"等。

再结合自主查阅的资料，学生们对"黑液"处理有了很多新想法。笔者组织并参与学生小组的交流，发现学生又遇到一些难以解决的问题，如"水中的无机物如何处理？""有机物能否进行回收利用?""理论与实际操作的距离到底有多远?"……这些问题驱动着他们从各种渠道获得的化学知识(有机化学、离子、膜处理技术等)中探寻答案。

为了促进学生更加科学理性地思考问题,可视化分享自己的想法,笔者带领学生学习使用思维导图来汇总查阅的资料和学到的知识,并呈现小组对"黑液"处理的大致设想。(见图4-37、图4-38)

图 4-37

学生思维导图 1

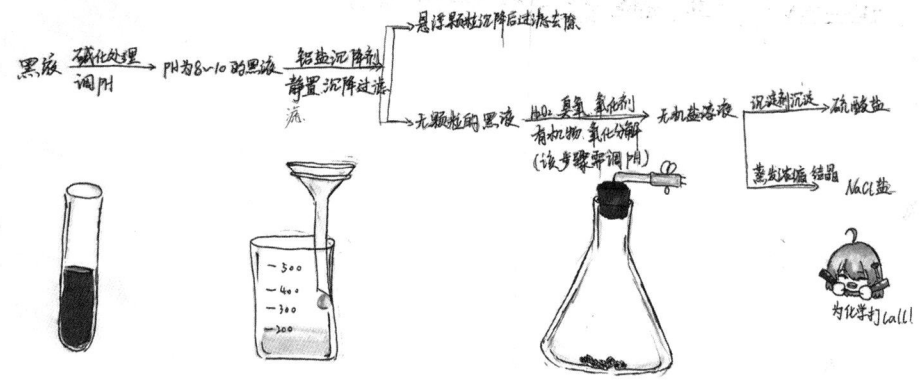

图 4-38

学生思维导图 2

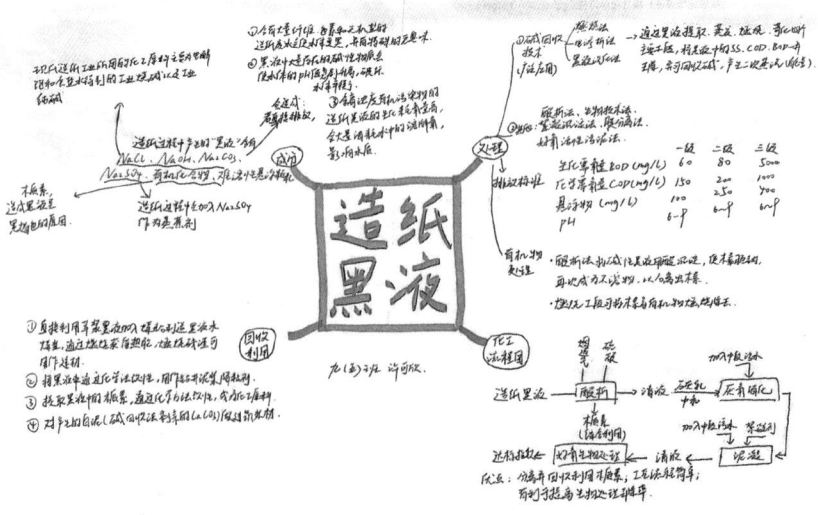

师生还基于新的认知,共同对项目成果——造纸"黑液"处理方案的评价量规进行了修

订和完善。（见表4-4）

表4-4

"探秘造纸'黑液'处理方案"评价量规

_____小组

评价指标	五星（5分）	四星（4分）	三星（3分）	自评（20%）	互评（40%）	师评（40%）
原理	原理正确，生成物无污染且无其他废料产生。	原理正确，生成物无污染或无其他废料产生。	原理不正确，生成有污染且有其他废料。			
生产成本（原料、设备等）	成本低廉（不需使用催化剂、高温、高压等条件）。	成本适中（使用催化剂或高温或高压中的一个条件）。	成本高昂（使用催化剂或高温或高压中的二个及以上条件）。			
资源回收利用	能回收利用3种以上资源（包括化学物质、热能等其他形式的资源）。	能回收利用1～2种资源（包括化学物质、热能等其他形式的资源）。	不能回收利用任何资源。			
环保	原料均无毒无害，产物无毒无害，过程中也不产生有害物质。	原料无毒无害或产物无毒无害或过程中不产生有害物质。	原料有毒有害或产物有毒有害或过程会产生有害物质中满足两条以上。			
可操作性	操作简便，操作步骤少。	操作较复杂，操作步骤较多。	操作复杂，操作步骤多。			
小计						

请描述小组方案的一个亮点：
_____。

请写出小组方案的不足之处或改进方法：
_____
_____。

总得分：_____。

注：计算总得分时，自评占20%，互评占40%，师评占40%，计算结果四舍五入精确到个位数。

在对话、碰撞中发展思维

有了初步搭建起来的思维支架和评价标准,学生在合作形成处理方案时显得更为得心应手。笔者引导他们带着问题"'黑液'从'不能直接排放'到'达标后可排放'之间的距离有多远?"去探究国家规定的排放标准,并归纳出"黑液"成分中哪些物质属于无机物,哪些属于有机物。

紧接着笔者又提出一个问题:基于排放原则和标准,如何处理"黑液"中的有机物?请各小组讨论,将自己的想法分享在"方法树"中,各组派代表解释自己的想法,评价其他组想法的可行性。

笔者则在学生们交流过程中将这些集结了全班学生智慧的方法逐一记录在黑板上,帮助学生梳理出关键点。(见图4-39)

图 4-39

在黑板上记录学生的方法

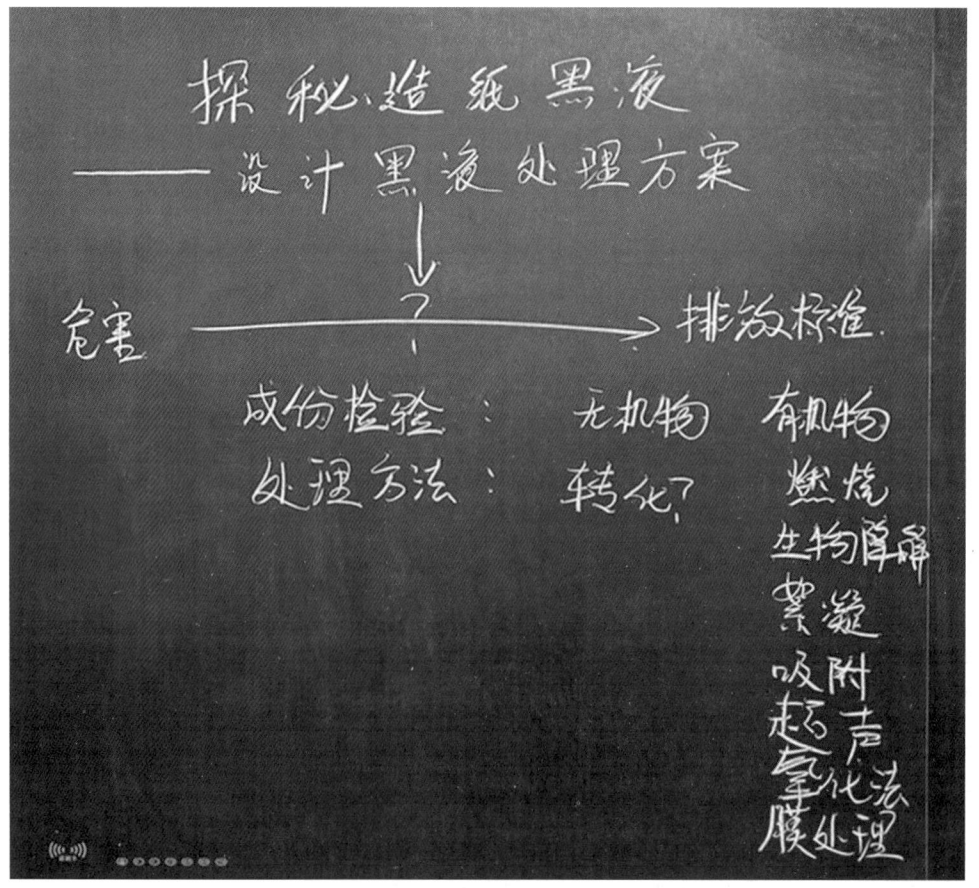

笔者之后又提出问题：强碱性的无机物又该如何处理？用同样的方式组织学生分享和交流。

学生们的思维非常活跃：

张同学：针对滤液中含有的氢氧化钠和碳酸钠，可以加入过量的稀盐酸和氧化钡，形成氯化钠和氯化钙。

赵同学：但是过量的盐酸会使得最终溶液呈酸性，这个方法不能达到排放标准。

王同学：是不是可以加入氧化铝和氧化钙产生针状沉淀，把硫酸钙去除，同时硫酸根也会被去除？

在评价量规指引下，各小组开始设计最终的造纸"黑液"处理方案。过程中，学生们运用思维导图梳理逻辑关系，开展组间互动讨论，提出并解决新问题。

C小组在设计方案时分为了"化学法"和"生物化学法"两派。两派同学据理力争。

陈同学：我想使用"化学法"，具体来说是先将"黑液"稀释，然后过滤除去难溶性杂质，在滤液中加入盐酸和氯化钙使碳酸钠变成氯化钠，使溶液呈中性达到排放标准。

蔡同学：我想先将"黑液"进行预处理，然后加入细菌胞外酸、产酸细菌、有机酸等将"黑液"中的有机物分解成为乙酸并产生沼气，最后调节pH。

笔者参与了这组的讨论，并鼓励他们形成两套处理方案，在成果展示活动中进行交流。

A组一名组员提出："要加入过量的稀盐酸来处理其中的氢氧化钠和碳酸钠，并用足量的氯化钡溶液来处理硫酸钠，那么就可以得到产品硫酸钡和氯化钠。"但这一观点遭到了同组学生的质疑："若用过量的稀盐酸和氯化钡是否会引起成本的提高？"一旁的B组观察员还补充道："还有回收得到的氯化钠的经济价值比较低，可能会捡了芝麻，丢了西瓜。"A组马上调整了他们的思维导图（见图4-40）。

图 4-40

A 组的思维导图

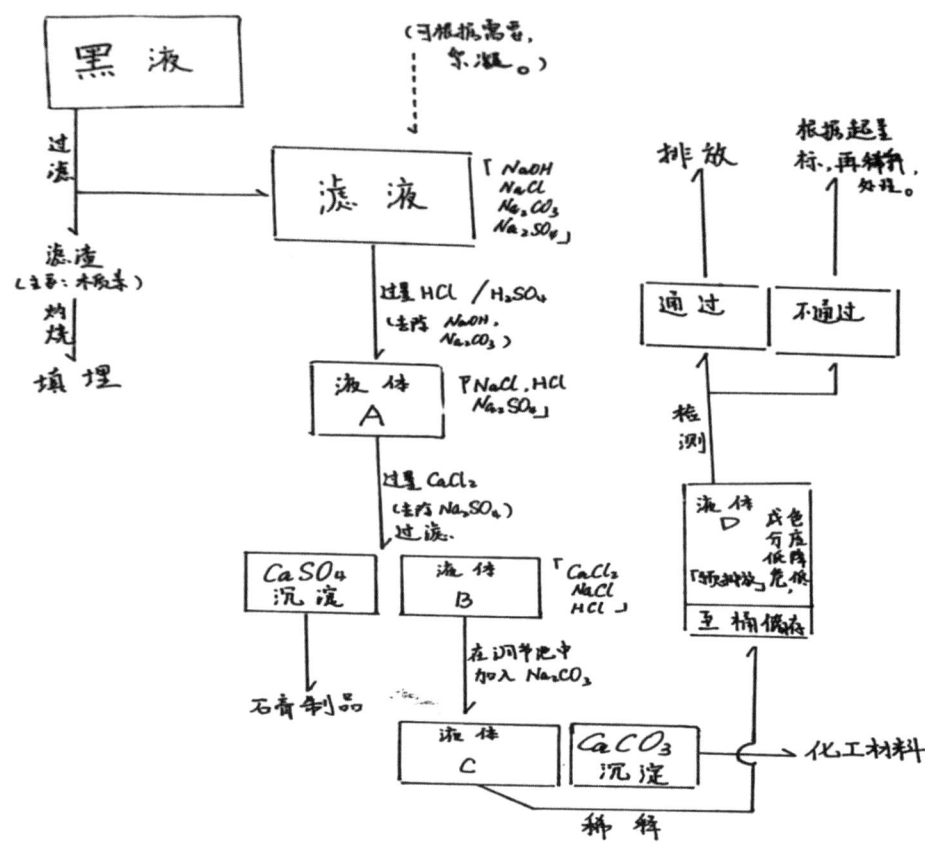

在项目成果展示环节，A 组还对照着修改前后的思维导图向全班讲解了他们思维发展的过程，最终被同学们评为"最佳方案"。

反思照见自己的成长

项目总结和反思课上，笔者提出三个问题——"在解决造纸'黑液'问题的过程中，你认为需要运用哪些学科的知识？""你认为化学学科中哪些知识对解决'黑液'问题至关重要？""经过自主设计造纸'黑液'的处理方案，你对物质间的转化或者资源的利用有怎样的认识？"——以引导学生对所学知识点展开反思。

学生A：主要运用了化学知识。造纸"黑液"是一种工业生产的废水，属于有害物质。"黑液"中最关键的物质就是化学物质，对于化学物质的处理，应采取最安全的措施，无论是对有害物质的降解或是对其他物质的回收，都离不开对化学的研究。我认为解决造纸"黑液"问题，需要充分观察和检测"黑液"，才能得出一个有效的处理方法。

学生B：我认为需要用到物理、化学及生物的知识。其中，化学学科中有关酸碱盐的知识最重要，因为它涉及物质间的转化。

学生C：我的方案主要是将溶液浓缩，加入熟石灰优先回收氢氧化钠与热能。回收资源必须建立在低成本、可操作性强的基础上，不能因小失大。

学生D：物质的转化要考虑过程中是否会产生新的物质以及操作是否便利。资源的利用方面，可以对实验中生成的一些物质循环利用。

从学生们的回答中可以看出，他们对于"解决造纸'黑液'所需的学科知识是什么"比较清楚，同时，能够抓到解决问题的重点是物质间的转化与利用，这说明他们通过本次项目化学习已经能够基本理解物质的转化概念，并对形成"可持续发展"的大概念起到了促进作用。

随即，笔者从资料收集与整合的方法角度提出反思问题："在本次项目化学习中，你运用了哪些查阅资料的方法？你认为要汇集资料的话，是用文字稿还是用思维导图更好？请说明理由。"

学生A：我查阅了文献，并在网络上浏览资料。我认为思维导图更好，因为它可以较清晰地将资料与资料之间的联系表现出来。

学生B：我通过查阅书籍和网络上的信息来收集资料。汇集资料我也认为用思维导图更好，因为思维导图是一个思维整合的过程，有助于我们理清逻辑关系，文字稿内容较多且比较死板。

从学生对信息归纳和呈现方式的选择上，可以看到他们的思维也开始活跃起来。有些学生认为用思维导图汇集资料更好，说明他们已经知道知识间的逻辑性非常重要，思维导图可以将分散的知识点串联起来，有助于学科概念的形成。

为了评估团队协作情况，笔者又提出问题："你担当小组内的什么角色？你们小组遇到过什么样的问题和困难？你们是如何自主解决问题的？你们小组在合作学习方面有哪些好的经验？"

学生D：我担任组长。我们组在体验造纸活动时正好遇到甲流暴发，我们组有一半同学都生病不能来学校，所以剩下的同学任务非常重，但是好在我们团结一致，互帮互助，咬牙坚持下来，终于完成了实验视频的制作。所以我们得到的经验是不管遇到什么困难，都要相信团队的力量，只要人心齐，能把泰山移。

学生E：我在组内承担资料汇总的任务。我们小组在设计"黑液"处理方案时，对于处理方法的选择产生了困难。我们先查阅资料和请教老师，然后一起交流讨论出了解决办法。在合作学习方面，我们学会了在遇到困难时，先靠众人的力量，再结合每个人的长处，从而得到最优解。

对于问题——"通过本次项目化学习，你对'化学'与'社会的可持续发展'间的关系有何理解？"——学生则这样反思：

学生A：化学的不恰当利用会导致环境污染和破坏，从而影响社会的可持续发展，而恰当、充分地利用化学可以带来多方面的好处，推动社会的可持续发展。同时，化学也有助于经济的可持续发展，可以在一定程度上减少成本，节约了资源。

学生B：在开发利用自然资源的时候，要认识到保护生态环境的重要性，绿水青山才是金山银山，社会才有可能可持续发展。

从学生的以上回答来看，他们对可持续发展的理解主要着眼于生态环境的可持续发展。确实，生态环境的可持续发展是"社会可持续发展"中很重要的一部分，也有同学提到了经济的可持续发展。教师可以进一步引导学生对"化学如何为社会开辟一条可持续发展的道路"这一基本问题，作更加全面而深刻的思考。

想要了解更多本案例相关内容，请扫描下方二维码！

数学好玩　玩好数学

教师姓名	学校	涉及学科	项目实践年级
陈媚、杨华娇、陈彦祺、邱嘉宝	上海市宝山区顾村实验学校	数学	六、七、八年级

项目概述

在我校的一次交通问题调查中，学生们发现校内每当出操或全校活动时，敏行楼和笃行楼之间经常出现队伍拥挤现象，给师生们带来延时问题和安全隐患。

学生们提出了很多解决问题的设想，如改变行进路线、采取错时分流。还有学生提出，是不是可以将校外的红绿灯"搬进"校园？说到红绿灯，有学生提到校外红绿灯的时间设定也并非完全合理，在上学和放学时段，接送学生的车辆总是会遇到拥堵。

这些问题引起了学生们的兴趣，由此，我校初中数学教研组在校长的大力支持下，基于六、七、八年级的学科单元教学内容设计了以"红绿灯"为主题的系列项目化学习。

六年级和七年级学生以校园交通管理员的身份，研究"如何设置'红绿灯'管理全校性活动进退操场的秩序"。他们在实地调查、数据整理与分析、问题梳理、初步预想、分享与评价、修订与展示的探究过程中，学习并运用数学的图形、周长与面积计算，代数式表达，比与比例等知识设计校园红绿灯的高度、大小、位置、变换时间及造型等，最终形成合理方案向学校提交。

八年级则探究"如何优化学校周边道路交通信号灯时长设置"，学生进行校外交通状况调查，在数据整理与统计、资料查询与讨论过程中分析问题，运用数学建模知识针对不同时段道路的交通状况，完成红绿灯时长分配方案，并向有关管理部门提出建议。

三个年级的学生围绕相同的基本问题、不同的单元问题和内容问题开展自主探究活动。（见表4-5）

表 4-5

三个年级探究的问题

基本问题：		
数学如何使我们的生活有序化？		
单元问题：		
（六年级）	（七年级）	（八年级）
1.是哪些因素导致了我校出操路上的拥堵？ 2.如何科学设计校园红绿灯（位置、形状、大小），从而有效管理学校集体活动的行走秩序？	1.是哪些因素导致了我校出操路上的拥堵？ 2.如何科学设计校园红绿灯（时长），从而有效管理学校集体活动的行走秩序？	1.是哪些因素导致了学校周边上学放学时段的车辆拥堵？ 2.如何优化学校周边道路交通信号灯的时长设置？
内容问题：		
（六年级）	（七年级）	（八年级）
1.红绿灯安装位置的基本原则是什么？ 2.为更好地实现指示效果，红绿灯的大小设计应该考虑哪些要素？ 3.常见的红绿灯的形状有哪些？形状是否影响以及如何影响指示效果？	1.生活中常见的红绿灯发挥着怎样的作用？ 2.影响校园红绿灯时间设定的因素有哪些？ 3.校园红绿灯是否需要设置黄灯？如果需要，黄灯的时间如何计算；如果不需要，为什么？	1.建模的基本环节与具体方法是什么？ 2.信号灯选择主要考虑哪些要素？各要素（比如车流量、司机的反应时间、汽车起步的加速度）是否能量化以及如何量化？ 3.你的模型中的算法是否正确，可能产生哪些误差？这些误差如何影响结果？

六年级：基于数据的奇思妙想

在项目启动会上，杨老师带领六年级（3）班的学生展开头脑风暴，讨论校园交通拥堵的原因及可预想的解决方案。学生们思维活跃,迸发出很多想法。杨老师随即引导学生结合校园平面示意图(见图4-41)分组进行实地调查,围绕校园中需要安装红绿灯的位置、大小及外观问题,设计了校园红绿灯项目的实施方案。

图 4-41

校园平面示意图

在对学校拥堵区域的监测过程中(见图4-42),学生用表格记录他们的调研数据,希望利用数据说明为何需要在此处安装红绿灯。

图 4-42

学生对拥堵区域的出入口进行监测

他们的统计方法在实践中不停优化。第一次记录数据杂乱，探究后找出了原因：分工不明确；记录方式不科学，两位组员计数不一致。经过讨论后提出了解决方法：负责计数的俩人互相监督归零秒表；确定了开始计时和停止计时的位置。

全班分享交流时，学生运用多组数据进行对比说明，分析数据的有效性。例如他们提出：近期甲流高发，每天出操的班级数量是不固定的，所以回班级的总时间不具有参考性。

表 4-6

学生对小学部出操回班时间进行计算

小学部出操（班）	1	2	3	4	5	平均用时
时间（秒）	25	24	24	31	40	28.8
小学部回班级总时间	1 分 40 秒					

表 4-7

学生对初中部出操回班时间进行计算

初中部出操（班）	1	2	3	4	5	6	平均用时
时间（秒）	19	20	17	23	15	18	18.7
初中部回班级总时间	1 分 23 秒						

为了设计出大小适合校园的红绿灯，需要考虑到校园内的红绿灯只是供行人使用的。教师建议不妨以宝安公路上的人行红绿灯为参考，用估测与精准测量相结合的方法得出其大小尺寸及在一定距离内红绿灯的缩放比例；然后，再回到校园，测量校园长廊的长度，将校外的数据灵活运用到校内。（见图4-43、图4-44）

图 4-43

学生用已知的同学和老师的身高数据及工具估测红绿灯灯杆高度

图 4-44

学生测量出的校内长廊的精确数据草图

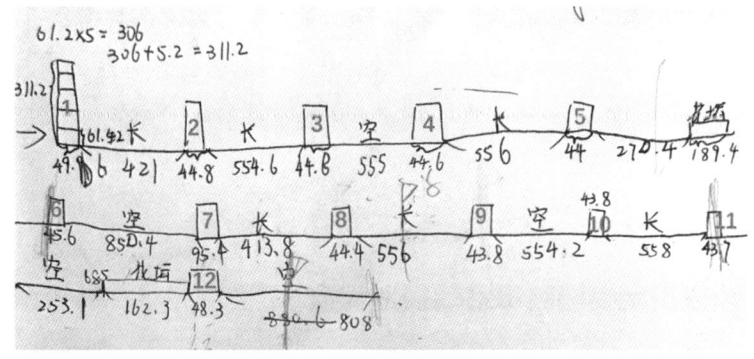

　　在校外，学生们还考虑到测量的安全性问题，于是将斑马线抽象为灰白格交替的一个简单图形，通过测量出一个白格和一个灰格的宽度，再乘以相应的个数来求得整个路面的宽度。（见图4-45）他们还测得了在校外马路上看清红绿灯的有效距离的数据，并将其作为定位校园内红绿灯的参考数据。

图 4-45

学生测量斑马线

学生小组在项目成果展示课上，分享了自己对校园"红绿灯"的奇思妙想：不仅有悬挂在天花板上的长方体红绿灯，还有像壁灯的圆柱体红绿灯，以及能体现学校特色的校徽红绿灯。他们基于数据，有理有据地阐述了设计校园"红绿灯"的思路和目的。

成果展示后，杨老师引导学生进行了总结与反思。

学生 A：以前我们在做"比和比例"的题目时，题中的数据条件是很清晰的。但是从这次项目化学习中，我感受到在实际测量中要得到两个数据是困难重重的。

学生 B：我之前一直以为数学和生活是离得很远的，但是这次项目化学习过程中，我真的感受到生活中处处离不开数学。数学是解决问题的一个好工具。

七年级：精准设定校园红绿灯转换时间

七年级的学生为研究校园红绿灯的转换时长，在操场、篮球场与教学楼之间的通道开始考察中学生和小学生的进退场路线。各小组在实地考察后进行了分享交流，其中两个小组的判断得到了大家的认可：

C组认为造成校园拥堵主要有两种因素：环境因素与人为因素。其中，环境因素主要表现在两个"宽度"——学生穿越路口的宽度和学生通行道路的宽度；人为因素则是每一个班级队伍的长度和进行的速度。根据这两种因素,下一步共需测量计算四个量。

W组则认为路程和速度是造成校园拥堵的主要因素。他们考虑到中学生和小学生的速度不是一个定值,不同的年级、身高、性别、步幅都是影响学生行进速度的因素。所以,他们需要测量班级队伍的长度和路口的宽度,以及分别测算出中小学生的速度。

陈老师帮助学生梳理了导致拥堵的主要因素,鼓励他们通过实地测量来验证自己的判断。

S小组在发现测量上产生的误差后,通过讨论找出原因,及时修改测量方案,在路口处增设"班级停止线",规范红灯时班级等待的位置,并根据绘制的停止线进行测量,将测量结果绘制成平面图(见图4-46、图4-47)。

图 4-46

学生测量路口宽度并绘制平面图

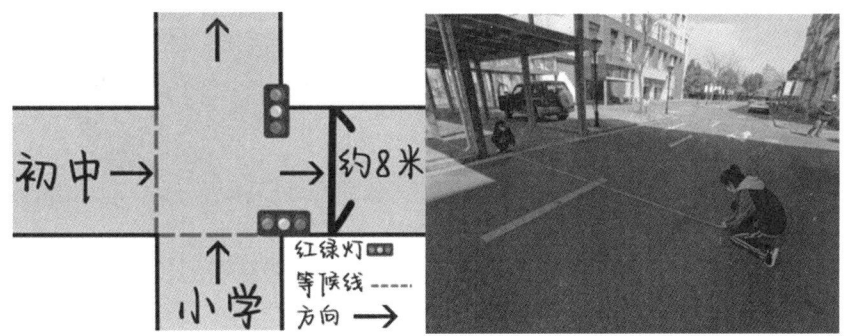

图 4-47

学生基于路宽测量结果推算出中小学生的进退场情况

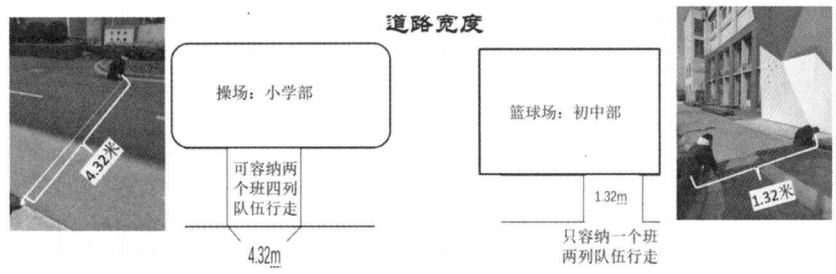

在测算班级队伍长度和行进速度的过程中,学生们脑洞大开,各小组尝试采用不同方法进行测算、对比及交流。D组学生以地砖为基准测算1个人所占空间的长度,再列式推算出班级队伍的长度。(见图4-48)

图4-48

D组学生在测算

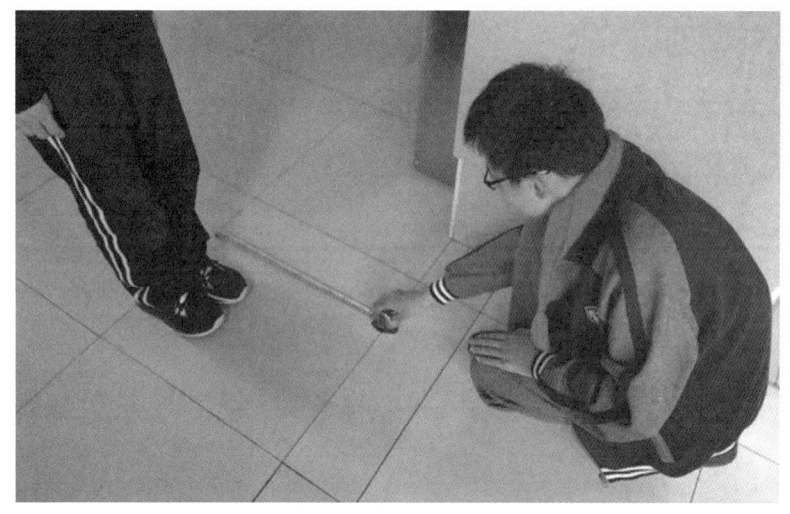

C组学生以教室前门到后门的距离为参照,测算出班级队伍的长度。(见图4-49)

图4-49

C组学生在测算

D 组学生根据自己行走时间的平均值推算出班级行进速度。(见图4-50)

图 4-50

D 组学生在推算

W 组学生通过查阅、对照学生身高和步幅标准表推算出班级行进速度。(见图4-51)

图 4-51

W 组学生的推算结果

速度

身高(cm)	120	130	140	150	160	170
步幅(cm)	54	58.5	63	69.7	72	76.5

小学部平均行走速度是0.9米每秒
初中部平均行走速度为1.2米每秒

在测量活动的反思会上,各小组回顾自己的亲身经历,分享了许多问题和经验:

S 组:发现站立测量不精确,后改为贴地测量。

D 组:因为搞错卷尺的"厘米和寸"的单位而重新测量。

C 组:没有考虑到5米规格的卷尺不够测量。

有了亲身体验和调查数据，学生们的信心更足了。陈老师带领学生练习巩固代数式等基础知识，复习行程问题，并引导学生思考"影响校园红绿灯时间设定的因素有哪些？""我们如何科学设计校园红绿灯（时长）以有效管理学校集体活动的行走秩序？"学生们将探究获得的资料进行汇总、提炼，进而创建自己的方案并制作电子演示文稿。

在展示交流会上，各小组不仅呈现了探究过程，还用创新的方式展现自己方案的设计亮点。例如：D组利用软件动画演示了校园红绿灯的工作情境；W组运用情景剧引入模拟校园拥堵现场；C组在电子演示文稿中列出几个方案，并根据校园实境选取了他们认为最优的方案进行具体讲解。

参加系列项目的学生们在经过热烈的展示活动后，意犹未尽地写下了自己的感悟：

> 回过头来看整个项目化学习，它与平时的数学学习有很大不同。一切的学习变得更加真实，一切的问题变得更加迫切，一切的成果变得更加实用。而这所有的一切，都出自我们学生之手。也是在那一刻，我真实地感受到原来我们学生可以不是"只空想，不行动"，而是可以"有想法，重行动"。这让整个学习过程变得更有趣和更有意义了，也让我更觉得自己是一名对社会有用的人。
>
> ——丁同学
>
> 经过组内成员多次协调，我们重新制订了项目设计进度表，明确分工并及时调整，使得我们每一名成员在小组内都能充分发挥自己的优势。终于，我们小组慢慢赶上了进度。在计算过程呈现环节，一开始我们没有头绪，便及时询问老师的意见。老师没有直接修改我们的方案，而是耐心和我们交流，以启发我们独立思考如何完善计算过程的呈现。最后在展示环节上，我们小组"小小交警"的设计赢得了同学们的欢迎。
>
> 总而言之，此次数学项目化学习让我收获到与平时书本上不一样的知识。我明白了遇到困难时切不可自乱阵脚，而是要冷静思考，从容面对困难，问题才能迎刃而解。同时，分组展示的课堂也激发了我们学生的竞争意识和好胜心，让学生在面对困难时有了更多的动力。
>
> ——汪同学

我在项目活动中采取了查阅资料和实地考察相结合的方法，这为我今后学习数学乃至其他学科提供了启示：学习可以助推实践出真知。在成果展示课上，每个小组都设计了答疑解惑环节：这不单单只是用评价量规对各小组的成果进行打分，而是在同学们的一问一答间，让我们既发现其他小组的问题与亮点，也通过比较看到自己小组的不足。

——明同学

平时数学课堂上站在讲台上的是老师，而在项目化学习中，讲台的主人是我们学生。是我们把知识与知识、知识与现实中的问题结合起来，用数学思维在现实环境中解决问题，对每个环节每个数据都反复计算核验。我在了解红绿灯相关知识之外，更获得了一个真实完整的学习过程，这激发了我们的思维和创造力。在探索实践中，我们真正感受到生活中的数学。

——陈同学

在选择计算队伍长度的方法时，我们小组成员间曾有过分歧，但经过讨论，我们最终找到了当下最优的方法。在计算队伍速度时，我们小组的估算与其他小组的结果有明显的差值。原来是测量时单位选取出现了错误，我们及时沟通发现这个问题并改正了错误。这些经历让我体会到尽管我们会遇到很多问题，但只要我们所有成员团结一心，这些问题都化为成功的垫脚石，团队的黏合剂。

项目化学习的课堂里，我们每个人都在释放自己的想法，发散思路，相互交流，争取更好。刚开始，我们都以为探究、解决这个问题很简单，可当我们真正做起来的时候，发现并不容易。我们在实践中的每一分努力、收获的成长与数学知识对于我们来说才是最珍贵的宝藏，这不就是学习的意义吗？学习需要反思才会有进步，相信下一次我们都会做得更好。

——吴同学

八年级：学校周边红绿灯时长分配是否合理？

项目启动课上，邱老师让学生谈谈自己在日常生活中观察到的学校周边的交通状况和问题，同时，引出本次项目化学习的驱动问题"如何优化学校周边道路交通信号灯的时长设置"，邱老师和学生们一起讨论确定了"合理的红绿灯时长分配"数学模型评价量规（见表4-8）。

表4-8

"合理的红绿灯时长分配"数学模型评价量规

评价指标	指标描述	0-20分
模型（20%）	模型设计要求用精炼、准确的语言列出问题中所给出的假设，以及为解决问题所做必要、合理的假设。建模时应尽量采用简单的数学工具，使建立的模型易于解释和被人理解。	
算法（20%）	使用各种数学方法或软件包求解数学模型。此部分应包括求解过程的公式推导、算法步骤及计算结果。	
结果（20%）	把求解和分析结果代入实际问题，与实际的现象、数据比较，检验模型的合理性和适用性。	
创新（20%）	对模型的意义、可信程度、精度等可能问题提出新的见解，能够认真地思考和讨论，改进实施和推广方案。	
展示（20%）	讲解过程中应配合电子演示文稿、图画、照片等。仪态应落落大方，声音响亮，讲解清晰有逻辑。	
总分：		
你的观点和建议：		

随后，八年级的学生对学校周边的交通状况与红绿灯时长设置进行调研，探究"哪些因素可能会影响红绿灯时长的分配""如何量化这些影响因素"等问题。通过调查和讨论，学生们发现出现交通问题和影响红绿灯时长分配的最主要因素是车流量。

在邱老师的帮助下，学生们学习了数学建模的相关知识和基本方法。之后，各小组依据评价量规开始设计自己的数学模型。学生通过调查推算出学校周边路口各方向的通行能力并制作了表格（见图4-52）。

图 4-52

学生根据通行能力的推算结果制作了表格

十字交叉路口各方向通行能力（表1）

东		南		西		北	
直行	左转	直行	左转	直行	左转	直行	左转
1597	339	1435	600	2586	342	2087	407

十字交叉路口各方向实际交通量（表2）

东		南		西		北	
直行	左转	直行	左转	直行	左转	直行	左转
1505	244	1200	766	2457	316	1521	137

十字交叉路口各方向通行饱和度（表3）

东		南		西		北	
直行	左转	直行	左转	直行	左转	直行	左转
0.866	0.726	0.842	1.285	0.995	0.930	0.737	0.339

有的小组围绕红绿灯的时间分配问题，建立了饱和度，并引入了韦伯斯特配时法，对这一问题进行求解。有的小组先用假设的方法，计算出南北、东西向所有车辆的等待时间，再结合现实状态中司机反应速度与等待前车启动的时间，利用等差数列求和公式计算并推出四个方向的所有车辆的平均等待时间，建立红绿灯时长分配模型。（见图4-53）

图 4-53

学生进行数学模型设计

我们设红绿灯总时长为一个周期，设为 m.
把东西向红灯时间设为 a.
黄灯时间设为 5 秒（南北向和东西向黄灯时间都是 5 秒）
则绿灯时间为 (m-a-5).
南北向的红灯时间为 (m-a-5)，绿灯为 a，黄灯 5 秒.

假设红灯亮起时，东西向路口等待车辆为 x 辆. 车辆是匀速到达且有速度为 v. 则每辆车平均等待时间为 $\frac{a}{2}$. 车辆下降速度和绿灯后加速行驶速度全设为相同匀速运动，加减速时长为 K. 则运动过程中的车辆平均匀速度为 $\frac{v}{2}$. 完成加速度的总时长为 2K. 设汽车以速度 v 来完成这段运动，用时为 K.

车辆除了需要等待红灯时长，还需要等待时间 K. 所以东西向的每辆车的延误时间为 ($\frac{a}{2}$+K)，东西向在一个周期内所有车辆总等待时间为 x($\frac{a}{2}$+K).

此外，设同一周期 (m) 内，南北向的等待车辆为 y 辆，则南北向的所有等待时间为 y($\frac{m-a-5}{2}$+K).

为了验证数学模型的可行性和准确性,各小组还选择了学校附近的一个十字路口,记录下连续三个早晚高峰的车流量数据。将所得数据代入数学模型计算,得到结果。将结果与路口实际情况作对比,找到自己模型需要改进的地方。最后,形成一份《关于合理设置顾实周边道路信号灯时长的建议书》。

再看看八年级学生是如何思考基本问题"数学如何使我们的生活有序化?"的。

> 这次项目化学习让我体会到,原来生活中的问题可以用数学建模的方法进行有序的分析和解决。我们小组在前期调研时忽略了司机的反应时间和等待汽车启动的时间,一开始我们觉得这两个因素影响不大可以省略,后来代入数据之后,发现计算结果和实际相差挺多的。为了使模型更准确,我们增加考虑了司机反应与等待前车的启动时间,并设一个周期路口的一个方向上所有车辆的平均等待时间,利用等差数列求和公式算出路口所有车辆等待时间,推出四个方向的所有车辆的平均等待时间。
>
> 再利用四个方向的结果代入数学模型公式,推出一个周期内东西、南北路口所有车辆的总等待时间。通过建立数学模型,并在经过实际观察后将得知的数据代入模型,计算得出苏家浜路宝荻路路口东西向的红绿灯的最佳分配时间是:红灯61秒,绿灯54秒,黄灯5秒。南北向绿灯为61秒,红灯为54秒是最佳时间分配。
>
> ——学生A
>
> 经过对生活中实际交通情况的测算和检验发现,我们目前的数学模型适用于车流量相对稳定情况下的所有十字路口的直行道,可以把结果直接代入我们的公式。但我们没有解决车辆转弯时长的问题,且不适用于南北向和东西向车流量差别较大的极端情况。在今后的学习中,我们小组会继续探究。
>
> ——学生B

想要了解更多本案例相关内容,
请扫描下方二维码!

致　　谢

在本书的编撰过程中，以下教育单位和学校提供了相应案例并给予其他各种帮助，在此一并感谢。

- 上海市静安区教育局
- 上海市静安区教育学院
- 上海市民立中学
- 上海市静安区市北初级中学北校
- 上海市静安区第一中心小学
- 上海外国语大学苏河湾实验中学
- 上海市周浦实验学校
- 上海师范大学附属高桥实验中学
- 上海市建平临港中学
- 上海市金杨中学
- 上海市实验学校西校
- 上海市闵行区纪王学校
- 上海市闵行区马桥复旦万科实验中学
- 上海市徐汇区华泾小学
- 上海市洛川学校
- 上海市青浦区实验中学

- 上海市浦东新区教育发展研究院
- 上海市闵行区教育学院
- 上海市静安区市西小学
- 民办上海上外静安外国语中学
- 上海市静安区万航渡路小学
- 上海市进才中学北校
- 上海市浦东新区南码头小学
- 上海市临港第一中学
- 上海市民办浦东交中初级中学
- 上海市浦东新区张江高科实验小学
- 上海世外教育附属闵行区浦航实验中学
- 上海市闵行区梅陇中学
- 上海市黄浦区北京东路小学
- 上海市徐汇区田林第三小学
- 上海市宝山区顾村实验学校
- 上海市奉贤区南桥小学